Diogenes Taschenbuch 24500

W0084324

MARK TWAIN wurde 1835 in Florida, Missouri, geboren. Er arbeitete als Drucker, Lotse auf einem Mississippi-Dampfer, Goldgräber und Reisejournalist. Mit *Tom Sawyers Abenteuer* veröffentlichte er 1876 einen Gegenentwurf zu den didaktischen Kinderbüchern seiner Zeit. 1884 folgte *Huckleberry Finns Abenteuer*, das Hemingway an den Anfang der modernen amerikanischen Literatur stellte.

Mark Twain
In der Schweiz

Aus dem Amerikanischen von
Ana Maria Brock

Diogenes

Der vorliegende Text ist ein Auszug
aus Mark Twain, *Bummel durch Europa*
(Originalausgabe: *A Tramp Abroad*, erschienen 1880)
Die Übersetzung wurde dem 5. Band der Ausgabe Mark Twain,
›Ausgewählte Werke in zwölf Bänden‹,
herausgegeben von Karl-Heinz Schönfelder,
Aufbau-Verlag, Berlin und Weimar 1960–1967, entnommen
Copyright © 1963 by Aufbau Verlag GmbH Co. KG, Berlin
(für die Übersetzung von Ana Maria Brock
und die Anmerkungen von Karl-Heinz Schönfelder)
Lizenzausgabe mit freundlicher Genehmigung
Covermotiv: Poster ›Rigi‹, 1940, von Martin Peikert
Copyright © 2019, ProLitteris, Zürich

Veröffentlicht als Diogenes Taschenbuch, 2019
Alle Rechte an dieser Ausgabe vorbehalten
Diogenes Verlag AG Zürich
www.diogenes.ch
20/19/852/2
ISBN 978 3 257 24500 4

Erstes Kapitel

Am nächsten Morgen fuhren wir mit der Eisenbahn nach der Schweiz und erreichten Luzern gegen zehn Uhr abends. Meine erste Entdeckung war, daß man die Schönheit des Vierwaldstätter Sees nicht übertrieben hatte. Nach einem oder zwei Tagen machte ich eine weitere Entdeckung. Und zwar, daß die vielgepriesene Gemse keine wilde Ziege ist; daß sie kein gehörntes Tier ist; daß sie nicht scheu ist; daß sie die menschliche Nähe nicht meidet; und daß es nicht gefährlich ist, sie zu jagen. Die Gemse ist ein schwarzes oder braunes Tier, nicht größer als ein Senfkorn; man braucht sie nicht aufzusuchen, sie sucht einen auf; sie kommt in riesigen Herden und hüpft und springt einem unter der Kleidung über den ganzen Leib; also ist sie nicht scheu, sondern äußerst gesellig; sie fürchtet sich nicht vor dem Menschen, im Gegenteil, sie greift ihn an; ihr Biß ist nicht gefährlich, aber auch nicht angenehm; ihre Lebhaftigkeit ist nicht übertrieben worden – wenn man versucht, den Finger auf sie zu legen, hüpft sie in einem Sprung über das Tausendfache ihrer Länge, und kein Auge ist scharf genug, um zu sehen, wo sie landet. Man hat über die Schweizer Gemse und die Gefahren der Gemsenjagd eine Menge romantischen Unsinns geschrieben; wahr ist vielmehr, daß sogar Frauen und Kinder sie jagen, und zwar ganz ohne Furcht; tatsächlich jagt sie jedermann; die Jagd ist dauernd im Gange, Tag und Nacht, im Bett und außer Bett. Es ist eine schwärmerische Torheit, sie mit dem Gewehr zu jagen; das tun sehr wenige Leute; unter einer Million Menschen gibt es keinen, der sie mit einem Gewehr treffen könnte. Sie zu fangen ist viel leichter, als sie zu schießen, und beides kann nur der erfahrene Gemsenjäger schaffen. Noch eine verbreitete Übertreibung betrifft die »Seltenheit« der Gemse. Sie ist das Gegenteil von selten. Herden von hundert Millionen Gemsen sind in den schweizerischen Hotels nicht ungewöhnlich. Sie sind tatsächlich so zahlreich, daß sie eine große Plage darstellen. Die Romanschreiber kleiden den Gemsenjäger immer in eine phantasievolle, malerische Tracht, während die beste Methode, dieses Wild zu jagen, die ist, es überhaupt ohne jede Tracht zu tun. Der Handelsartikel namens »Chamoisleder« ist ein weiterer Betrug; niemand könnte eine Gemse häuten, sie ist viel zu klein. Das Geschöpf ist in jeder Beziehung ein Humbug, und alles, was darüber geschrieben worden ist, ist gefühlvolle Übertreibung. Es hat mir keine Freude gemacht, die Gemse zu entlarven, denn sie war eine meiner Lieblingsillusionen; mein ganzes Leben lang hatte ich davon geträumt, sie eines Tages in ihrer Wildnis zu sehen und mich in den abenteuerlichen Sport stürzen zu können, sie von Klippe zu Klippe zu hetzen. Es macht mir keine Freude, sie jetzt bloßzustellen und des Lesers Entzücken über sie und seine Achtung vor ihr zu zerstören; aber es muß doch sein, denn wenn ein ehrlicher Schriftsteller eine Betrügerei entdeckt, ist es einfach seine Pflicht, sie aufzudecken und von ihrem Ehrenplatz herabzustürzen, gleichgültig, wer darunter leidet. Durch jedes andere Vorgehen würde er sich des öffentlichen Vertrauens unwürdig erweisen.

Luzern ist eine bezaubernde Stadt. Sie beginnt am Ufer des Sees mit einem Saum von Hotels, klettert empor und breitet sich dichtgedrängt, in ungeordnetem, malerischem Stil über zwei oder drei steile Berge aus, wobei es dem Blick einen aufgetürmten Wirrwarr aus roten Dächern, wunderlichen Giebeln, Dachfenstern, zahnstocherähnlichen Kirchtürmen darbietet, wobei hier und da ein Stück alter, zinnengekrönter Stadtmauer wurmartig über die Bergkuppen kriecht und da und dort ein alter, viereckiger Turm aus festem Mauerwerk steht. Und auch hier und da eine Turmuhr mit nur einem Zeiger – einem Zeiger, der quer über das Zifferblatt reicht und kein Gelenk besitzt; eine solche Uhr hebt die Gesamtwirkung, aber die Tageszeit kann man von ihr nicht ablesen. Zwischen der geschwungenen Reihe der Hotels und dem See liegt eine breite Allee mit Lampen und einer doppelten Reihe niedriger, schattenspendender Bäume. Das Seeufer ist wie ein Pier mit Mauerwerk eingefaßt und besitzt ein Geländer, damit die Leute nicht über Bord gehen. Den ganzen Tag lang rasen Fahrzeuge die Allee entlang, und Kindermädchen, Kinder und Touristen sitzen

7

im Schatten der Bäume oder lehnen sich über das Geländer und sehen zu, wie die Schwärme von Fischen im klaren Wasser umherflitzen, oder blicken über den See hinaus auf den prachtvollen Saum schneebedeckter Bergspitzen. Immerzu kommen und gehen kleine Vergnügungsdampfer, schwarz von Menschen, und überall sieht man junge Mädchen und junge Männer in wunderlichen Ruderbooten umherpaddeln oder, wenn Wind weht, mit Hilfe von Segeln dahintreiben. Die Vorderzimmer der Hotels haben einen kleinen vergitterten Balkon, wo man in ruhigem, kühlem Behagen für sich allein speisen und auf dieses geschäftige und hübsche Bild hinunterblicken und es genießen kann, ohne eine der damit verbundenen Arbeiten leisten zu müssen.

Die meisten Leute, Männer und auch Frauen, gehen in Wanderkleidung und tragen Alpenstöcke. Offensichtlich hält man es nicht für sicher, in der Schweiz – selbst in der Stadt – ohne Alpenstock umherzulaufen. Wenn der Tourist nicht daran denkt und ohne Alpenstock zum Frühstück herunterkommt, geht er zurück, holt ihn und stellt ihn in die Ecke. Wenn seine Reisen durch die Schweiz zu Ende sind, wirft er diesen Besenstiel nicht fort, sondern schleppt ihn mit nach Hause in die fernsten Winkel der Erde, obwohl ihm das mehr Mühe und Ärger macht, als ein Säugling oder ein Reiseführer verursachen könnten. Man muß wissen, der Alpenstock ist seine Trophäe; der Name des Besitzers ist darauf eingebrannt; und wenn er damit einen Hügel erstiegen, einen Bach übersprungen oder eine Ziegelei überquert hat, läßt er die Namen dieser Orte auch darauf einbrennen. Daher ist der Alpenstock sozusagen seine Regimentsfahne und trägt das Register seiner Heldentaten. Wenn der

Reisende ihn kauft, ist er drei Franken wert, aber um eine Goldgrube könnte man ihn nicht kaufen, nachdem seine großen Taten darauf eingeritzt sind. In der ganzen Schweiz gibt es Handwerker, deren Gewerbe es ist, das in die Alpenstöcke der Touristen einzubrennen. Und man beachte, daß in der Schweiz ein Mann nach seinem Alpenstock bewertet wird. Ich stellte fest, daß ich dort keine Aufmerksamkeit auf mich lenken konnte, solange ich einen Stock ohne Brandmale trug. Aber das Brennenlassen ist nicht teuer, deshalb half ich dem bald nach. Die Wirkung auf die nächste Touristenabteilung war sehr bemerkenswert. Ich fühlte mich für meine Mühe belohnt.

Die Hälfte der Meute, die im Sommer die Schweiz bevölkert, besteht aus Engländern; die andere Hälfte setzt sich aus vielen Nationalitäten zusammen, wobei die Deutschen vorangehen und die Amerikaner als nächste folgen. Die Amerikaner waren nicht so zahlreich, wie ich erwartet hatte.

Die Table d'hôte um halb acht im großen Schweizerhof brachte ein gewaltiges Aufgebot der mannigfaltigsten Nationalitäten hervor, aber sie bot bessere Gelegenheit, Trachten zu studieren als Leute, denn die Menschenmenge saß an unendlich langen Tischen, und deshalb waren die Gesichter hauptsächlich in der Perspektive zu sehen; das Frühstück wurde an kleinen runden Tischen aufgetragen, und wenn man dann das Glück besaß, einen Tisch in der Mitte der Versammlung zu bekommen, hatte man so viele Gesichter zu betrachten, wie man es sich nur wünschen konnte. Wir versuchten immer, die Nationalitäten zu erraten, und im allgemeinen gelang uns das ziemlich gut. Manchmal versuchten wir auch, die Namen der Leute zu erraten, aber das schlug fehl; das ist etwas, das wahrscheinlich eine Menge Übung erfordert. Wir ließen es bald fallen und widmeten unsere Anstrengungen weniger schwierigen Einzelheiten. Eines Morgens sagte ich:

»Dort sitzt eine Gruppe Amerikaner.«

Harris sagte: »Ja, aber nenne den Staat.«

Ich nannte einen Staat, Harris nannte einen anderen. Wir waren uns jedoch über eines einig, und zwar, daß das junge Mädchen in dieser Gruppe sehr schön sei, und sehr geschmackvoll angezogen. Aber wir waren uns nicht über ihr Alter einig. Ich sagte, sie sei achtzehn, Harris sagte, sie sei zwanzig. Der Disput zwischen uns erhitzte sich, und schließlich sagte ich mit gespieltem Ernst:

»Na, es gibt einen Weg, die Sache zu klären – ich werde hingehen und sie fragen.«

Harris sagte sarkastisch: »Sicher, das ist das Richtige. Du brauchst nur die hier übliche Formel zu gebrauchen; geh nur hin und sage: ›Ich bin Amerikaner!‹ Natürlich wird sie sich freuen, dich kennenzulernen.«

Dann deutete er an, daß meine Absicht, sie anzusprechen, nicht sehr gefährlich sei.

Ich sagte: »Ich habe nur so hingeredet – ich hatte nicht vorgehabt, an sie heranzutreten, aber ich merke schon, daß du gar nicht weißt, was für ein waghalsiger Mensch ich bin. Ich fürchte mich vor keiner lebenden Frau. Ich werde hingehen und dieses junge Mädchen ansprechen.«

Was ich vorhatte, war nicht schwierig. Ich wollte sie in höchst respektvoller Weise ansprechen und sie um Verzeihung bitten, falls ihre starke Ähnlichkeit mit einer früheren Bekannten mich getäuscht hätte; und wenn sie antworten sollte, daß der von mir erwähnte Name nicht der ihre wäre, wollte ich wieder höchst respektvoll um Verzeihung bitten und mich zurückziehen. Nichts Schlimmes wäre geschehen.

Ich ging also zu ihrem Tisch, verneigte mich vor dem Herrn, wandte mich dann ihr zu und wollte gerade meine kleine Rede beginnen, als sie ausrief: »Ich *wußte* doch, daß ich mich nicht irre – ich habe John gesagt, Sie sind es! John sagte, Sie sind es wahrscheinlich nicht, aber ich wußte, daß ich recht hatte. Ich sagte, Sie würden mich bald erkennen und herüberkommen; und ich bin froh, daß Sie es getan haben, denn ich hätte mich nicht sehr geschmeichelt gefühlt, wenn Sie diesen Raum verlassen hätten, ohne mich zu erkennen. Setzen Sie sich, setzen Sie sich – wie merkwürdig ist das doch; Sie jemals wiederzusehen hätte ich zu allerletzt erwartet.«

Das war eine sinnbetäubende Überraschung. Für einen Augenblick raubte sie mir völlig den Verstand. Doch wir schüttelten uns herzlich ringsherum die Hände, und ich setzte mich. Aber es war wirklich die größte Klemme, in der ich jemals gesessen hatte. Jetzt schien es mir, als erinnerte ich mich dunkel an das Gesicht des Mädchens, aber ich hatte keine Ahnung, wo ich es vorher gesehen hatte oder welcher Name dazugehörte. Ich versuchte sofort, die Unterhaltung auf die schweizerische Landschaft abzulenken, um sie daran zu hindern, Themen anzuschneiden, die verraten könnten, daß ich sie nicht kannte, aber es war zwecklos, sie wandte sich sogleich Sachen zu, die sie mehr interessierten.

»Oje, war das eine Nacht, als die See die vorderen Boote fortspülte – wissen Sie noch?«

»Na und ob!« sagte ich – aber ich wußte nichts. Ich

wünschte, die See hätte das Steuerruder, den Schornstein und den Kapitän fortgespült – dann hätte ich diese Fragestellerin identifizieren können.

»Und wissen Sie noch, wie erschrocken die arme Mary war und wie sie weinte?«

»Freilich«, sagte ich, »lieber Himmel, wie mir das alles wieder einfällt!«

Ich wünschte glühend, es *wollte* mir einfallen – aber mein Gedächtnis war leer. Das klügste wäre gewesen, das aufrichtig zu gestehen; aber ich konnte mich nicht dazu durchringen, nachdem das junge Mädchen mich so sehr dafür gelobt hatte, daß ich es erkannt hatte; also tappte ich weiter, immer tiefer in den Sumpf hinein, und hoffte auf einen zufälligen Anhaltspunkt, bekam aber nie einen. Die Unerkennbare fuhr lebhaft fort:

»Wissen Sie, daß George Mary doch noch geheiratet hat?«

»Aber nein! Ist das wahr?«

»Allerdings. Er sagte, er glaube, sie hätte nicht halb so viel Schuld wie ihr Vater, und mir schien, daß er recht hatte. Meinen Sie nicht auch?«

»Natürlich hatte er recht. Es war ein völlig klarer Fall. Ich habe das immer gesagt.«

»Aber nein, das haben Sie nicht gesagt! – wenigstens nicht in jenem Sommer.«

»O nein, nicht in jenem Sommer. Nein, da haben Sie vollkommen recht. Im darauffolgenden Winter habe ich es gesagt.«

»Nun, wie sich herausgestellt hat, war Mary keineswegs zu tadeln – an allem war ihr Vater schuld, zumindest er und der alte Darley.«

Es mußte etwas gesagt werden – also sagte ich: »Darley kam mir immer wie ein lästiger alter Kerl vor.«

»Das war er auch, aber sie hatten ihn halt immer sehr gern, obwohl er so voller Schrullen steckte. Sie erinnern sich doch, wenn es nur ein bißchen kalt war, versuchte er immer schon, ins Haus zu kommen.«

Ich hatte ziemliche Angst, fortzufahren. Offensichtlich war Darley kein Mensch – er mußte einer anderen Tiergattung angehören –, möglicherweise ein Hund, vielleicht ein Elefant. Immerhin haben alle Tiere Schwänze gemeinsam, also riskierte ich es, zu sagen:

»Und was für einen Schwanz er hatte!«

»*Einen!* Tausend hatte er!«

Das war sehr verwirrend. Ich wußte nicht genau, was ich sagen sollte, daher sagte ich nur: »Ja, er war wirklich ziemlich gut versorgt, was Schwänze anbetraf.«

»Für einen Neger und noch dazu für einen Verrückten kann man das wohl sagen«, sagte sie.

Es wurde allmählich ziemlich schwül für mich. Ich sagte mir: ›Hört sie etwa an dieser Stelle auf und wartet, daß ich spreche? Wenn ja, ist die Unterhaltung abgeschnitten. Ein Neger mit tausend Schwänzen, das ist ein Thema, über das ein Mensch nicht ohne einige Vorbereitung flüssig und lehrreich sprechen kann. Sich unbesonnen in ein so gewaltiges Thema zu stürzen …‹

Aber hier unterbrach sie zu meiner Freude meine Gedanken, indem sie sagte: »Ja, wenn es auf Schilderungen seiner verrückten Beschwerden hinauslief, gingen sie einfach ins Unendliche, wenn nur jemand zuhören wollte. Seine eigene Behausung war ganz behaglich, aber wenn es kalt war, konnte die Familie sicher auf seine Gesellschaft rechnen – nichts konnte ihn dem Hause fernhalten. Aber sie ertrugen es immer freundlich, weil er vor Jahren Tom das Leben gerettet hatte. Erinnern Sie sich an Tom?«

»Oh, ganz genau. War ein feiner Kerl.«

»Ja, das war er. Und was sein Kind für ein reizendes kleines Ding war!«

»Das kann man wohl sagen. Ich habe noch nie so ein hübsches Kind gesehen.«

»Ich habe es immer so gern gehätschelt und gewiegt und mit ihm gespielt.«

»Ich auch.«

»Sie haben ihm den Namen gegeben. Wie war doch der Name? Er fällt mir nicht ein.«

Mir schien, als würde hier das Eis ziemlich dünn. Ich hätte etwas darum gegeben, zu wissen, welchem Geschlecht das Kind angehörte. Aber zum Glück fiel mir ein Name ein, der auf beide Geschlechter paßte, also rückte ich damit heraus: »Ich habe es Frances genannt.«

»Vermutlich nach einem Verwandten? Aber Sie haben auch dem Kinde, das gestorben ist, den Namen gegeben – dem Kinde, das ich nie gesehen habe. Wie haben Sie es genannt?«

Ich hatte keinen neutralen Namen mehr auf Lager, aber da das Kind tot war und sie es nie gesehen hatte, glaubte ich, einen Namen riskieren und dem Glück vertrauen zu können. Also sagte ich: »Ich nannte es Thomas Henry.«

Sie sagte nachdenklich: »Das ist sonderbar – sehr sonderbar.«

Ich saß still da und ließ den kalten Schweiß fließen. Ich

war in ziemlichen Nöten, glaubte aber, mich durchquälen zu können, wenn sie mich nicht aufforderte, weitere Kinder zu benamsen. Ich fragte mich, wo der Blitz das nächste Mal einschlagen würde. Noch immer sann sie über den Namen dieses letzten Kindes nach, aber plötzlich sagte sie: »Ich habe immer bedauert, daß Sie damals nicht da waren – ich hätte Sie gern gebeten, meinem Kinde einen Namen zu geben.«

»*Ihrem* Kinde! Sind Sie verheiratet?«

»Ich bin seit dreizehn Jahren verheiratet.«

»Getauft, meinen Sie wohl.«

»Nein, verheiratet. Der Junge hier ist mein Sohn.«

»Es scheint unglaublich – ja, unmöglich. Ich meine es nicht böse, aber würden Sie mir bitte sagen, ob Sie überhaupt älter als achtzehn sind? – das heißt, wollen Sie mir bitte sagen, wie alt Sie sind?«

»An dem Tage, als der Sturm war, von dem wir eben sprachen, wurde ich gerade neunzehn. Das war mein Geburtstag.«

Das half nicht viel, da ich das Datum des Sturmes nicht kannte. Ich versuchte, mir etwas Unverbindliches auszudenken, was ich sagen könnte, um von meiner Seite aus das Gespräch aufrechtzuerhalten und meine Armut an Erinnerungen so unauffällig wie nur möglich zu machen, aber anscheinend hatte ich keine unverbindlichen Sachen mehr auf Lager. Ich wollte gerade sagen: ›Sie haben sich seither kein bißchen verändert‹, aber das war gewagt. Ich wollte sagen: ›Sie haben sich seither gewaltig herausgemacht‹, aber das wäre natürlich auch nicht gegangen. Ich war gerade im Begriff, einen rettenden Versuch mit dem Wetter zu unternehmen, als das Mädchen mir zuvorkam und sagte:

»Wie ich dieses Gespräch über die alten, glücklichen Zeiten genossen habe – Sie nicht auch?«

»In meinem ganzen Leben habe ich noch keine solche halbe Stunde erlebt!« sagte ich mit Gefühl; und ich hätte hinzusetzen können und wäre damit der Wahrheit sehr nahe gekommen: ›Und ich möchte mich eher skalpieren lassen, als noch so eine zu erleben.‹

Ich war innig dankbar, diese Prüfung durchgestanden zu haben, und wollte mich gerade verabschieden und verziehen, als das Mädchen sagte: »Aber eines ist mir doch sehr rätselhaft.«

»Nanu, was denn?«

»Der Name jenes toten Kindes. Wie sagten Sie doch, lautete er?«

Das war wieder eine wohltuende Situation: ich hatte den Namen des Kindes vergessen; ich hatte nicht geahnt, daß ich ihn wieder brauchen würde. Aber jedenfalls mußte ich vorgeben, ihn zu wissen, also sagte ich:

»Joseph William.«

Der Junge neben mir berichtigte mich und sagte: »Nein – Thomas Henry.«

Ich dankte ihm – in Worten – und sagte bebend: »O ja – ich dachte gerade an ein anderes Kind, dem ich den Namen gab – ich habe sehr vielen den Namen gegeben und bringe sie durcheinander – dieses bekam tatsächlich den Namen Henry Thompson ...«

»Thomas Henry«, warf der Junge gelassen ein.

Ich dankte ihm wieder – nur in Worten – und stammelte: »Thomas Henry – ja Thomas Henry hieß das arme Kind. Ich nannte ihn nach Thomas – hm – Thomas Carlyle, dem großen Schriftsteller, wissen Sie – und Henry – hm – hm – Heinrich VIII. Die Eltern waren sehr erfreut, ein Kind namens Thomas Henry zu haben.«

»Dadurch wird es noch viel sonderbarer«, murmelte meine schöne Freundin.

»Ja? Warum?«

»Weil die Eltern, wenn sie jetzt von diesem Kinde sprechen, es immer Susan Amelia nennen.«

Das grub mir endgültig das Wasser ab. Ich konnte nichts mehr sagen. Meine rednerischen Winkelzüge waren endgültig zu Ende; weiterzugehen hätte zu lügen bedeutet, und das wollte ich nicht. Also verhielt ich mich einfach still und litt – saß stumm und ergeben da und brutzelte – denn ich briet langsam in den Flammen meines eigenen Errötens zu Tode.

Plötzlich lachte der Feind fröhlich heraus und sagte: »Dieses Gespräch über alte Zeiten hat mir wirklich Spaß gemacht, aber Ihnen nicht. Ich habe sehr bald bemerkt, daß Sie nur vorgaben, mich zu kennen, und da ich anfangs ein Kompliment an Sie verschwendet hatte, beschloß ich, Sie zu bestrafen. Und es ist mir ziemlich gut gelungen. Ich habe mich gefreut, festzustellen, daß Sie George und Tom und Darley kannten, denn ich hatte vorher noch nie von ihnen gehört und konnte deswegen nicht genau wissen, ob das auch für Sie zuträfe; und ich habe mich auch gefreut, die Namen dieser imaginären Kinder zu erfahren. Wenn man es geschickt anstellt, kann man einen ganzen Schatz von Auskünften aus Ihnen herausholen. Mary, der Sturm und das Fortspülen der vorderen Boote, das waren Tatsachen – der ganze Rest war Dichtung. Mary war meine Schwester, ihr voller Name war Mary –. Erinnern Sie sich *jetzt* an mich?«

»Ja«, sagte ich. »Jetzt erinnere ich mich an Sie; und Sie sind noch genau so hartherzig wie vor dreizehn Jahren auf dem Schiff, sonst hätten Sie mich nicht so gestraft. Ihr Wesen und Ihr Aussehen haben sich überhaupt nicht verändert; Sie sehen genau so jung aus wie damals, Sie sind genau so schön wie damals, und Sie haben einen Teil Ihrer Anmut auf diesen hübschen Jungen übertragen. Bitte sehr – wenn diese Rede Sie im geringsten rührt, dann lassen Sie uns die Flagge des Waffenstillstands hissen, wobei ich selbstverständlich zugebe, daß ich besiegt bin.«

Auf der Stelle wurde das alles gebilligt und erledigt. Als ich zu Harris zurückkehrte, sagte ich:

»Jetzt siehst du, was ein begabter und gewandter Mensch erreichen kann.«

»Entschuldige, ich sehe nur, was ein kolossal unwissender und einfältiger Mensch erreichen kann. Man stelle sich bloß vor, du gehst einfach hin, drängst dich auf diese Art einer Gruppe von Fremden auf und unterhältst dich eine halbe Stunde lang; na, ich habe noch nie gehört, daß ein Mann im Vollbesitz seiner geistigen Kräfte so etwas getan hätte. Was hast du zu ihnen gesagt?«

»Ich habe nichts Böses gesagt. Ich habe bloß das Mädchen gefragt, wie sie heißt.«

»Das bezweifle ich nicht. Wirklich nicht. Ich glaube, du wärest dazu fähig. Es war blöd von mir, dich dort hinübergehen und dich selbst so bloßstellen zu lassen. Aber weißt du, ich konnte mir wirklich nicht vorstellen, daß du etwas so Unentschuldbares tun würdest. Was werden diese Leute bloß von uns denken! Aber wie hast du es gesagt? – ich meine die Form. Ich hoffe, du bist nicht brüsk gewesen.«

»Nein, darauf habe ich geachtet. Ich habe gesagt: ›Mein Freund und ich würden gern wissen, wie Sie heißen, wenn Sie gestatten.‹«

»Nein, das war nicht brüsk. Es zeigt eine Gewandtheit, die dir unendliche Ehre macht. Und ich freue mich, daß du mich mit hineingezogen hast; das war eine zarte Aufmerksamkeit, die ich sehr hoch schätze. Was hat sie gemacht?«

»Sie hat nichts weiter gemacht. Sie hat mir gesagt, wie sie heißt.«

»Hat dir einfach gesagt, wie sie heißt. Willst du damit sagen, daß sie gar keine Überraschung gezeigt hat?«

»Na, wenn ich es mir so überlege, sie hat etwas gezeigt; vielleicht war es Überraschung; daran habe ich nicht gedacht – ich hatte den Eindruck, sie fühlte sich geschmeichelt.«

»Oh, du hast zweifellos recht gehabt; sie muß sich geschmeichelt gefühlt haben; es kann nur schmeichelhaft sein, von einem Fremden mit einer solchen Frage überfallen zu werden. Was hast du dann gemacht?«

»Ich habe die Hand ausgestreckt, und die Leute haben sie geschüttelt.«

»Ich habe es gesehen! Ich traute in dem Moment meinen Augen nicht. Hat der Herr etwas davon gesagt, daß er dir die Kehle durchschneiden wolle?«

»Nein, sie schienen sich alle darüber zu freuen, mich kennenzulernen, soweit ich das beurteilen kann.«

»Weißt du, ich glaube sogar, das stimmt. Sie werden sich gesagt haben: ›Sicher ist dieser seltene Vogel seinem Wärter entsprungen – wir wollen uns einen Spaß mit ihm machen.‹ Es gibt keine andere Erklärung für ihre leichte Fügsamkeit. Du hast dich also hingesetzt. Haben sie dich *aufgefordert*, dich zu setzen?«

»Nein, aufgefordert haben sie mich nicht, aber ich nahm an, sie hätten nicht daran gedacht.«

»Du hast einen unfehlbaren Instinkt. Was hast du noch gemacht? Worüber hast du gesprochen?«

»Na, ich habe das Mädchen gefragt, wie alt sie ist.«

»Zweifellos. Dein Zartgefühl ist über alles Lob erhaben. Weiter, weiter, kümmere dich nicht um meinen scheinbaren Jammer – ich sehe immer so aus, wenn ich in tiefe, andächtige Freude versunken bin. Weiter, hat sie dir erzählt, wie alt sie ist?«

»Ja, sie hat mir erzählt, wie alt sie ist, und alles über ihre Mutter, ihre Großmutter und ihre anderen Verwandten und alles über sich selbst.«

»Hat sie diese Personalien von sich aus mitgeteilt?«

»Nein, nicht direkt. Ich habe Fragen gestellt und sie hat sie beantwortet.«

»Das ist göttlich. Weiter – hast du etwa vergessen, dich nach ihren politischen Ansichten zu erkundigen?«

»Nein, ich habe daran gedacht. Sie ist Demokratin, ihr Mann ist Republikaner, und alle beide sind sie Baptisten.«

»Ihr Mann? Ist dieses Kind verheiratet?«

»Sie ist kein Kind. Sie ist verheiratet, und der dort bei ihr sitzt, ist ihr Mann.«

»Hat sie Kinder?«

»Ja, sieben und ein halbes.«

»Das ist unmöglich.«

»Nein, sie hat sie wirklich. Sie hat es mir selbst gesagt.«

»Na ja, aber sieben und ein *halbes*. Wie erklärst du dir das halbe? Wie kommt das halbe zustande?«

»Das ist ein Kind, das sie von einem anderen Ehemann hatte – nicht von diesem, sondern von einem anderen –, deswegen ist es ein Stiefkind, und sie zählen es nicht voll.«

»Einem anderen Ehemann? Hat sie denn noch einen anderen Mann gehabt?«

»Ja, vier. Dieser ist Nummer vier.«

»Ich glaube kein Wort davon. Es ist ganz unmöglich. Ist der Junge dort ihr Bruder?«

»Nein, das ist ihr Sohn. Es ist ihr Jüngster. Er ist nicht so alt, wie er aussieht. Er ist erst elfeinhalb.«

»Das ist offensichtlich alles unmöglich. Es ist eine vermaledeite Geschichte. Ein ganz klarer Fall ist das: Sie haben dich einfach taxiert und daraufhin beschlossen, dich auf den Arm zu nehmen. Es scheint ihnen gelungen zu sein. Ich bin froh, daß ich nicht mit in der Tinte stecke; vielleicht sind sie wenigstens so barmherzig, anzunehmen, daß wir nicht beide vom selben Kaliber sind. Bleiben sie lange?«

»Nein, sie fahren noch vor Mittag ab.«

»Einen Menschen gibt es, der tief dankbar dafür ist. Wie hast du das erfahren? Ich nehme an, du hast gefragt?«

»Nein, ziemlich zu Anfang habe ich mich ganz allgemein nach ihren Plänen erkundigt, und sie sagten, sie wollten eine Woche lang hierbleiben und Touren in die Umgebung machen; aber gegen Ende der Unterhaltung, als ich sagte, daß du und ich uns mit Vergnügen an ihren Ausflügen beteiligen würden, und anbot, dich herüberzuholen und vorzustellen, zögerten sie ein bißchen und fragten, ob du aus demselben

Hause stammst wie ich. Ich sagte ja, da meinten sie, sie hätten es sich anders überlegt und hielten es für erforderlich, sofort aufzubrechen und eine kranke Verwandte in Sibirien zu besuchen.«

»O Gott, das ist der Gipfel! Du hast den höchsten Gipfel der Dummheit erreicht, den menschliche Bemühungen jemals erklommen haben. Wenn du vor mir stirbst, sollst du ein Grabmal aus Eselsköpfen bekommen, so hoch wie das Straßburger Münster. Sie wollten wissen, ob ich aus demselben ›Hause‹ stamme wie du, wie? Was haben sie wohl mit ›Haus‹ gemeint?«

»Ich weiß nicht; es ist mir gar nicht eingefallen, danach zu fragen.«

»Na, *ich* weiß es. Sie meinten eine Anstalt – eine *Irrenanstalt,* verstehst du? Also denken sie *doch,* wir wären vom selben Kaliber. Sag mal, was hältst du nun eigentlich von dir?«

»Na, ich weiß nicht. Ich habe nicht gedacht, daß ich etwas Schlimmes anrichte; ich habe nichts Böses *gewollt.* Es waren sehr nette Leute, und sie sahen mich anscheinend gern.«

Harris ließ einige grobe Bemerkungen fallen und ging in sein Schlafzimmer – um ein paar Möbel zu zerschlagen, sagte er. Er war ungewöhnlich reizbar; jede Kleinigkeit verdarb ihm die Laune.

Die junge Frau hatte mich gründlich schmoren lassen, aber egal, ich habe es an Harris ausgelassen. Man sollte stets irgendwie quitt werden, sonst schmerzt die wunde Stelle immer weiter.

Zweites Kapitel

*Wirtschaftsleben Luzerns · Vorteile des Martyriums ·
Ein bißchen Geschichte · Die Heimat der
Kuckucksuhren · Eine befriedigende Rache ·
Der Mann, der bei Gadsby abstieg · Eine vergessene
Geschichte · Wollte Postmeister werden · Ein Mann aus
Tennessee in Washington · Er beschloß, eine Weile zu
bleiben · Moral der Geschichte*

Die Hofkirche ist wegen ihrer Orgelkonzerte berühmt.
Den ganzen Sommer lang strömen die Touristen gegen
sechs Uhr abends in diese Kirche, bezahlen ihren Franken
und lauschen dem Lärm. Sie bleiben nicht, um alles zu hören, sondern stehen auf und trampeln über den hallenden
Steinfußboden hinaus, wobei sie Zuspätkommenden begegnen, die geräuschvoll hereinpoltern. Dieses Hin- und
Hergetrampel dauert fast die ganze Zeit über an und wird
durch das ständige Türenschlagen und das Husten, Bellen
und Niesen der Menge noch unterstrichen. Unterdessen tost
und kracht und donnert die große Orgel dahin und tut, was
sie nur kann, um zu beweisen, daß sie die größte und lau-
teste Orgel Europas ist, und daß eine kleine enge Kiste von
Kirche der günstigste Ort ist, um ihre Gewalt abschätzen
und würdigen zu können. Es ist wahr, daß gelegentlich leise

und barmherzige Stellen vorkamen, aber das Trapptrapp der Touristen gestattete nur dann und wann gewissermaßen einen flüchtigen Blick davon zu erhaschen. Dann ließ der Organist gleich wieder eine neue Lawine los.

Das Wirtschaftsleben Luzerns besteht hauptsächlich aus dem Andenkentrödelmarkt; die Läden sind vollgestopft mit Bergkristallen, Landschaftsphotographien und Holz- und Elfenbeinschnitzereien. Ich möchte die Tatsache nicht verhehlen, daß es dort kleine Reproduktionen des Löwen von Luzern zu kaufen gibt. Millionen davon. Aber jede einzelne stellt einen Hohn auf ihn dar. Das majestätische Pathos des Originals besitzt ein gewisses Etwas, das der Kopist nicht herausbekommt. Sogar der Sonne gelingt das nicht; sowohl der Photograph als auch der Bildschnitzer liefern einen sterbenden Löwen und weiter nichts. Die Form stimmt, die Haltung stimmt, die Proportionen stimmen, aber jenes unbeschreibliche Etwas fehlt, das aus dem Löwen von Luzern das trauervollste und ergreifendste Stück Stein der Welt macht.

Der Löwe liegt auf seinem Lager in der senkrechten Stirnwand eines niedrigen Felsens – denn er ist aus dem gewachsenen Felsen der Steilwand gemeißelt. Er hat kolossale Größe, eine edle Haltung. Sein Haupt ist gesenkt, der abgebrochene Speer steckt ihm in der Schulter, seine schützende Pranke ruht auf den bourbonischen Lilien. Ranken hängen an dem Felsen herab und wehen im Winde, von oben tröpfelt ein klarer Wasserlauf in einen Teich am Fuße der Klippe, und in der glatten Fläche des Teiches spiegelt sich der Löwe zwischen den Seerosen wider.

Grüne Bäume und Gras rings umher. Es ist ein geschützter, stiller Waldwinkel, fern allem Lärm, Betrieb und Wirrwarr – und das stimmt alles, denn Löwen sterben wirklich an solchen Stellen und nicht auf Granitsockeln öffentlicher Plätze, eingeschlossen zwischen bizarren Eisengeländern. Der Löwe von Luzern würde überall Eindruck machen, aber nirgends so viel wie dort, wo er ist.

Das günstigste Geschick, das manche Leute treffen kann, ist das Martyrium. Ludwig XVI. ist nicht im Bett gestorben, deshalb geht die Geschichte sehr glimpflich mit ihm um; sie ist seinen Schwächen gegenüber nachsichtig und findet hohe Tugenden an ihm, die man gewöhnlich nicht als Tugenden ansieht, wenn sie in Königen stecken. Sie stellt ihn als Menschen mit sanftmütigem, bescheidenem Sinn, mit dem Herzen eines Heiligen und mit verdrehtem Kopf dar. Keine dieser Eigenschaften, außer der letzteren, ist königlich. Zusammengenommen ergeben sie einen Charakter, dem es unter den Händen der Geschichte schlecht ergangen wäre, wenn sein Eigentümer das Pech gehabt hätte, dem Martyrium zu entgehen. Mit der besten Absicht, das Richtige zu tun, erreichte er stets das Falsche. Außerdem konnte ihm nichts das Heilige austreiben. Er wußte ganz gut, daß er bei einem nationalen Notstand nicht überlegen durfte, wie er als Mensch handeln sollte, sondern nur, wie er als König zu handeln hätte, und so versuchte er ehrlich, den Menschen zu unterdrücken und König zu sein – aber das ging daneben; es gelang ihm nur, der Heilige zu sein. Er handelte nicht zur rechten Zeit, sondern zur Unzeit. Er war nicht zu überzeugen, etwas zu tun, solange es nützen konnte – da war er eisern, war er steinhart in seiner Dickköpfigkeit –, aber sobald die Angelegenheit einen Punkt erreicht hatte, wo es unbedingt schädlich sein mußte, das zu tun, gerade dann tat er es, und nichts konnte ihn aufhalten. Er tat es nicht, weil es schädlich sein würde, sondern weil er hoffte, es wäre noch nicht zu spät, das Gute zu erreichen, das es bewirkt hätte, wenn es früher geschehen wäre. Sein Begriffsvermögen hinkte immer um einen oder zwei Züge hinterher. Wenn ein nationaler Zeh amputiert werden mußte, konnte er nicht einsehen, daß er mehr als ein Zugpflaster brauchte; wenn andere sahen, daß der kalte Brand das Knie erreicht hatte, entdeckte er zum erstenmal, daß man den Zeh abschneiden müßte – also schnitt er ihn ab; und er sägte das Bein am Knie ab, wenn andere sahen, daß das Leiden die Hüfte erreicht hatte. Er war gut und aufrichtig und hatte bei der Jagd auf nationale Krankheiten die besten Absichten, aber nie konnte er eine überholen. Als Privatmann wäre er liebenswert gewesen; aber betrachtet man ihn als König, war er unbedingt zu verachten.

Seine Laufbahn war höchst unköniglich, aber das erbärmlichste Schauspiel bot der sentimentale Verrat gegenüber seiner Schweizergarde an jenem denkwürdigen 10. August, als er zuließ, daß diese Helden für seine Sache niedergemetzelt wurden, und ihnen verbot, das »heilige französische Blut« zu vergießen, das angeblich in den Adern des rotbemützten Haufens von Lumpen floß, die in dem Palast wüteten. Er meinte, königlich zu handeln, aber er war nur wieder einmal der Heilige. Einige seiner Biographen glauben, daß bei diesem Anlaß der Geist des heiligen Ludwig auf ihn herabgekommen sei. Er muß ein ziemlich enges Logis vorgefunden haben. Hätte Napoleon I. an jenem Tage in den Schuhen Ludwigs XVI. gestanden, statt nur ein zufälliger und unbekannter Zuschauer zu sein, gäbe es jetzt keinen Löwen von Luzern, sondern in Paris einen wohlgefüllten Kommunardenfriedhof, der genau so geeignet wäre, an den 10. August zu erinnern.

Vor dreihundert Jahren machte das Martyrium aus Maria Stuart eine Heilige, und sie hat kaum ihren ganzen Heiligenschein verloren. Das Martyrium machte aus der unbedeutenden und törichten Marie-Antoinette eine Heilige, und ihre Biographen haben ihr bis zum heutigen Tage den Geruch der Heiligkeit bewahrt; dabei beweisen sie unbewußt auf fast jeder Seite, die sie schreiben, daß sie den einzigen unglückseligen Instinkt besaß, der ihrem Manne abging – den Instinkt, ehrliche, fähige und treue Beamte auszuroden und abzuschieben, wo immer sie welche fand. Die scheußliche, aber wohltätige Französische Revolution wäre aufgeschoben oder nicht vollendet worden oder hätte womöglich überhaupt nicht stattgefunden, wenn Marie-Antoinette nicht den unklugen Fehler begangen hätte, geboren zu werden. Die Welt verdankt der Französischen Revolution eine ganze Menge und folglich auch ihren bedeutendsten Förderern, Ludwig dem Armen im Geiste und seiner Königin.

Wir haben keine hölzernen Nachbildungen des Löwen gekauft, auch keine aus Elfenbein, Ebenholz, Marmor, Kreide, Zucker oder Schokolade, nicht einmal photographische Verleumdungen des Löwen. Tatsächlich waren diese Kopien in den Läden und überall so allgemein verbreitet, daß sie dem ermüdeten Auge bald so unerträglich wurden wie gewöhnlich der neueste Schlager dem gemarterten Ohr. In Luzern begannen uns auch bald Holzschnitzereien anderer Art zu ermüden, die so nett ausgesehen hatten, wenn man sie gelegentlich zu Hause zu Gesicht bekam. Wir hatten es bald reichlich satt, Wachteln und Hühner aus Holz um Zifferblätter herumpicken und -stolzieren zu sehen, und noch viel satter bekamen wir hölzerne Darstellungen der angeblichen Gemse, wie sie auf hölzernen Felsen herumhüpft, in Familiengruppen auf ihnen liegt oder wachsam hinter ihnen hervorlugt. Am ersten Tag hätte ich hundertfünfzig solcher Uhren gekauft, wenn ich das Geld gehabt hätte – und drei habe ich gekauft –, aber am dritten Tag war die Krankheit überstanden, ich war genesen und erneut auf dem Markt – und versuchte zu verkaufen. Aber ich hatte kein Glück; das war auch nicht schlimm, denn zweifellos werden die Sachen, wenn ich sie nach Hause bringe, wieder ganz nett wirken.

Jahrelang hatte meine eifrigste Abscheu der Kuckucksuhr gegolten; nun befand ich mich hier zu guter Letzt mitten in der Heimat dieses Geschöpfes; und so lag mir immer, wohin ich mich auch wandte, dieses zermürbende »Huhu! Huhu! Huhu!« in den Ohren. Ein schöner Zustand für einen nervösen Menschen. Manche Töne sind abstoßender als andere, aber kein Ton ist so unsinnig, albern und unangenehm wie das »Huhu« der Kuckucksuhr, meine ich. Ich habe eine gekauft und nehme sie für eine gewisse Person mit nach Hause; denn ich habe immer gesagt, daß ich diesem Manne eins auswischen würde, wenn sich je die Gelegenheit dazu ergeben sollte. Ich hatte zwar gemeint, daß ich ihm ein Bein brechen würde, oder etwas in dieser Art; aber in Luzern erkannte ich sofort, daß ich seinen Geist zerrütten könnte. Das wäre dauerhafter und in jeder Beziehung befriedigender. Also kaufte ich die Kuckucksuhr; und wenn ich jemals damit nach Hause komme, ist er »geliefert«, wie man in den Silbergruben sagt. Ich dachte an einen weiteren Kandidaten – einen Literaturkritiker, den ich nennen könnte, wenn ich wollte –, aber nachdem ich es mir überlegt hatte, kaufte ich ihm doch keine Uhr. Seinem Geiste könnte ich keinen Schaden mehr zufügen.

Wir sahen uns die beiden langen, überdachten Holzbrücken an, welche die grüne, glitzernde Reuß kurz unterhalb der Stelle überspannen, wo sie tollend und jauchzend dem See entströmt. Diese schrägverlaufenden, schwankenden Tunnel mit ihren überdachten Ausblicken auf das liebliche, gemüterfrischende Wasser sind ganz reizend. Sie enthalten zwei- oder dreihundert wunderliche alte Bilder von alten schweizerischen Meistern, die vor dem Niedergang der Malerei wirkten.

Der See wimmelt von Fischen, die für das Auge deutlich sichtbar sind, denn das Wasser ist sehr klar. Die Geländer vor den Hotels säumten gewöhnlich Angler aller Altersstufen. Eines Tages wollte ich stehenbleiben und zusehen, wie ein Fisch anbeißt. Das Ergebnis erinnerte mich sehr an einen Vorfall, an den ich seit zwölf Jahren nicht mehr gedacht hatte, und zwar an folgenden:

Der Mann, der bei Gadsby abstieg

Als mein sonderbarer Freund Riley und ich im Winter 1867 Pressekorrespondenten in Washington waren, gingen wir eines Abends gegen Mitternacht im jagenden Schneesturm die Pennsylvania Avenue hinunter, als der Lichtstrahl einer Straßenlaterne auf einen Mann fiel, der hastig in entgegengesetzter Richtung dahineilte. Dieser Mann hielt sogleich an und rief:

»Habe ich ein Glück! Sie sind Mr. Riley, nicht wahr?«

Riley war der beherrschteste und bedächtigste Mann der Republik. Er hielt an, besichtigte seinen Mann von Kopf bis Fuß und sagte endlich: »Ich bin Mr. Riley. Haben Sie zufällig nach mir gesucht?«

»Genau das«, rief der Mann freudig, »und es ist der glücklichste Zufall der Welt, daß ich Sie gefunden habe. Mein Name ist Lykins. Ich bin Lehrer an der Oberschule von San Francisco. Sobald ich hörte, daß die Stelle des Postmeisters in San Francisco vakant sei, habe ich mich entschlossen, sie zu bekommen – und hier bin ich.«

»Ja«, sagte Riley langsam, »wie Sie soeben bemerkten … Mr. Lykins … hier sind Sie. Und haben Sie sie bekommen?«

»Na, nicht direkt *bekommen*, aber ich bin drauf und dran. Ich habe ein Gesuch mitgebracht, vom Volksbildungsinspektor und von allen Lehrern und mehr als zweihundert anderen Leuten unterschrieben. Ich möchte Sie nun bitten, so freundlich zu sein und mit mir zu der Abgeordnetengruppe der Pazifikstaaten hinüberzugehen; denn ich möchte diese Sache rasch durchschleusen und wieder nach Hause kommen.«

»Wenn die Sache so dringend ist, werden Sie wohl wünschen, daß wir die Pazifikabgeordneten heute abend noch aufsuchen«, sagte Riley mit einer Stimme, die keinen Spott enthielt – für ein nicht daran gewöhntes Ohr.

»Oh, heute abend, gewiß doch! Ich habe keine Zeit,

herumzutrödeln. Ich möchte ihre Zusage haben, bevor ich schlafen gehe – ich bin kein Mann von Worten, sondern von *Taten*!«

»Ja … dazu sind Sie an die richtige Stelle gekommen. Wann sind Sie eingetroffen?«

»Genau vor einer Stunde.«

»Wann wollen Sie abfahren?«

»Nach New York morgen abend – nach San Francisco am nächsten Morgen.«

»Aha … Was wollen Sie morgen tun?«

»*Tun!* Na, ich muß mit dem Gesuch und der Abordnung zum Präsidenten gehen und mich ernennen lassen, nicht?«

»Ja … sehr richtig … das stimmt. Und dann?«

»Beschlußfassung des Senats um zwei Uhr nachmittags – ich muß die Ernennung bestätigt bekommen – das ist doch richtig, nehme ich an?«

»Ja … ja«, sagte Riley nachdenklich. »Sie haben wieder recht. Dann nehmen Sie abends den Zug nach New York und am nächsten Morgen den Dampfer nach San Francisco?«

»Genau – so stelle ich es mir vor.«

Riley überlegte eine Weile, dann sagte er: »Sie können wohl nicht einen Tag … na, sagen wir … zwei Tage länger bleiben?«

»Herrje, nein! Das ist nicht meine Art. Ich bin nicht der Mann dazu, herumzutrödeln – ich sagte doch, ich bin ein Mann von *Taten*.«

Der Sturm tobte, der dichte Schnee trieb in Schwaden daher, Riley stand schweigend, offenbar tief in Nachsinnen versunken, eine Minute oder länger da, dann blickte er auf und sagte: »Haben Sie jemals von dem Manne gehört, der einmal bei Gadsby abgestiegen ist? Aber ich sehe schon, Sie haben nichts davon gehört.«

Er drängte Mr. Lykins mit dem Rücken gegen ein Eisengitter, ergriff ihn am Knopfloch, hielt ihn wie der »Alte Seefahrer« mit dem Blick fest und ging daran, so heiter und gelassen seine Geschichte zu erzählen, als lägen wir alle gemütlich auf einer blühenden Sommerwiese ausgestreckt, statt von einem nächtlichen Schneesturm bedrängt zu werden:

»Ich werde Ihnen von diesem Manne erzählen. Es war zu Jacksons Zeit. Gadsbys Hotel war damals das beste. Na, dieser Mann kam eines Morgens gegen neun Uhr aus Tennessee an, mit einem schwarzen Kutscher, einem prächtigen, vierspännigen Wagen und einem eleganten Hund, den er offensichtlich gern hatte und auf den er stolz war; er fuhr bei Gadsby vor, und der Empfangschef, der Wirt und jedermann kamen herausgestürzt, um sich seiner anzunehmen; aber er sagte: ›Laßt nur‹, sprang heraus und befahl dem Kutscher, zu warten – sagte, er habe keine Zeit, irgendwas zu essen, er habe nur eine kleine Forderung von der Regierung einzutreiben, wolle über die Straße zum Schatzamt laufen und das Geld holen, und dann sofort nach Tennessee zurückfahren, denn er habe es mächtig eilig.

Na, gegen elf Uhr abends kam er zurück und bestellte ein Bett und ließ die Pferde ausspannen – sagte, er wolle die Forderung am Morgen eintreiben. Das war im Januar, wissen Sie, Januar 1834, am 3. Januar, Mittwoch.

Na, am 5. Februar verkaufte er die vornehme Kutsche und kaufte eine billige aus zweiter Hand – sagte, diese tauge genau so gut dazu, das Geld nach Hause zu fahren, und auf Eleganz käme es ihm nicht an.

Am 11. August verkaufte er ein Paar der schönen Pferde – sagte, er habe oft gedacht, ein Paar sei besser als vier, um über die rauhen Bergstraßen zu kommen, wo man vorsichtig fahren müsse, und so viel habe er nicht zu fordern, daß er das Geld nicht ganz leicht mit einem Zweigespann nach Hause ziehen könnte.

Am 13. Dezember verkaufte er noch ein Pferd – sagte, zwei seien nicht nötig, um dieses alte, leichte Gefährt zu ziehen, tatsächlich bringe es eines schneller vom Fleck, als unbedingt nötig sei, wo jetzt gutes, solides Winterwetter herrsche und sich die Straßen in großartigem Zustand befänden.

Am 17. Februar 1835 verkaufte er die alte Kutsche und kaufte einen billigen, leichten Einspänner aus zweiter Hand – sagte, der Einspänner sei genau das Richtige, um auf schlammigen, matschigen Vorfrühlingsstraßen dahin-zufliegen, und er habe sowieso schon immer gewünscht, auf diesen Bergstraßen einen Einspänner auszuprobieren.

Am 1. August verkaufte er den Einspänner und kaufte die Überreste eines alten Sulkys – sagte, er wolle nur mal diese grünen Tennesseeleute starren und glotzen sehen, wenn sie ihn auf einem Sulky angesaust kommen sähen – er glaube nicht, daß sie in ihrem ganzen Leben schon von einem Sulky gehört hätten.

Na, am 29. August verkaufte er seinen farbigen Kutscher – sagte, er brauche für einen Sulky keinen Kutscher – wäre sowieso nicht genug Platz für zwei darin –, und außerdem sende einem das Schicksal nicht jeden Tag einen Trottel, der neunhundert Dollar für so einen drittklassigen Neger zu zahlen bereit wäre – habe schon seit Jahren die Kreatur los sein wollen, wollte ihn aber auch nicht *verschleudern*.

Achtzehn Monate später – das heißt, am 15. Februar 1837 – verkaufte er den Sulky und kaufte sich einen Sattel – sagte, das Reiten habe ihm der Arzt schon immer empfohlen, und er habe bei Gott nicht den Wunsch, den Hals dadurch zu riskieren, daß er mitten im tiefsten Winter diese Bergstraßen auf Rädern beführe, das sei nicht seine Art.

Am 9. April verkaufte er den Sattel – sagte, er wolle sein Leben auf einer regnerischen, schlüpfrigen Aprilstraße nicht durch einen zerreißbaren Sattelgurt gefährden, wo er doch ungesattelt reiten könne und so wüßte und fühlte, daß er sicher wäre – habe es sowieso schon niemals leiden können, auf einem Sattel zu reiten.

Am 24. April verkaufte er sein Pferd – sagte: ›Ich bin heute gerade siebenundfünfzig, gesund und munter – es wäre ein schöner Blödsinn, wenn ich so eine Reise und so ein Wetter auf einem Pferd verplempern würde, wo es doch für einen richtigen Mann auf der ganzen Welt nichts Herrlicheres gibt als eine Wanderung durch die frischen Frühlingswälder und über die heiteren Berge – und ich kann sowieso meinen Hund den Betrag in einem kleinen Bündel tragen lassen, wenn ich ihn eingezogen habe. Also werde ich morgen ganz früh aufstehen, mein kleines Inkasso erledigen und nach Tennessee abschwirren, auf meinen eigenen Hinterbeinen und mit einem brausenden Lebewohl für Gadsby.‹

Am 22. Juni verkaufte er seinen Hund – sagte: ›Hol der Teufel einen Hund, auf alle Fälle, wenn man sich gerade auf eine schneidige Vergnügungstour durch die sommerlichen Wälder und Berge macht – eine richtige Plage, jagt die Eichhörnchen, bellt alles an, springt und plantscht in den Furten herum, man kommt gar nicht zum Nachdenken und zum Naturgenuß, und verdammt noch mal, ich werde meine Forderung doch lieber selber tragen, das ist mächtig viel sicherer; ein Hund ist in finanzieller Hinsicht mächtig unzuverlässig, habe das schon immer festgestellt – na, lebt wohl, Jungs, drittes Klingelzeichen, früh am Morgen gehe ich nach Tennessee ab, mit frischer Kraft und frohem Mut!‹«

Pause und Schweigen – ausgenommen den Lärm des Windes und des rauschenden Schnees. Mr. Lykins sagte ungeduldig: »Na und?«

Riley sagte: »Na, das war vor dreißig Jahren.«

»Gut, gut, was soll das?«

»Ich bin mit dem alten Patriarchen sehr befreundet. Er kommt jeden Abend, um sich von mir zu verabschieden. Ich habe ihn vor einer Stunde gesehen – er geht morgen ganz früh ab nach Tennessee – wie üblich; sagte, er schätze, daß er seinen Anspruch durchsetzen und abziehen werde, bevor Nachteulen wie ich sich aus dem Bett gewälzt hätten. Die Tränen standen ihm in den Augen, so freute er sich, daß er sein altes Tennessee und seine Freunde wiedersehen werde.«

Wieder eine Pause voll Schweigen. Der Fremde unterbrach sie: »Ist das alles?«

»Das ist alles.«

»Na, für die späte Stunde und das Wetter scheint mir die Geschichte durchaus lang genug zu sein. Aber *wozu* das alles?«

»Oh, zu nichts Besonderem.«

»Na, wo ist die Pointe?«

»Oh, da gibt es keine besondere Pointe. Nur, wenn Sie nicht *allzuviel* Eile haben, mit dieser Ernennung als Postmeister von San Francisco abzubrausen, Mr. Lykins, würde ich Ihnen empfehlen, für eine Weile *bei Gadsby abzusteigen* und sich Zeit zu lassen. Leben Sie wohl. Gott segne Sie!«

Nachdem er so gesprochen hatte, wandte sich Riley sanft auf dem Absatz um und ließ den erstaunten Schullehrer dort stehen, eine nachdenkliche und unbewegliche Schneestatue, die im vollen Schimmer der Straßenlaterne glänzte.

Das Amt bei der Post hat er nie bekommen.

Um auf Luzern und seine Angler zurückzukommen, stellte ich nach etwa neunstündigem Warten fest, daß der Mensch, der verweilen will, bis er einen dieser gutgenährten und erfahrenen Fische anbeißen sieht, es für klug halten wird, »bei Gadsby abzusteigen« und sich Zeit zu lassen. Wahrscheinlich ist an diesem Seeufer seit vierzig Jahren kein Fisch mehr gefangen worden; aber egal, der geduldige Angler beobachtet dort trotzdem den ganzen Tag lang seinen Schwimmer und scheint Freude daran zu haben. In Paris kann man die Angler-Müßiggänger genau so zahlreich, zufrieden und glücklich die ganze Seine entlang aufgebaut sehen, aber die Überlieferung sagt, das einzige, was dort in der Neuzeit je gefangen wurde, sei etwas, wonach sie überhaupt nicht angeln – ein junger Hund und eine entlaufene Katze.

Drittes Kapitel

Der Gletschergarten · Ausflug auf dem See · Leben auf den Bergen · Modell eines Touristen · »Wo sind Sie her?« · Ein Reklametrick · Ein gerechtes Urteil · Der Reisehandbuchstudent · »Ich glaube, das ist alles«

In der Nähe des Löwen von Luzern liegt der sogenannte »Gletschergarten«, und der ist einzig auf der Welt. Er liegt auf einer Anhöhe. Vor vier oder fünf Jahren sind einige Arbeiter, die das Fundament für ein Haus ausschachteten, auf diesen interessanten Überrest einer längst entschwundenen Zeit gestoßen. Wissenschaftler haben in ihm eine Bestätigung ihrer Theorien über die Eiszeit gesehen; deshalb kaufte man auf ihr Betreiben hin das kleine Grundstück und sicherte es für alle Zeiten gegen eine Bebauung. Die Erde wurde entfernt, und da trat das zerschundene und zerfurchte Bett zutage, das der alte Gletscher gegraben hatte, als er auf seiner langsamen und beschwerlichen Reise dahinzog. Dieses Bett wies im gewachsenen Felsen ungeheure, topfähnliche Löcher auf, die dadurch entstanden waren, daß der reißende Bach, der unter allen Gletschern fließt, Geröllblöcke ungestüm darin herumgewirbelt hatte. Diese riesigen runden Steinblöcke liegen noch in den Löchern; sie und die Innenwände der Löcher sind von dem lang währenden Aneinanderreiben ganz glattgescheuert. Es hat einer gewaltigen Kraft bedurft, diese großen Steinbrocken so kräftig herumzuschleudern. Das umliegende Land hatte damals eine ganz andere Gestalt – seither haben sich die Täler gehoben und sind zu Bergen, und die Berge sind zu Tälern geworden. Die Blöcke, die man in den Töpfen gefunden hat, sind eine weite Strecke gereist, denn es gibt ähnliches Gestein nicht näher als am Rhonegletscher.

Einige Tage lang genossen wir nach Herzenslust den Anblick des blauen Vierwaldstätter Sees und der aufgetürmten Massen der ihn rings umgebenden Schneeberge; letztere bieten ein verführerisches Bild, denn ein majestätischer Schneegipfel, auf den die Sonne herabflammt oder den das Mondlicht sanft übergießt, besitzt eine seltsam fesselnde Schönheit und Zauberkraft; aber wir beschlossen endlich, eine kleine Rundfahrt mit dem Dampfer zu machen und zu Fuß einen Sturm auf den Rigi zu unternehmen.

Nun gut, eines windigen, sonnigen Tages machten wir einen entzückenden Ausflug nach Flüelen. Alles saß auf Bänken unter einem Sonnensegel auf dem Oberdeck; alles schwatzte, lachte und begeisterte sich an der wunderbaren Landschaft. Wahrhaftig, ein Ausflug auf diesem See ist beinahe eine Vergnügungsreise in höchster Vollkommenheit. Das Wunder der Berge nahm kein Ende. Manchmal stiegen sie direkt aus dem See auf, türmten sich hoch hinauf und überschatteten dabei mit ihrer ungeheuren Masse unseren zwergenhaften Dampfer ganz bedrückend. Die Berge bedeckte kein Schnee, aber sie stiegen hoch genug in den Himmel, um den Wolken zu begegnen und sich die Stirn mit ihnen zu verschleiern. Sie waren nicht kahl und unzugänglich, sondern in Grün gehüllt, dem Auge wohltuend und angenehm; und manchmal erhoben sie sich so steil, beinahe senkrecht, daß man sich nicht vorstellen konnte, wie ein Mensch in der Lage war, auf einer solchen Fläche Halt zu finden, und doch gibt es da Pfade, und die Schweizer ziehen täglich auf ihnen hinauf und hinab.

Manchmal neigte sich einer dieser ungeheuren Hänge nur so leicht wie das Dach einer gewaltigen Schiffshalle auf der Werft; weiter oben, dem Himmel zu, neigte er sich steiler, etwa wie ein Mansardendach, und oben auf dieser schwindelerregenden Mansarde entdeckte das Auge kleine Dinger wie Schwalbennester und bemerkte plötzlich, daß es Bauernhäuser waren – wahrhaftig ein luftiger Ort für eine Heimstätte. Und angenommen, ein Bauer wandelte im Schlaf oder sein Kind fiele aus dem Vorgarten heraus? Die Freunde hätten eine beschwerliche, lange Reise aus diesen Wolkenhöhen herab, bis sie die Überreste fänden. Und doch sahen diese fernen Heimstätten so unendlich verführerisch aus; sie waren so weit weg von der geplagten Welt, sie ruhten in einer solchen Atmosphäre des Friedens und der Träumerei – gewiß würde niemand, der sich dort oben eingelebt hat, jemals wieder in niedrigerer Lage leben wollen.

Wir glitten in allerliebsten, kleinen, gewundenen Seitenarmen des Sees zwischen diesen kolossalen grünen Mauern dahin und genossen mit immer neuem Entzücken, wie das erhabene Panorama sich vor uns entfaltete und hinter uns wieder einrollte und verbarg; und gelegentlich erlebten wir die aufwühlende Überraschung, plötzlich und unvermittelt auf eine ungeheure, weiße Masse zu stoßen wie die ferne und alles beherrschende Jungfrau oder einen verwandten

Riesen, der Haupt und Schultern hoch über eine wirre Wildnis kleinerer Alpen emporreckte.

Als ich einmal begierig eine dieser Überraschungen in mich aufnahm und mein Bestes tat, alles nur Mögliche aus ihr herauszuholen, solange sie währte, wurde ich von einer jungen und unbekümmerten Stimme unterbrochen: »Sie sind Amerikaner, glaube ich? Ich auch.«

Er war um die achtzehn oder vielleicht neunzehn; schlank und mittelgroß; offenes, aufrichtiges und heiteres Gesicht; ein ruheloser, aber selbstvertrauender Blick; eine Stupsnase, die sich mit wohlerzogener Zurückhaltung von dem seidigen, neugeborenen Schnurrbart unter ihr zurückzuziehen schien, bis man sie vorgestellt hätte; ein locker eingehängter Unterkiefer, so eingerichtet, daß er sich leicht in den Gelenken bewegen konnte. Er trug einen flachen Strohhut mit schmalem Rand und einem breiten blauen Band, auf dem vorn ein weißer Anker eingestickt war; pikfeiner, kurzschößiger Rock, Hosen, Weste – alles schmuck und nett und nach der neuesten Mode; rotgestreifte Socken, weit ausgeschnittene Lackschuhe, mit schwarzer Schleife geschnürt; blaues Band um den Hals, weit offener Kragen; winzige Brillantenknöpfe am Hemd, faltenlose Wildlederhandschuhe, hervorstehende Manschetten, befestigt mit großen oxydierten Silberknöpfen, die einen Hundekopf zeigten – englischer Mops. Er trug einen dünnen Stock, den der Kopf eines englischen Mopses mit roten Glasaugen krönte. Unter dem Arm trug er eine deutsche Grammatik von Otto. Sein Haar war kurz, glatt und straff; und als er einen Augenblick den Kopf wandte, sah ich bald darauf, daß es hinten sauber gescheitelt war. Er nahm aus einem feinen

Etui eine Zigarette, steckte sie in eine Meerschaumspitze, die er in einem Saffiankästchen mitführte, und griff nach meiner Zigarre. Während er anrauchte, sagte ich:

»Ja, ich bin Amerikaner.«

»Das habe ich gewußt. Ich finde sie immer heraus. Auf welchem Schiff sind Sie gekommen?«

»›Holsatia‹.«

»Wir sind auf der ›Batavia‹ gekommen – Cunard, wissen Sie. Was hatten Sie für eine Überfahrt?«

»Ziemlich stürmisch.«

»Wir auch. Der Kapitän sagte, er hat kaum eine stürmischere See erlebt. Woher kommen Sie?«

»Neuengland.«

»Ich auch. Ich bin aus New Bloomfield. Reisen Sie mit jemandem?«

»Ja, mit einem Freund.«

»Unsere ganze Familie ist mit. Es ist furchtbar langweilig, allein herumzuziehen, finden Sie nicht auch?«

»Ziemlich langweilig.«

»Schon mal hier drüben gewesen?«

»Ja.«

»Ich nicht. Meine erste Reise. Aber wir sind rumgekommen – Paris und überall. Ich soll nächstes Jahr nach Harvard gehen. Lerne jetzt die ganze Zeit Deutsch. Kann erst anfangen, wenn ich Deutsch kann. Ich kann 'ne Masse Französisch. In Paris oder irgendwo, wo man Französisch spricht, komme ich ganz gut zurecht. In welchem Hotel sind Sie abgestiegen?«

»Schweizerhof.«

»Nein, ist das wahr? Ich hab Sie noch nie in der Hotelhalle

gesehen. Die meiste Zeit bin ich in der Hotelhalle, weil da so viele Amerikaner sind. Ich mache massenhaft Bekanntschaften. Ich erkenne jeden Amerikaner, sobald ich ihn sehe, und dann spreche ich ihn an und mache seine Bekanntschaft. Ich mache gern immerzu Bekanntschaften, Sie auch?«

»Herrje, ja!«

»Sehen Sie, das lockert so eine Reise prima auf. Ich habe auf so einer Reise nie Langeweile, wenn ich Bekanntschaften machen kann und jemanden habe, mit dem ich reden kann. Aber ich glaube, so eine Reise wäre fürchterlich langweilig und eintönig, wenn man nicht jemanden zum Kennenlernen und zum Reden finden würde. Ich rede gern, Sie auch?«

»Leidenschaftlich.«

»Haben Sie sich auf dieser Reise gelangweilt?«

»Nicht dauernd, bloß zeitweise.«

»Genau – sehen Sie, Sie sollten herumgehen und sich bekannt machen und reden. Das ist meine Art. So mache ich es immer – ich laufe bloß überall rum und rede, rede und rede – ich habe nie Langeweile. Schon auf dem Rigi gewesen?«

»Nein.«

»Wollen Sie hingehen?«

»Glaube schon.«

»In welchem Hotel wollen Sie absteigen?«

»Ich weiß nicht. Gibt es da mehr als eines?«

»Drei. Steigen Sie im Schreiber ab – dort werden Sie lauter Amerikaner finden. Was sagten Sie, auf welchem Schiff sind Sie herübergekommen?«

»›Stadt Antwerpen‹.«

»Deutsch, nehme ich an. Fahren Sie nach Genf?«

»Ja.«

»In welchem Hotel werden Sie absteigen?«

»Hôtel de l'Ecu de Genève.«

»Tun Sie das bloß nicht! Dort gibt's keine Amerikaner! Steigen Sie in einem von den großen Hotels hinter der Brücke ab – es wimmelt dort von Amerikanern.«

»Aber ich möchte mich im Arabischen üben.«

»Lieber Himmel, sprechen Sie Arabisch?«

»Ja – es reicht, um damit durchzukommen.«

»Na, weiß Gott, in Genf werden Sie nicht damit durchkommen, *da* wird nicht Arabisch gesprochen – Französisch wird gesprochen. In welchem Hotel sind Sie hier abgestiegen?«

»Hotel-Pension Beaurivage.«

»Pah, Sie sollten im Schweizerhof absteigen. Haben Sie nicht gewußt, daß der Schweizerhof das beste Hotel in der Schweiz ist? Schauen Sie in Ihrem Baedeker nach.«

»Ja, ich weiß – aber ich dachte, dort wären keine Amerikaner.«

»Keine Amerikaner! Aber ich bitte Sie, es wimmelt direkt davon! Ich bin die meiste Zeit in der großen Hotelhalle. Ich mache da massenhaft Bekanntschaften. Nicht so viel wie zuerst, weil sich jetzt nur die Neuen dort aufhalten – die anderen gehen gleich durch. Woher sind Sie?«

»Arkansas.«

»So? Ich bin aus Neuengland – wenn ich zu Hause bin, ist New Bloomfield meine Heimatstadt. Ich amüsiere mich heute prächtig, Sie auch?«

»Fabelhaft.«

»Genau das. Ich habe es gern, sich so frei und einfach herumzutreiben und Bekanntschaften zu machen und zu reden. Ich erkenne jeden Amerikaner, sobald ich ihn sehe; und so gehe ich hin und spreche ihn an und mache seine Bekanntschaft. Ich habe auf so einem Ausflug nie Langeweile, wenn ich neue Bekanntschaften machen und reden kann. Ich rede furchtbar gern, wenn ich die richtige Person erwische, Sie auch?«

»Ich ziehe es jeder anderen Zerstreuung vor.«

»Das ist auch meine Ansicht. Na, manche Leute nehmen sich gern ein Buch und setzen sich hin und lesen und lesen oder dösen herum und glotzen den See oder diese Berge und Sachen an, aber das ist nicht meine Art; nein, wenn es ihnen Spaß macht, sollen sie nur, ich habe nichts dagegen; aber was mich angeht, *ich* rede gern. Schon auf dem Rigi gewesen?«

»Ja.«

»In welchem Hotel sind Sie abgestiegen?«

»Schreiber.«

»Das war richtig! – Ich bin da auch abgestiegen. *Voll* von Amerikanern, *nicht*? Ist es immer – immer. So heißt es. Jeder sagt das. Auf welchem Schiff sind Sie herübergekommen?«

»›Ville de Paris‹.«

»Französisch, denke ich. Was hatten Sie für eine Über... – entschuldigen Sie mich einen Augenblick, dort sind ein paar Amerikaner, die ich noch nicht gesehen habe.«

Und fort ging er. Und er ging unbehelligt. Ich fühlte den mörderischen Impuls, ihn mit meinem Alpenstock im Rücken zu harpunieren, aber als ich die Waffe hob, verließ mich die Entschlossenheit; ich stellte fest, daß ich es nicht übers Herz brachte, ihn zu beseitigen, er war ein so fröhlicher, unschuldiger, gutmütiger Trottel.

Eine halbe Stunde später saß ich auf einer Bank und betrachtete sehr interessiert einen edlen Monolithen, an dem wir vorüberglitten – einen Monolithen, nicht vom Menschen gestaltet, sondern von der ungebundenen, großzügigen Hand der Natur – einen massigen, pyramidenförmigen, achtzig Fuß hohen Felsen, den die Natur vor zehn Millionen Jahren für den Tag entworfen hat, da ein seiner würdiger Mensch ihn als Monument benötigen sollte. Endlich kam die Zeit, und nun trägt dieses großartige Mahnmal in riesigen Buchstaben Schillers Namen auf der Stirn. Merkwürdigerweise hat das diesen Felsen keineswegs herabgewürdigt oder entweiht. Es heißt, vor zwei Jahren habe sich ein Fremder mit Seilen und Flaschenzügen von seiner Spitze herabgelassen und über den ganzen Felsen in blauen Lettern, größer als jene in Schillers Namen, folgende Worte gemalt:

VERSUCHT ES MIT SOZODONT

KAUFT OFENPOLITUR MARKE SONNE

HELMBOLDS BUCHU

FÜR DAS BLUT NIMM BENZALIN

Er wurde verhaftet, und es stellte sich heraus, daß er Amerikaner war. Bei der Verhandlung sagte der Richter zu ihm: »Sie stammen aus einem Lande, wo es jedem Unverschämten, der nur will, erlaubt ist, die Natur und durch sie den Gott der Natur zu verunglimpfen und zu beleidigen, wenn er dadurch nur einen schmutzigen Pfennig einstecken kann. Aber hier ist es anders. Weil Sie ein Ausländer sind, der nicht Bescheid weiß, werde ich Ihnen ein leichtes Strafmaß auferlegen; wären Sie ein Hiesiger, würde ich streng mit Ihnen verfahren. Hören und gehorchen Sie: Sie werden sofort jede Spur Ihrer ekelhaften Tätigkeit vom Schillerdenkmal entfernen; Sie werden eine Geldstrafe von zehntausend Franken entrichten; Sie werden zehn Jahre Gefängnis mit Zwangsarbeit hinnehmen; dann werden Sie ausgepeitscht, geteert und gefedert, Ihrer Ohren beraubt, auf einem Pfosten reitend zur Grenze des Kantons getragen und für alle Zeiten verbannt. Von den strengeren Strafen wird in Ihrem Falle Abstand genommen – nicht als Gnadenerweis Ihnen, sondern jener großen Republik gegenüber, die das Unglück hatte, Sie zur Welt zu bringen.«

Die Bänke des Dampfers standen über das ganze Deck hin Rücken an Rücken. Das Haar auf meinem Hinterkopf vermengte sich in unschuldiger Weise mit dem Haar auf den Hinterköpfen mehrerer Damen. Plötzlich wurden sie von jemandem angesprochen, und ich belauschte folgende Unterhaltung:

»Sie sind Amerikanerinnen, glaube ich? Ich bin auch aus Amerika.«

»Ja, wir sind Amerikanerinnen.«

»Ich habe es gewußt – ich erkenne sie immer. Auf welchem Schiff sind Sie herübergekommen?«

»›City of Chester‹.«

»O ja – Inman-Linie. Wir sind auf der ›Batavia‹ gekommen, Cunard, wissen Sie. Was hatten Sie für eine Überfahrt?«

»Ziemlich angenehm.«

»Da hatten Sie Glück. Bei uns war es furchtbar stürmisch. Der Kapitän sagte, er hat kaum eine stürmischere See erlebt. Woher kommen Sie?«

»New Jersey.«

»Ich auch – nein, das meine ich gar nicht: ich bin aus Neuengland. New Bloomfield ist mein Wohnort. Sind das Ihre
Kinder? – gehören sie Ihnen beiden?«

»Nur einer von uns; es sind meine; meine Freundin ist
nicht verheiratet.«

»Ledig, wie? Ich auch. Reisen die beiden Damen allein?«

»Nein – mein Mann ist mit.«

»Unsere ganze Familie ist mit. Es ist furchtbar langweilig,
allein herumzuziehen – finden Sie nicht auch?«

»Es wird wohl so sein.«

»He, da kommt der Pilatus wieder in Sicht. Er heißt so
nach Pontius Pilatus, wissen Sie, der Wilhelm Tell den Ap-
fel vom Kopf geschossen hat. Das heißt, im Reisehandbuch
steht alles darüber. Ich habe es nicht gelesen – ein Amerikaner hat es mir erzählt. Ich lese nicht, wenn ich mich so
wie jetzt herumtreibe und es mir gut gehen lasse. Haben
Sie schon die Kapelle gesehen, wo Wilhelm Tell immer gepredigt hat?«

»Ich wußte nicht, daß er überhaupt gepredigt hat.«

»O ja, hat er. Der Amerikaner hat es mir gesagt. Er klappt
sein Reisehandbuch überhaupt nicht zu. Er weiß mehr über
diesen See als die Fische, die drin sind. Außerdem *heißt* sie
›Tells Kapelle‹ – das wissen Sie selbst. Sind Sie schon einmal
hier drüben gewesen?«

»Ja.«

»Ich nicht. Es ist meine erste Reise. Aber wir sind ziemlich rumgekommen, Paris und überall. Ich soll nächstes Jahr
nach Harvard gehen. Lerne jetzt die ganze Zeit Deutsch.
Kann erst dort anfangen, wenn ich Deutsch kann. Das Buch

hier ist die Grammatik von Otto. Es ist ein mächtig feines Buch, wenn man *ich habe gehabt haben* lernen will. Aber wenn ich mich so herumtreibe, lerne ich nicht richtig. Wenn ich Lust dazu kriege, gehe ich einfach mein liebes kleines *ich habe gehabt, du hast gehabt, er hat gehabt, wir haben gehabt, ihr habet gehabt, sie haben gehabt* durch – das ist so wie ›Müde-bin-ich-geh-zur-Ruh‹, wissen Sie, und dann mache ich mich vielleicht drei Tage lang nicht wieder ran. Es untergräbt ganz furchtbar den Verstand, das Deutsche; man muß es in kleinen Dosen einnehmen, sonst zerfließt einem mit einmal das Gehirn, und man spürt es im Kopf herumschwappen wie geschmolzene Butter. Aber Französisch ist was anderes; *Französisch* ist gar nichts. Vor Französisch habe ich nicht mehr Angst als ein Landstreicher vor Pasteten; ich kann mein kleines *j'ai, tu as, il a* und das übrige genau so spielend runterrasseln wie das Abc. In Paris oder irgendwo, wo man Französisch spricht, komme ich ganz gut zurecht. In welchem Hotel sind Sie abgestiegen?«

»Im Schweizerhof.«

»Nein, ist das wahr? Ich hab Sie noch nie in der großen Hotelhalle gesehen. Ich gehe da oft hinein, weil da so viel Amerikaner sind. Ich schließe massenhaft Bekanntschaften. Schon auf dem Rigi gewesen?«

»Nein.«

»Wollen Sie hingehen?«

»Wir haben die Absicht.«

»In welchem Hotel wollen Sie absteigen?«

»Ich weiß nicht.«

»Na, dann steigen Sie im Schreiber ab – es ist voller Amerikaner. In welchem Schiff sind Sie herübergekommen?«

»›City of Chester‹.«

»O ja, ich erinnere mich, das hatte ich schon mal gefragt. Aber ich frage immer alle, in welchem Schiff sie herübergekommen sind, und deshalb vergesse ich es manchmal und frage noch mal. Fahren Sie nach Genf?«

»Ja.«

»In welchem Hotel wollen Sie absteigen?«

»Wir wollen in einer Pension absteigen.«

»Ich glaube kaum, daß Ihnen das gefallen wird; in den Pensionen sind sehr wenige Amerikaner. In welchem Hotel sind Sie hier abgestiegen?«

»Im Schweizerhof.«

»O ja, das hatte ich Sie auch schon gefragt Aber ich frage immer alle, in welchem Hotel sie abgestiegen sind, und deshalb ist mein Kopf schon ganz verdreht von Hotels. Aber es läßt sich drüber reden, und ich rede gern. Auf so einer Reise erfrischt es mich so – Sie nicht auch?«

»Ja – manchmal.«

»Na, mich auch. Solange ich rede, habe ich nie Langeweile. Ist das bei Ihnen auch so?«

»Ja – meistens. Aber es gibt Ausnahmen von der Regel.«

»Oh, natürlich. *Ich selbst* rede auch nicht mit jedem. Wenn jemand anfängt, über Landschaft und Geschichte und Gemälde und alle möglichen lästigen Sachen zu quasseln und zu quasseln, kriege ich reichlich bald das Gruseln. Ich sage: ›Na, ich muß jetzt gehen – hoffe, Sie mal wiederzusehen‹, und dann gehe ich spazieren. Wo sind Sie her?«

»New Jersey.«

»Na, da soll doch – *das* hatte ich Sie ja auch schon gefragt. Haben Sie den Löwen von Luzern gesehen?«

»Noch nicht.«

»Ich auch nicht. Aber der Mann, der mir vom Pilatus erzählt hat, sagt, er gehört zu den Sachen, die man gesehen haben muß. Er ist achtundzwanzig Fuß lang. Es klingt unsinnig, aber er hat es jedenfalls gesagt. Er hat ihn gestern erst gesehen; sagt, da hätte er im Sterben gelegen, und so nehme ich an, daß er inzwischen tot ist. Aber das macht gar nichts, natürlich werden sie ihn ausstopfen. Sagten Sie, die Kinder gehörten Ihnen – oder *ihr*?«

»Mir.«

»Oh, stimmt. Gehen Sie auf den ... nein, das habe ich Sie gefragt. Auf welchem Schiff ... nein, das habe ich Sie auch gefragt. In welchem Hotel sind Sie ... nein, das haben Sie mir gesagt. Wollen sehen ... hm ... ach, was hatten Sie für eine Überf... nein, das Thema haben wir auch durch. Hm ... hm ... Na, ich glaube, das ist alles. Bonjour – ich freue mich sehr, meine Damen, Ihre Bekanntschaft gemacht zu haben. *Guten Tag.*«

Viertes Kapitel

Der Rigi-Kulm ist ein imposantes, sechstausend Fuß hohes Alpenmassiv, das für sich steht und eine herrliche Aussicht auf blaue Seen, grüne Täler und schneebedeckte Berge bietet – ein dichtgedrängtes und großartiges Landschaftsbild mit einem Umkreis von dreihundert Meilen. Der Aufstieg wird per Bahn, zu Pferde oder zu Fuß durchgeführt, wie es beliebt. Ich und mein Agent staffierten uns eines klaren Morgens mit Wandertracht aus und fuhren mit dem Dampfer über den See; bei dem Dorfe Wäggis, drei viertel Stunden von Luzern entfernt, gingen wir an Land. Dieses Dorf liegt am Fuße des Berges.

Bald stapften wir gemächlich den laubüberwölbten Maultierpfad hinauf, und wie gewöhnlich begann bald die Unterhaltung zu fließen. Es war zwölf Uhr mittags, ein windiger, wolkenloser Tag; der Boden stieg allmählich an, und die flüchtigen Augenblicke unter den abschirmenden Zweigen hervor auf blaues Wasser, winzige Segelboote und überhängende Klippen waren so bezaubernd wie flüchtige Ausblicke in das Traumland. Alles um uns war vollkommen – und die Vorfreude auch, denn bald sollten wir zum erstenmal dieses wunderbare Schauspiel, einen Sonnenaufgang in den Alpen, genießen – das Ziel unserer Fahrt. Anscheinend war kein Grund zur Eile vorhanden, denn das Reisehandbuch gab der Strecke zu Fuß von Wäggis bis zum Gipfel nur dreieinviertel Stunden. Ich sage »anscheinend«, denn das Reisehandbuch hatte uns schon einmal genarrt – hinsichtlich der Entfernung zwischen Allerheiligen und Oppenau –, und wußte ich denn, ob es sich nicht anschickte, uns wieder zu narren. Nur der Höhenangaben waren wir sicher – wie viele Stunden man vom Fuß bis zum Gipfel brauchte, wollten wir selbst feststellen. Der Gipfel liegt sechstausend Fuß über dem Meeresspiegel, aber nur viertausendfünfhundert Fuß über dem See. Als wir eine halbe Stunde gewandert waren, hatten wir Geist und Sinn des Unternehmens erfaßt, und so machten wir uns klar zum Gefecht; das heißt, wir ließen einen Jungen, dem wir begegneten, für uns die Alpenstöcke, Taschen, Mäntel und anderen Sachen tragen; das gab uns freie Hand für unser Unternehmen.

Ich vermute, wir müssen wohl öfter angehalten haben, um uns im Schatten auf dem Gras auszustrecken und ein bißchen zu rauchen, als es dieser Junge gewöhnt war, denn bald fragte er, was wir uns gedacht hätten – ihn für diese eine Dienstleistung oder auf ein Jahr einzustellen. Wir sagten ihm, er könne gehen, wenn er es eilig hätte. Er sagte, er hätte es nicht so besonders eilig, aber er wollte auf den Gipfel kommen, solange er noch jung wäre. Wir sagten ihm, dann sollte er sich davonmachen und die Sachen im höchsten Hotel zurücklassen und sagen, wir kämen bald nach. Er sagte, er würde uns ein Hotel sichern, wenn er könnte, aber wenn sie alle besetzt wären, wollte er sie auffordern, noch eines zu bauen und sich zu beeilen, daß Farbe und Mörtel trocken wären, bis wir einträfen. Während er uns noch immer gutmütig aufzog, zog er los, den Pfad aufwärts, und war bald verschwunden. Gegen sechs Uhr waren wir ziemlich weit oben, und die Aussicht auf See und Berge hatte stark an Umfang und Reiz gewonnen. Wir blieben eine Weile in einer kleinen Gastwirtschaft, wo wir draußen auf der Terrasse Brot und Käse und ein oder zwei Liter frischer Milch verzehrten und das große Panorama direkt vor uns hatten – und dann gingen wir weiter.

Zehn Minuten später begegneten wir einem erhitzten Mann mit rotem Gesicht, der mit mächtigen Schritten den Berg herabgesaust kam, den Alpenstock vor sich her schwang und dessen Eisenspitze in den Boden stemmte, um bei diesen großen Schritten Halt zu haben. Er hielt an, fächelte sich mit dem Hut, wischte sich mit einem roten Taschentuch den Schweiß von Gesicht und Hals, schnaufte einen oder zwei Augenblicke lang und fragte, wie weit es noch bis Wäggis wäre. Ich sagte, drei Stunden. Er sah überrascht drein und sagte:

»Nanu, es sieht doch aus, als könnte ich von hier aus einen Keks in den See werfen, so nahe ist er. Ist das dort ein Gasthaus?«

Ich sagte ja.

»Na«, sagte er, »noch drei Stunden kann ich nicht mehr aushalten, für heute habe ich genug; ich nehme dort ein Bett.«

Ich fragte: »Sind wir bald am Gipfel?«

»Bald am *Gipfel*! Na, Gott segne Sie, Sie sind ja noch gar nicht richtig losgegangen.«

Ich sagte, wir würden auch im Gasthof absteigen. Also drehten wir um und bestellten ein warmes Abendessen und verbrachten mit diesem Engländer einen sehr fröhlichen Abend.

Die deutsche Wirtin gab uns saubere Zimmer und bequeme Betten, und als ich und mein Agent schlafen gingen, geschah das mit dem Vorsatz, früh aufzustehen und unseren ersten alpinen Sonnenaufgang gründlichst zu genießen. Aber natürlich waren wir todmüde und schliefen wie Polizisten; deshalb war es am Morgen, als wir aufwachten und ans Fenster liefen, schon zu spät, denn es war halb zwölf. Das war eine bittere Enttäuschung. Wir bestellten jedoch das Frühstück und baten die Wirtin, den Engländer zu rufen, aber sie sagte, der wäre schon bei Tagesanbruch auf und davon gegangen – und hätte gräßlich über irgendwas geflucht. Wir konnten nicht herausbekommen, was geschehen war. Er hatte die Wirtin gefragt, wie hoch ihr Grundstück über dem See läge, und sie hatte ihm gesagt, 1495 Fuß. Weiter war nichts gesprochen worden; dann wurde er wütend. Er sagte, daß man in einem solchen Lande zwischen Trotteln und Reisehandbüchern binnen vierundzwanzig Stunden soviel Unkenntnis erwerben könnte, daß es für ein ganzes Jahr reichte. Harris vermutete, unser Junge hätte ihn mit falschen Auskünften überfüttert; und das war offenbar der Fall, denn seine Bezeichnung traf haargenau auf diesen Jungen zu.

Um die Mittagsstunde brachen wir auf und zogen wieder mit frischem und energischem Schritt dem Gipfel zu. Als wir etwa zweihundert Yard weit gekommen waren und rasteten, schaute ich beim Anrauchen der Pfeife nach links und entdeckte in der Ferne einen langen Wurm aus schwarzem Rauch, der träge den steilen Berg hinankroch. Das war natürlich die Lokomotive. Sofort stützten wir uns auf die Ellbogen, um hinüberzustarren, denn wir hatten noch nie eine Bergbahn gesehen. Bald konnten wir den Zug erkennen. Es schien unglaublich, daß dieses Ding einen Hang steil wie ein Hausdach geradezu hinaufkriechen könnte – aber dort war es, und genau dieses Wunder vollbrachte es.

Im Laufe einiger Stunden erreichten wir eine ordentliche, luftige Höhe, wo über das ganze Dach jeder kleinen Sennhütte große Steine verteilt lagen, die es auf der Erde festhalten sollen, wenn die heftigen Stürme toben. Das Gelände darumherum war wüst und felsig, aber es gab viele Bäume, viel Moos und Gras.

Weit drüben am gegenüberliegenden Ufer des Sees konnten wir einige Dörfer sehen, und nun erkannten wir zum ersten Male den wahren Unterschied zwischen ihren Maßen und denen der riesigen Berge, zu deren Füßen sie ruhten. Wenn man sich in einem solchen Dorf befindet, wirkt es recht groß, und seine Häuser wirken hoch und nicht unproportioniert gegenüber dem Berg, der über ihnen emporragt – aber von unserer Höhe aus, welch ein Unterschied! Die Berge waren höher und großartiger denn je, wie sie dort standen und, die Häupter in den dahinziehenden Wolken, ihre ernsten Gedanken dachten, aber die Dörfer zu ihren Füßen – wenn es dem angestrengten Auge gelang, sie aufzuspüren und zu finden – waren so klein geworden, beinahe unsichtbar, und lagen so flach am Boden, daß der zutreffendste Vergleich, welcher mir einfällt, der ist, sie dem von Ameisen deponierten gekörnten Dreck gegenüberzustellen, der von der gewaltigen Masse einer Kathedrale überschattet wird. Die Dampfer, die unter den ungeheuren Abhängen dahinglitten, hatte die Entfernung zu allerliebsten kleinen Spielsachen einschrumpfen lassen, die Segelboote und Ruderboote zu Nachen für Feen, die in Lilienkelchen wohnen und auf dem Rücken einer Hummel zu Hofe reiten.

Bald stießen wir auf ein halbes Dutzend Schafe, die im Sprühregen eines klaren Wasserlaufes grasten, der einer hundert Fuß hohen Felsenmauer entsprang, und plötzlich wurden unsere Ohren von einem melodischen »Lal…l…l… lal-lal-la-hi-o-o-o!« überrascht, das fröhlich aus naher, aber unsichtbarer Quelle erschallte, und erkannten, daß wir zum ersten Male den berühmten Alpenjodler in seiner heimatlichen Wildnis hörten. Und wir erkannten auch, daß es jene wunderliche Mischung von Bariton und Falsett war, die wir zu Hause »Tiroler Triller« nennen.

Das Jodeln hielt an und hörte sich sehr angenehm und erfrischend an. Nun erschien der Jodler – ein sechzehnjähriger Sennerbub –, und in unserer Freude und Dankbarkeit gaben wir ihm einen Franken, damit er noch etwas jodelte. Also jodelte er, und wir hörten zu. Dann gingen wir weiter, und er jodelte uns großzügig, bis wir außer Sichtweite waren, nach. Nach etwa fünfzehn Minuten stießen wir auf einen weiteren jodelnden Sennerbuben und gaben ihm einen halben Franken, damit er weiterjodelte. Auch er jodelte, bis wir außer Sichtweite waren. Danach trafen wir alle zehn Minuten auf einen Jodler; dem ersten gaben wir acht Cent, dem zweiten sechs Cent, dem dritten vier Cent, dem vierten einen Penny, den Nummern fünf, sechs und sieben zahlten wir nichts und stellten für den Rest des Tages die übrigen Jodler für einen Franken pro Kopf dazu an, nicht mehr zu jodeln. In den Alpen kriegt man etwas zu viel von diesem Gejodele.

Mitten am Nachmittag schritten wir durch einen ungeheuren natürlichen Torweg, das »Felsentor«, das durch zwei riesige aufrechtstehende und einen dritten oben quer darüberliegenden Felsen gebildet wird. Dicht dabei stand ein sehr ansprechendes kleines Hotel, aber unsere Kräfte waren noch nicht geschlagen, also liefen wir weiter.

Drei Stunden später stießen wir auf die Eisenbahnstrecke. Sie war geradenwegs bergauf angelegt, mit der Neigung einer Leiter, die gegen ein Haus lehnt, und uns schien, der Mensch müsse gute Nerven haben, der vorhabe, hier hinauf- oder hinunterzufahren.

Am späten Nachmittag kühlten wir unser schmorendes Inneres mit eiskaltem Wasser aus klaren Bächen, dem einzigen wirklich guten Wasser, das wir seit der Abreise von zu Hause getrunken hatten, denn in den Hotels auf dem Kontinent bekommt man nur einen Becher mit Eis, in dem man das Wasser ziehen lassen kann, und das verringert seine Wärme nur, macht es aber nicht kalt. Wasser kann man für die Bedürfnisse des Sommers nur kühl genug erhalten, indem man es in einem Kühlschrank oder einem geschlossenen Eiskrug zubereitet. Die Europäer sagen, Eiswasser schade der Verdauung. Woher wissen sie das? – sie trinken ja nie welches.

Zehn Minuten nach sechs erreichten wir die Station Kaltbad, wo ein weiträumiges Hotel mit großen Balkonen steht, die eine majestätisch breite See- und Berglandschaft über- schauen. Wir waren jetzt ziemlich ausgepumpt, aber da wir den alpinen Sonnenaufgang nicht versäumen wollten, brach- ten wir unser Abendessen so schnell wie möglich hinter uns und gingen eilig zu Bett. Es war unbeschreiblich wohltuend, unsere erschöpften Glieder zwischen den kühlen, feuchten Laken auszustrecken. Und wie wir schliefen! – denn es gibt kein Schlafmittel, das so gut wie eine Fußwanderung in den Alpen ist.

Am Morgen erwachten wir, sprangen beide im gleichen Augenblick aus dem Bett, rannten und rissen die Fenster- vorhänge zur Seite, aber wir erlitten wieder eine bittere Ent- täuschung: es war schon halb vier Uhr nachmittags.

Mürrisch und mißgelaunt zogen wir uns an, wobei jeder den anderen beschuldigte, verschlafen zu haben. Harris sagte, wenn wir den Reiseführer mitgenommen hätten, wie es richtig gewesen wäre, hätten wir diese Sonnenaufgänge nicht verpaßt. Ich sagte, er wisse sehr wohl, daß einer von uns hätte aufbleiben und den Reiseführer wecken müssen; und ich fügte hinzu, wir hätten genug Mühe damit, bei die- ser Besteigung auf uns selbst aufzupassen, ohne auch noch auf einen Reiseführer aufpassen zu müssen.

Während des Frühstücks hoben sich unsere Lebensgeister ein bißchen, da wir dem Reisehandbuch entnahmen, daß der Tourist in den Hotels auf dem Gipfel zum Sonnenaufgang nicht dem Glück überlassen bleibt, sondern rechtzeitig durch einen Mann geweckt wird, der mit einem großen Alphorn durch die Gänge geht und so laut darauf bläst, daß die Toten aufwachen. Und es gab noch eine tröstliche Sache: Das Reisehandbuch sagte, daß sich die Gäste da oben auf dem Gipfel nicht damit aufhielten, sich groß anzuziehen, sondern eine rote Wolldecke schnappten und in der Aufmachung von Indianern hinausliefen. Das war gut; das würde romantisch werden; zweihundertfünfzig Leute, auf dem zugigen Gipfel zusammengedrängt, mit fliegenden Haaren und flatternden roten Decken, in der erhabenen Gegenwart der schneebedeckten Bergketten und des hellen Glanzes, der das Nahen der Sonne verkündete, würden einen eindrucksvollen und denkwürdigen Anblick bieten. Also war es Glück, nicht Pech, daß wir diese anderen Sonnenaufgänge verpaßt hatten.

Aus dem Reisehandbuch erfuhren wir, daß wir nunmehr 3228 Fuß über dem See waren – also waren volle zwei Drittel unserer Tour geschafft. Viertel nach vier Uhr nachmittags gingen wir los; hundert Yard über dem Hotel teilte sich die Bahnstrecke; ein Gleis verlief den sehr steilen Berg gerade hinauf, das andere bog mit einer sehr geringen Steigung scharf nach rechts ab. Wir wählten das letztere und folgten ihm mehr als eine Meile weit, bogen um eine Felsenecke und erblickten ein hübsches, neues Hotel. Wären wir weitergegangen, dann wären wir zum Gipfel gekommen, aber Harris stellte lieber eine Menge Fragen – wie gewöhnlich einem Manne, der überhaupt nichts wußte –, und der sagte, wir müßten umkehren und der anderen Strecke folgen. Das taten wir. Diesen Zeitverlust konnten wir uns kaum leisten.

Wir stiegen und stiegen; und wir stiegen immer weiter; wir langten auf etwa vierzig Gipfeln an; aber immer lag noch einer direkt vor uns. Es fing an zu regnen, und es regnete in vollem Ernst. Wir waren durchweicht, und es war bitter kalt. Dann deckte ein nebliger Wolkendunst die ganze Gegend dicht zu, und wir hielten uns an die Bahnschwellen, um uns nicht zu verirren. Manchmal platschten wir auf einem engen Pfad links der Geleise dahin, aber als der Nebel einmal ein bißchen zur Seite geweht wurde und wir sahen, daß wir auf dem Schutzwehr über einem Abgrund entlangschritten und daß unsere linken Ellbogen in eine absolut grenzenlose und bodenlose Leere hinausragten, schnappten wir nach Luft und sprangen auf die Schwellen zurück.

Die Nacht brach herein, dunkel, nieselnd und kalt. Abends gegen acht hob sich der Nebel und zeigte uns einen stark ausgetretenen Pfad, der an einer sehr steilen Erhebung nach links emporführte. Wir schlugen ihn ein, und sobald wir weit genug von der Bahnstrecke entfernt waren, um sie unmöglich wiederfinden zu können, schloß sich der Nebel wieder um uns zusammen.

Jetzt waren wir an einer kahlen, ungeschützten Stelle und mußten immerzu weitertrotten, um warm zu bleiben, obwohl wir so ziemlich darauf gefaßt waren, früher oder später in einen Abgrund zu fallen. Gegen neun Uhr machten wir eine wichtige Entdeckung – daß wir uns auf gar keinem Pfad befanden. Eine Weile tasteten wir auf Händen und Knien herum, konnten ihn aber nicht finden; also setzten wir uns im Matsch und im spärlichen nassen Gras hin, um abzuwarten. Dazu trieb uns das Entsetzen, plötzlich einer riesigen Masse gegenüberzustehen, die einen Augenblick lang verschwommen zu sehen und im nächsten Augenblick wieder vom Nebel ausgelöscht war. Tatsächlich war es das Hotel, hinter dem wir her waren, vom Nebel ins Ungeheure vergrößert, aber wir hielten es für eine Felswand und beschlossen, gar nicht erst zu versuchen, uns emporzukrallen.

Eine Stunde lang saßen wir dort, mit klappernden Zähnen und zitterndem Leib, und stritten uns über alle möglichen Kleinigkeiten, aber die meiste Aufmerksamkeit widmeten wir der Tätigkeit, uns gegenseitig wegen des Irrsinns zu beschimpfen, die Bahnstrecke verlassen zu haben. Wir saßen so, daß wir jener Steilwand den Rücken zuwandten, denn das bißchen Wind, das überhaupt wehte, kam aus dieser Richtung. Irgendwann wurde der Nebel ein wenig lichter; wir wußten nicht, wann, denn wir blickten ins leere All, und da war das Lichterwerden nicht zu erkennen; aber endlich wandte sich Harris zufällig um, und da stand, wo der Steilhang gewesen war, ein ungeheures, verschwommenes, geisterhaftes Hotel. Man konnte schwach die Fenster und Schornsteine ausmachen und einen matten Lichterschein. Unsere erste Regung war tiefe, unaussprechliche Dankbarkeit, die nächste war alberne Wut, aus dem Verdacht geboren, daß möglicherweise das Hotel schon seit einer Dreiviertelstunde sichtbar gewesen war, während wir streitend in diesen kalten Pfützen gesessen hatten.

Ja, es war das Rigi-Kulm-Hotel, und zwar das auf dem höchsten Gipfel, dessen ferne, kleine Lichter wir von unserem Balkon aus dort weit unten in Luzern oft hoch oben zwischen den Sternen hatten schimmern sehen. Der grämliche Portier und die grämlichen Angestellten boten uns den mürrischen Empfang, mit dem diese Leute in guten Zeiten aufwarten, aber wir besänftigten sie durch ein Extraaufgebot an Unterwürfigkeit und Kriecherei und brachten sie schließlich dazu, uns zu dem Zimmer zu führen, das der Junge für uns bestellt hatte.

Wir zogen trockene Sachen an, und während unser

Abendessen vorbereitet wurde, schlenderten wir einsam und verlassen durch ein paar riesige, höhlenartige Salons, einen davon mit Ofen. Dieser Ofen stand in einer Ecke und war von einer dichten Menschenmauer umgeben. Wir konnten nicht in die Nähe des Feuers gelangen, deshalb bewegten wir uns hauptsächlich in den arktischen Regionen zwischen einer Menge Menschen, die schweigend, ernst, hoffnungslos und bibbernd dasaßen – und vielleicht dachten, wie blöde sie gewesen waren, herzukommen. Ein paar Amerikaner und ein paar Deutsche befanden sich dort, aber man konnte erkennen, daß die große Mehrheit Engländer waren.

Wir schlenderten in einen Raum, wo sich eine große Schar von Leuten aufhielt, und wollten nachsehen, was vorging. Es war ein Andenkenladen. Die Touristen kauften begierig Brieföffner aller Arten und Formen mit der Inschrift »Gruß vom Rigi« und mit einem Griff aus dem kleinen, gekrümmten Horn der angeblichen Gemse; es gab alle möglichen Holzbecher und solche Sachen mit der gleichen Inschrift. Ich wollte mir gerade einen Brieföffner kaufen, glaubte dann jedoch, mich auch ohne diesen an die kalte Pracht des Rigi-Kulm erinnern zu können, deshalb unterdrückte ich die Regung.

Das Abendessen wärmte uns auf, und wir gingen sofort zu Bett; aber zuvor schrieb ich ein paar Zeilen an Herrn Baedeker, da er alle Touristen bittet, ihn auf Irrtümer aufmerksam zu machen, die sie in seinen Reisehandbüchern finden mögen, und teilte ihm mit, daß er bei seiner Angabe, die Wanderung von Wäggis bis zum Gipfel dauere nur dreiviertel Stunden, um ziemlich genau drei Tage danebengetroffen hätte. Ich hatte ihn schon vorher über seinen Irrtum hinsichtlich

der Entfernung zwischen Allerheiligen und Oppenau aufgeklärt und hatte auch das Landesvermessungsamt der deutschen Regierung über denselben Fehler auf den Karten des
Reichsgebietes informiert. Ich möchte gleich hinzufügen, daß
ich auf diese Briefe von keiner der beiden Stellen jemals eine
Antwort oder eine Danksagung erhalten habe; und was noch
unhöflicher ist, weder auf den Karten noch in den Reisehandbüchern sind diese Berichtigungen eingetragen worden. Aber
ich werde noch einmal schreiben, wenn ich Zeit habe, denn
meine Briefe könnten ja fehlgeleitet worden sein.

Wir rollten uns in den klammen Betten zusammen und
schliefen ungewiegt ein. Wir waren so durch und durch erschöpft, daß wir uns nicht rührten oder umdrehten, bis uns
das Dröhnen des Alphorns weckte. Man kann sich wohl
vorstellen, daß wir keine Zeit verloren. Wir warfen uns in
ein paar Kleidungsstücke, wickelten uns, wie es sich gehört,
in die roten Decken und stürzten barhäuptig die Gänge entlang und hinaus in den pfeifenden Wind. Auf der höchsten
Spitze des Gipfels, etwa hundert Yard weit entfernt, sahen
wir ein hohes Holzgerüst und wandten uns dorthin. Wir
rasten die Stufen zur Plattform dieses Gerüstes hinauf und
standen dort, über der weithin ausgebreiteten Welt, mit
fliegenden Haaren und roten Decken, die in der heftigen
Brise wehten und knatterten.

»Mindestens fünfzehn Minuten zu spät!« sagte Harris
mit ärgerlicher Stimme. »Die Sonne steht deutlich über dem
Horizont.«

»Macht nichts«, sagte ich, »es ist ein überaus prächtiges
Schauspiel, und wir werden sie immerhin bei ihrem restlichen Aufgang sehen.«

Alsbald waren wir tief in das Wunder vor uns versunken und für alles andere taub. Die große, mit Wolkenfetzen gestreifte Sonnenscheibe stand genau über einer grenzenlosen Weite wogender Weißköpfe – sozusagen –, einem wellenden Chaos massiger Bergkuppen und Gipfel, in ewigen Schnee gehüllt und mit einem schillernden Glorienschein veränderlicher und sich immer wieder auflösender Glanzlichter überflutet, während durch Risse in einer schwarzen Wolkenbank über der Sonne leuchtende Speere aus Diamantstaub zum Zenit emporschossen. Die zerklüfteten Täler der tieferen Welt schwammen in farbigem Dunst, der die Zerrissenheit ihrer Klippen, Rippen und zottigen Wälder verschleierte und die ganze abschreckende Landschaft in ein sanftes, köstliches und sinnbetörendes Paradies verwandelte.

Wir konnten nicht sprechen. Wir konnten kaum atmen. Wir konnten nur in trunkenem Entzücken hinstarren und alles in uns einsaugen. Plötzlich rief Harris aus: »Nanu, verdammt, sie geht ja *unter*!«

Vollkommen wahr. Wir hatten das *morgendliche* Horntuten verpaßt und den ganzen Tag durchgeschlafen. Es war verblüffend.

Harris sagte: »Hör mal, hier ist nicht die Sonne das Schaustück – *wir* sind es – hier oben auf diesem Schafott in den idiotischen Decken aufgebaut, und da unten stehen zweihundertfünfzig gutangezogene Männer und Frauen, glotzen uns an und kümmern sich nicht die Bohne darum, ob die Sonne auf- oder untergeht, wenn sie ein derart lächerliches Bild in ihren Notizbüchern festzuhalten haben. Sie scheinen sich kaputt zu lachen, und dort ist ein Mädchen, das ganz und gar zu platzen scheint. Ich habe noch nie einen

Menschen wie dich erlebt. Ich glaube, du bist ein Esel in höchster Vollendung.«

»Was habe *ich* denn getan?« erwiderte ich hitzig.

»Was du getan hast? Du bist um halb acht Uhr abends aufgestanden, um die Sonne aufgehen zu sehen, das hast du getan.«

»Und darf ich fragen, ob du etwas Besseres getan hast? Ich bin stets mit der Lerche aufgestanden, bis ich unter den lähmenden Einfluß deines aufgeblasenen Verstandes geriet.«

»*Du* bist stets mit der Lerche aufgestanden! Oh, gewiß; eines Tages wirst du noch mit dem Henker aufstehen. Aber du solltest dich schämen, hier in einer roten Decke auf einem vierzig Fuß hohen Galgen auf dem Gipfel der Alpen so rumzuquatschen. Und noch dazu bei den vielen, vielen Leuten da unten; das ist nicht der Ort, seine Wut so offen zu zeigen.«

Und so ging der übliche Streit weiter. Als die Sonne so ziemlich unten war, schlüpften wir in der barmherzigen Dämmerung in das Hotel zurück und gingen wieder zu Bett. Unterwegs waren wir dem Hornbläser begegnet, der versucht hatte, seine Vergütung zu kassieren, nicht nur für das Ankündigen des Sonnenunterganges, den wir gesehen, sondern auch des Sonnenaufganges, den wir völlig verpaßt hatten, aber wir sagten nein, wir nähmen unsere Sonnenrationen nur nach dem »europäischen System« – zahle für das, was du bekommst. Er versprach, dafür zu sorgen, daß wir morgen sein Horn hörten, wenn wir noch am Leben wären.

Fünftes Kapitel

Alles bequem · Ausschau nach einem
Sonnenaufgang · Der Westen · Gegenseitige
Beschuldigung · Aussicht vom Gipfel · Bahnfahrt
bergab · Mut erforderlich und gefaßt

Er hielt Wort. Wir hörten sein Horn und standen sofort auf.
Es war dunkel, kalt und gräßlich. Während ich nach den
Streichhölzern herumkramte und mit zitternden Händen
Sachen herabstieß, wünschte ich, die Sonne würde mitten
am Tage aufgehen, wenn es warm, hell und freundlich wäre
und man sich nicht müde fühlte. Beim Dämmerlicht einiger kränklicher Kerzen machten wir uns an das Anziehen,
aber wir konnten kaum etwas zuknöpfen, so bebten uns
die Hände. Ich dachte daran, wie viele glückliche Leute es
in Europa, Asien, Amerika und überall gab, die friedlich
in ihren Betten schliefen und nicht aufstehen und sich den
Sonnenaufgang auf dem Rigi ansehen mußten – Leute, die
höchstwahrscheinlich diesen Vorzug nicht zu schätzen
wußten, sondern morgens aufstehen und von der Vorsehung
noch mehr Wohltaten verlangen. Während mir diese Gedanken durch den Kopf gingen, gähnte ich ziemlich ausgiebig,
und die obere Hälfte meines Gebisses verfing sich an einem
Nagel über der Tür, und während ich auf einen Stuhl stieg,

um mich zu befreien, zog Harris die Gardine zurück und sagte:

»Oh, das nennt man Glück! Wir werden überhaupt nicht hinauszugehen brauchen; dort drüben sind die Berge, alle gut zu sehen.«

Das war wirklich eine angenehme Neuigkeit. Sie machte uns sofort fröhlich. Man sah die gewaltigen Alpenmassen undeutlich gegen das schwarze Firmament abgezeichnet, und ein oder zwei matte Sterne blinkten in der Nacht. Völlig angezogen und in Decken gehüllt drängelten wir uns mit brennenden Pfeifen an das Fenster und begannen eine Unterhaltung, während wir in größter Behaglichkeit darauf warteten, wie ein alpiner Sonnenaufgang bei Kerzenlicht aussehen würde. Allmählich breitete sich beinahe unmerklich ein zarter, ätherischer Schimmer über die höchsten Höhen der schneebedeckten Einöden – aber damit schien schon alles aufzuhören. Daraufhin sagte ich:

»Dieser Sonnenaufgang muß irgendwo einen Haken haben. Er scheint nicht zu gehen. Was meinst du wohl, was damit los ist?«

»Ich weiß nicht. Er scheint irgendwo steckengeblieben zu sein. Ich habe noch nie erlebt, daß ein Sonnenaufgang sich so benommen hätte. Ob uns etwa das Hotel einen Streich spielt?«

»Natürlich nicht. Das Hotel hat nur ein Eigentumsrecht an der Sonne, mit ihrer Geschäftsführung hat es nichts zu tun. Ein unsicherer Besitz ist sie aber auch; eine Folge totaler Sonnenfinsternisse würde diese Spelunke hier ruinieren. Also, was kann denn bloß mit diesem Sonnenaufgang los sein?«

Harris sprang auf und sagte: »Ich hab's! Ich weiß, was damit los ist! Wir haben uns die Stelle angesehen, wo die Sonne gestern abend *untergegangen* ist!«

»Das stimmt wirklich! Warum ist dir das nicht eher eingefallen? Jetzt haben wir wieder einen verpaßt. Und alles durch deine Dummheit. Das sieht dir wieder einmal richtig ähnlich, die Pfeife anzuzünden und dich hinzusetzen, um zu warten, bis die Sonne im Westen aufgeht!«

»Es sieht mir auch wieder richtig ähnlich, den Fehler herauszukriegen. Du hättest ihn niemals herausgekriegt. Ich kriege immer alle Fehler heraus.«

»Du machst sie auch alle, sonst hättest du deine wertvollste Eigenschaft ja umsonst bekommen. Aber halten wir uns jetzt nicht mit Streitereien auf; vielleicht kommen wir noch nicht zu spät.«

Aber wir kamen zu spät. Die Sonne war ganz heraus, als wir zum Aussichtsgelände kamen.

Unterwegs begegneten wir der zurückkehrenden Menge – Männern und Frauen in seltsamen Trachten aller Art, und sie zeigten in Gang und Miene alle Abstufungen des Frierens und des Jammers. Als wir auf dem Platz ankamen, stand noch ein Dutzend da, um das Gerüst zusammengedrängt, dem bitteren Wind den Rücken zugekehrt. Sie hatten ihre roten Reisehandbücher bei der Panoramakarte geöffnet, pickten sich mühsam die verschiedenen Berge heraus und versuchten, sich ihre Namen und ihre Lage einzuprägen. Es war einer der traurigsten Anblicke, den ich je gesehen habe.

Zwei Seiten dieses Platzes waren mit Geländern gesichert, um zu verhindern, daß die Leute in den Abgrund geweht würden. Wenn man von dieser großen Höhe aus ostwärts direkt in das weite Tal hinunterblickte – fast eine Meile senkrecht hinunter –, bot sich eine sehr seltsame, merkwürdige Aussicht. Landkreise, Städtchen, Hügelrücken und -ketten, weite Strecken grüner Wiesen, mächtige Waldflächen, gewundene Wasserläufe, ein Dutzend blauer Seen, eine Herde geschäftiger Dampfboote – diese ganze kleine Welt sahen wir in einzigartiger Weise mit den geringsten Einzelheiten, sahen sie genau so, wie Vögel sie sehen, und alles im kleinsten Maßstab und so klar herausgearbeitet und vollendet wie auf einem Stahlstich. Die vielen Spielzeugdörfer, aus denen winzige Kirchtürme herausragten, lagen genau so da, wie die Kinder sie am Tag vorher nach beendetem Spiel zurückgelassen haben könnten; aus den Waldgebieten waren kleine Moospolster geworden; ein oder zwei große Seen waren zu Teichen, die kleineren zu Pfützen zusammengeschrumpft – aber sie sahen nicht wie Pfützen aus, sondern wie blaue Ohrgehänge, die herabgefallen und in leichte, ihrer Gestalt angepaßte Vertiefungen geschlüpft waren, zwischen die Moospolster und die glatten Flächen zarten, grünen Ackerlandes; die mikroskopisch kleinen Dampfboote glitten dahin wie in einem städtischen Wasserreservoir und brauchten mächtig viel Zeit, die Strecke zwischen zwei Häfen zurückzulegen, die nur ein Yard auseinanderzuliegen schienen; und der Landstreifen, der zwei Seen voneinander trennte, sah aus, als könnte man sich darauf ausstrecken und mit beiden Ellbogen im Wasser liegen; doch wir wußten, daß unsichtbare Wagen sich darüber hin mühten und die Strecke sehr lang fanden. Diese wunderschöne Miniaturwelt sah genau so aus wie die »Panoramakarten«, welche die Natur exakt wiedergeben, wobei die Höhen und Vertiefungen und anderen Einzelheiten in kleinerem Maßstab dargestellt werden und die Felsen, Bäume, Seen und so weiter naturecht koloriert sind.

Ich nahm an, wir könnten an einem Tage nach Wäggis oder Vitznau hinabsteigen, aber ich wußte, daß wir mit der Bahn in einer Stunde hinunterfahren könnten, also wählte ich letzteren Weg. Ich wollte ohnehin einmal sehen, wie das war. Etwa um die Mitte des Vormittags kam der Zug an, und ein komisches Gebilde war das. Der Dampfkessel stand aufrecht, und er und die ganze Lokomotive neigten sich scharf nach hinten. Zwei Personenwagen gab es, überdacht, aber ringsherum weit offen. Diese Wagen neigten sich nicht nach hinten, wohl aber die Sitze; das macht es dem Fahrgast möglich, aufrecht zu sitzen, während man einen steilen Hang hinabfährt.

Es gibt drei Schienen; die mittlere ist gezähnt; das Triebrad der Lokomotive krallt sich an diesen Zähnen voran und zieht den Zug den Berg hinauf oder bremst seine Bewegung bei der Talfahrt ab. In beiden Richtungen wird ungefähr die gleiche Geschwindigkeit eingehalten – drei Meilen in der Stunde. Ob es hinauf- oder hinabgeht, immer befindet sich die Lokomotive am unteren Ende des Zuges. In dem einen Fall schiebt sie, im anderen hält sie zurück. Beim Hinauffahren fährt der Passagier rückwärts, beim Hinabfahren blickt er nach vorn.

Wir bekamen Vorderplätze, und während der Zug etwa fünfzig Yard weit auf ebenem Grunde dahinfuhr, fürchtete ich mich kein bißchen; aber dann fuhr er jäh bergab, und ich schnappte nach Luft. Unbewußt bremste ich, genau wie meine Nachbarn, sosehr ich konnte, und verlegte mein Gewicht nach hinten, aber natürlich nützte das nicht viel. Als Junge war ich die Treppengeländer hinuntergerutscht und hatte nichts dabei gefunden, aber in einem Eisenbahnwagen Treppengeländer hinunterzurutschen ist eine Sache, bei der man Gänsehaut bekommt. Manchmal hatten wir sogar zehn Yard fast ebenen Grund, und das erlaubte uns, ein paarmal in Ruhe tief durchzuatmen; aber dann bogen wir sofort wieder um eine Ecke und sahen eine lange, steile Schienenstrecke unter uns hinabführen, und es war aus mit der Ruhe. Man erwartete, die Lokomotive würde innehalten oder ein bißchen langsamer fahren und sich diesem Absturz vorsichtig nähern, aber nichts dergleichen; sie fuhr gelassen weiter, und wenn sie den Absprungplatz erreicht hatte, neigte sie sich unvermittelt und glitt sanft hinab, ohne sich von den Umständen stören zu lassen.

Es war wahnsinnig aufregend, in dieser gruseligen Weise am Rande des Abgrunds entlangzufahren und direkt auf jenes ferne Tal hinabzuschauen, das ich vor einer Weile beschrieben habe.

Bei der Station Kaltbad gab es keinen ebenen Grund; das Schienenbett war so steil wie ein Dach; ich war gespannt, wie man das Halten bewerkstelligen würde. Aber es war ganz einfach; der Zug kam herabgeglitten, und als er die richtige Stelle erreicht hatte, blieb er einfach stehen – weiter war nichts dran; er hielt auf dem steilen Hang, und als der Austausch der Passagiere und des Gepäcks beendet war, fuhr er ab und glitt wieder abwärts. Überall kann man den Zug in kürzester Frist halten lassen.

Ein eigenartiger Effekt war zu beobachten, den ich nicht zu beschreiben brauche, weil ich seine Beschreibung aus dem Reklameprospekt der Eisenbahngesellschaft herausschneiden und meine Tinte sparen kann:

»Auf der ganzen Strecke, besonders beim Abwärtsfahren, unterliegen wir einer optischen Täuschung, die oft unglaublich erscheint. Alle Sträucher, Tannen, Ställe, Häuser und so weiter scheinen schräg geneigt zu sein, wie unter einem ungeheuren Luftdruck. Sie stehen alle schief, so sehr schief, daß die Sennhütten und Bauernhäuser hinabzustürzen scheinen. Das ist die Folge des steilen Abfalls der Bahnlinie. Die Insassen des Wagens bemerken nicht, daß sie ein Gefälle von zwanzig bis fünfundzwanzig Grad hinabfahren (weil ihre Sitze dieser Strecke angepaßt und die Rückenlehnen nach hinten geneigt sind). Sie betrachten ihren Wagen und seine horizontalen Linien fälschlich als geeignete Bezugsgröße für die Normalebene, und daher müssen alle Gegenstände draußen, die sich wirklich in horizontaler Lage befinden, gegenüber dem Berg das Mißverhältnis eines Gefälles von zwanzig bis fünfundzwanzig Grad aufweisen.«

Bis man in Kaltbad ankommt, hat man zu der Bahn Vertrauen gefaßt und versucht nicht mehr, es der Lokomotive durch eigenes Bremsen leichter zu machen. Von jetzt an raucht man seine Pfeife in heiterer Gelassenheit und schaut mit ungehemmtem Genuß hinaus auf das prachtvolle Bild unter und um sich. Nichts stört die Aussicht oder die Brise; es ist, als besichtigte man die Welt auf Flügeln. Aber um genau zu sein, eine Stelle gibt es doch, wo die heitere Gelassenheit eine Zeitlang ins Wanken kommt; und zwar, solange man über die Schnurrtobelbrücke fährt: ein zerbrechliches Gebilde, das sein spinnwebfeines Gefüge wie einen Faden des Altweibersommers durch die schwindelerregende Höhe über eine Schlucht schwingt.

Mühelos fallen einem alle Sünden ein, während die Bahn

diese Brücke hinabkriecht; und man bereut sie auch; aber wenn man nach Vitznau kommt, sieht man ein, daß es nicht nötig gewesen war – die Brücke stand vollkommen sicher.

So endete der ereignisreiche Ausflug, den wir auf den Rigi-Kulm unternahmen, um einen alpinen Sonnenaufgang zu erleben.

Sechstes Kapitel

Ein Ausflug durch Stellvertreter · Ein Besuch der
Furkagegend · Todtmannsee · Quelle der
Rhone · Gletschertische · Gewitter in den Bergen ·
In Grindelwald · Morgendämmerung in den
Bergen · Eine Erklärung gefordert ·
Tote Sprache · Kritik an Harris' Bericht

Eine einstündige Dampferfahrt brachte uns nach Luzern
zurück. Ich hielt es für richtig, zu Bett zu gehen und mehrere Tage lang auszuruhen, denn ich wußte, daß ein Mann,
der eine Wandertour durch Europa unternimmt, auf sich
achten muß.

Als ich meine Pläne, so wie ich sie aufgestellt hatte,
durchdachte, bemerkte ich, daß sie die Furkastraße, den
Rhonegletscher, das Finsteraarhorn, das Wetterhorn und
so weiter nicht einschlossen. Ich schlug sofort im Reisehandbuch nach, ob sie wichtig wären, und stellte fest, daß
sie wichtig waren; tatsächlich wäre eine Wanderfahrt durch
Europa ohne sie nicht vollständig gewesen. Natürlich bestimmte mich das sofort, sie mir anzusehen, denn ich gestattete mir niemals, eine Sache nur halb zu machen oder
oberflächlich und schlampig vorzugehen.

Ich rief meinen Agenten zu mir und wies ihn an, unverzüglich zu Fuß aufzubrechen, eine eingehende Besichtigung dieser namhaften Stätten vorzunehmen und mir einen schriftlichen Bericht über das Ergebnis mitzubringen, der in mein Buch eingefügt werden sollte. Ich wies ihn an, so schnell wie möglich nach Hospenthal zu fahren und sich von dort aus zum großen Aufbruch zu rüsten, seinen Fußmarsch bis zu den Gießbachfällen auszudehnen und von dort aus mit der Postkutsche oder dem Maultier zu mir zurückzukehren. Ich wies ihn an, den Reiseführer mitzunehmen.

Gegen den Reiseführer erhob er Einwände, und nicht ganz zu Unrecht, denn er stand im Begriff, sich auf ein neues, unerforschtes Gebiet zu wagen; aber ich meinte, er könnte genausogut jetzt wie später lernen, auf einen Reiseführer aufzupassen, deshalb setzte ich meine Absicht durch. Ich sagte, die Beschwerden, Verzögerungen und Unbequemlichkeiten des Reisens mit Reiseführer würden durch den tiefen Respekt ausgeglichen, den die Anwesenheit eines solchen gebiete, und ich müsse darauf bestehen, daß meine Reisen in so großem Stil durchgeführt würden wie nur möglich.

So legten die beiden also vollständige Bergsteigertracht an und zogen los. Eine Woche später kehrten sie ziemlich ausgepumpt zurück, und mein Agent überreichte mir folgenden

Offiziellen Bericht
über einen Besuch des Furkagebietes.
Von H. Harris, Agent

Gegen sieben Uhr morgens brachen wir bei vollkommen schönem Wetter von Hospenthal auf und kamen in etwas weniger als quatre Stunden im maison auf der Furka an. Der Mangel an Abwechslung in der Landschaft von Hospenthal an machte die kahkahponeeka ermüdend; aber man verliere nicht den Mut: jedermann wird für seine Erschöpfung völlig récompensé, wenn er zum erstenmal den Monarchen des Oberlandes sieht, das gewaltige Finsteraarhorn. Einen Augenblick vorher herrschte noch größte Eintönigkeit, aber ein pas weiter hat uns auf den Gipfel der Furka versetzt; und genau vor uns, in einer hopow von nur fünfzehn Meilen, hebt dieser stolze Berg seine schneebekränzten Steilwände in den tiefblauen Himmel. Die geringeren Berge zu beiden Seiten des Passes stellen eine Art Rahmen dar für das Bild ihres mächtigen Herrn und engen die Sicht so vollständig ein, daß von diesem bong-a-bong aus kein anderer hervorragender Punkt des Oberlandes zu sehen ist; nichts lenkt die Aufmerksamkeit von der einsamen Erhabenheit des Finsteraarhorns und seiner Ausläufer ab, welche die Strebepfeiler des Hauptgipfels bilden.

Gemeinsam mit einigen anderen, die auch zur Grimsel wollten, bildeten wir einen langen xhvloj, als wir den steg hinabschritten, der sich um eine Bergschulter auf den Rhonegletscher zu windet. Bald verließen wir den Pfad und betraten das Eis; und nachdem wir un peu zwischen den Gletscherspalten umhergewandert waren, um die Wunder dieser tiefblauen Höhlen zu bestaunen und das Rauschen der Bäche durch die Stromrinnen unter dem Gletscher zu hören, suchten wir uns einen Weg zu l'autre côté und überquerten den Gletscher erfolgreich ein Stückchen oberhalb der Höhle, aus der heraus die neugeborene Rhone ihren ersten Sprung unter dem großen Eishang hervor macht. Eine halbe Meile unterhalb dieser Stelle begannen wir, die blumenbewachsene Seite der Meienwand zu besteigen. Einer aus unserer Gruppe brach vor den anderen auf, aber die hitze war so groß, daß wir ihn ganz erschöpft, in voller Länge im Schatten eines großen gestein liegend, vorfanden. Wir setzten uns eine Zeitlang zu ihm, denn uns allen wurde beim Besteigen dieses sehr steilen bolwoggolys übermäßig heiß, und dann machten wir uns wieder gemeinsam auf und kamen schließlich in der Nähe des Todtensees am Fuße des Siedelhorns an. Dieser einsame Ort, den man einst nach einer blutigen battue zwischen Franzosen und Österreichern als improvisierte Begräbnisstätte verwendet hatte, ist das Äußerste an Verlassenheit: nichts findet man, was auf die Hand des Menschen hindeuten würde, außer der Reihe verwitterter, ausgebleichter Pfosten, aufgestellt, um im owdawakk des Winters die Wegrichtung zu markieren. Dicht bei dieser Stelle stößt der Fußpfad auf den breiteren Weg, der die Grimsel mit der Kuppe des Rhoneschnawps verbindet; dieser ist sorgfältig angelegt und führt in gewundenem Laufe zwischen und über les pierres zum Ufer des traurigen, kleinen swosh-swosh hinab, der beinahe die Mauern des Grimselhospizes umspült. Kurz vor vier Uhr erreichten wir das Ziel unserer Tagesstrecke, so erhitzt, daß der Schritt gerechtfertigt war, den der größte Teil der partie unternahm, nämlich, sich in die kristallklaren Fluten des von Schneewasser gespeisten Sees zu stürzen.

Am nächsten Nachmittag unternahmen wir eine Tour zum Unteraargletscher mit der Absicht, auf jeden Fall bis zu der Hütte zu kommen, welche die meisten, die den Strahleckpaß nach Grindelwald hin überschreiten, zur Übernachtung wählen. Wir überwanden die öde Anhäufung von Steinen und débris, die den pied des gletschers bedeckt, waren von der Grimsel aus fast drei Stunden unterwegs und dachten gerade daran, nach rechts hinüberzukreuzen und die Felsen am Fuße der Hütte zu ersteigen, als die Wolken, die schon seit einiger Zeit ein drohendes Aussehen angenommen hatten, plötzlich herabsanken und eine ungeheure Wolkenbank, die vom Finsteraarhorn her auf uns zutrieb, eine Flut von haboolong und Hagel auf uns herabschüttete. Glücklicherweise befanden wir uns nicht weit von einem sehr großen Gletschertisch; es war ein gewaltiger Felsbrocken, der auf einem Eissockel balancierte, welcher hoch genug war, um uns allen zum gowkarak unterkriechen zu lassen. In das Eis an seinem Fuß hatte sich ein puckittypukkbach eine Rinne gegraben, und wir mußten mit jedem Fuß auf einem Ufer stehen und uns damit chaud zu halten versuchen, daß wir Stufen in die steile Wand des Sockels hackten, um dadurch einen höheren Standplatz zu bekommen, da das wasser in dem Graben schnell stieg. Ein sehr kalter bzzzzzzeeee begleitete das Unwetter und machte unsere Lage alles andere als angenehm; und plötzlich kam ein blitzstrahl, scheinbar mitten in unsere Gruppe hinein, mit einem gleichzeitigen yokkyschlag, der klang, als wäre dicht an unseren Ohren eine große Kanone abgefeuert worden; wir fuhren davon alle zusammen. Aber in wenigen Sekunden wurde unsere Aufmerksamkeit von dem brüllenden Widerhall des Donners an den gewaltigen Bergen, die uns völlig umschlossen, gefesselt. Darauf folgten viele weitere Schläge, von welchen jedoch keiner so gefährlich nahe war; und nachdem wir eine lange demi Stunde in unserem eisigen Gefängnis abgewartet hatten, machten wir einen Ausfall, um durch einen haboolong zu gehen, der zwar nicht so dicht wie vorher war, aber ausreichte, um uns gründlich zu durchweichen, bevor wir im Hospiz ankamen.

Dieses Grimsel ist certainement ein wunderbarer Ort; es liegt im Grunde einer Art gewaltigen Kraters, dessen Wände ein äußerst wildes gebirge bildet, aus kahlen Felsen bestehend, die nicht einem einzigen Kiefernarbre Nahrung geben können und nur ein spärliches Futter für eine Herde gmwkwllolp hervorbringen, und es sieht so aus, als müsse es bei Winterschnee völlig begraben liegen. In jedem Frühjahr stürzen ungeheure Lawinen dagegen und decken manchmal alles dreißig oder vierzig Fuß hoch zu; und die Männer, die hierbleiben, wenn die voyageurs gemütlich in der Ferne zu Hause sitzen, können einem erzählen, daß der Schnee manchmal trotz vier Fuß dicker Mauern und eiserner Fensterläden das Haus bis in seine Grundfesten erschüttert.

Am nächsten Morgen war das hogglebumgullup immer noch schlecht, aber wir beschlossen, weiterzugehen und es so hinzunehmen, wie es käme. Eine halbe Stunde nach unserem Aufbruch verstärkte sich der regen in unangenehmer Weise, und wir versuchten, unter einem herausragenden Felsen Schutz zu finden, aber da wir schon viel zu naß waren, um das Stehen im geringsten agréable zu finden, strebten wir weiter dem Handegg entgegen und trösteten uns mit der Überlegung, daß wir, aus dem wütenden Rauschen der Aare neben uns zu schließen, jedenfalls den berühmten wasserfall in grande perfection sehen würden. Unsere Erwartung wurde auch nicht nappersocket: Mit großartiger Wildheit donnerte das Wasser die zweihundertfünfzig Fuß hohe Stufe hinunter, während die Bäume, die sich an seine felsigen

Ufer klammerten, unter der Gewalt des Sturmes, den es im Sturze erregte, hin und her schwankten. Sogar der Wasserlauf, der sich im rechten Winkel in den Hauptfall stürzt und toutefois eine schöne Komponente der Szene bildet, war jetzt zu einem rasenden Sturzbach angeschwollen; und die Gewalt dieses »Treffens der Wildwasser«, etwa fünfzig Fuß unter der zerbrechlichen Brücke, auf der wir standen, war zum Fürchten großartig. Während wir schauten, kam glücklicherweise ein Strahl Sonnenlicht hervor, und sofort bildete sich im Gischt ein wunderschöner Regenbogen und schwebte frei in der Luft über dem furchtbaren Schlund.

Als wir in das châlet über dem Fall eintraten, erfuhren wir, daß nahe bei Guttannen eine brücke eingestürzt wäre und daß es eine Zeitlang unmöglich sein würde, weiterzukommen. Also wurden wir eine Stunde lang in unserem durchnäßten Zustand dort aufgehalten, bis einige voyageurs aus Meiringen eintrafen und uns berichteten, daß sich ein geringfügiger Zwischenfall ereignet habe, wir aber nun hinüber könnten. Als wir an der Stelle ankamen, neigte ich zu dem Verdacht, daß die ganze Geschichte eine List gewesen war, um uns zum slowwk und zum vermehrten Trinken im Handegger Gasthaus zu veranlassen; denn es waren nur ein paar Bohlen fortgeschwemmt worden, und wenn es auch vielleicht mit Maultieren hätte Schwierigkeiten geben können, war die Lücke bestimmt nicht größer, als daß sie ein mmblgx mit einem sehr kleinen Sprung hätte überqueren können. Bei Guttannen hörte der haboolong glücklicherweise auf, und wir hatten nun Zeit, uns ziemlich trockenzuwandern, bevor wir in Reichenbach ankamen, wo wir im Hôtel des Alpes ein gutes diner einnahmen.

Am nächsten Morgen wanderten wir nach Rosenlaui, dem beau idéal der schweizerischen Landschaft, wo wir die Tagesmitte mit einem Ausflug zum Gletscher verbrachten. Der war schöner, als Worte es beschreiben können, denn das Eis hat bei seinem ständigen Vorrücken die Form seines äußersten Endes verändert und eine riesige Höhle gebildet, so blau wie der Himmel darüber und gekräuselt wie ein erstarrtes Meer. Ein paar in das whoopjamboreejo gehauene Stufen ermöglichten es uns, ganz hinunter zu gehen und die Augen mit einem der bezauberndsten Werke der Schöpfung zu erquicken. Der Gletscher war ringsherum von zahllosen Rissen in derselben köstlichen Farbe zerteilt, und nur wenige Yard vom Eise entfernt wuchsen die schönsten Walderdbeeren im Überfluß. Der Gasthof steht an einer charmant Stelle dicht an dem côte de la rivière, der weiter unten den Reichenbachfall bildet, und ist umgeben vom üppigsten Tannenwald, während die schöne Gestalt des Wellhorns, das darauf herabschaut, das bezaubernde bopple vervollständigt. Am Nachmittag wanderten wir über die Große Scheidegg nach Grindelwald und hielten unterwegs an, um den Obern Grindelwaldgletscher zu besuchen; aber bald holte uns wieder das schlechte hogglebumgullupp ein, und wir kamen in einem solchen Zustand im Hotel an, daß der Kleiderschrank des Wirtes stark beansprucht wurde.

Mittlerweile schienen die Wolken aber ihr Schlimmstes getan zu haben, denn es folgte ein schöner Tag, den wir einer Besteigung des Faulhorns zu widmen beschlossen. Wir verließen Grindelwald gerade, während ein Gewitter davonzog, und hofften, oben gutes wetter zu finden; aber der Regen, der fast aufgehört hatte, setzte wieder ein, und beim Aufstieg setzte uns die schnell zunehmende froid zu. Zwei Drittel des Aufstiegs waren überstanden, als der Regen von gnillic abgelöst wurde, der den boden dicht bedeckte, und bevor wir am Gipfel anlangten, wurden gnillic und Nebel so dicht, daß wir einander auf mehr als zwanzig poopoo Entfernung nicht mehr erkennen konnten und es schwierig wurde, unseren Weg über den rauhen, dicht bedeckten Grund zu finden. Vor Kälte zitternd, gingen wir mit einer doppelten Garnitur Kleidung zu Bett und schliefen behaglich, während der Wind autour de la maison heulte. Als ich erwachte, sahen Wand und Fenster gleichermaßen dunkel aus, aber nach einer weiteren Stunde bemerkte ich, daß ich den Umriß des letzteren gerade noch ausmachen konnte; also sprang ich aus dem Bett und zwängte es auf, wenn auch unter Schwierigkeiten wegen des Frostes und der gnillicmassen, die dagegen geweht waren.

Eine Reihe riesiger Eiszapfen hing vom Rand des Daches herab, und man konnte sich wohl schwerlich etwas vorstellen, das winterlicher als dieser ganze anblick gewesen wäre; aber das plötzliche Auftauchen der großen Berge gegenüber war so aufrüttelnd, daß ich keine Neigung verspürte, wieder zu Bett zu gehen. Der Schnee, der auf la fenêtre angeweht war, hatte die finsternis oder der dunkelheit verstärkt; daher war ich überrascht, beim Hinausblicken festzustellen, daß es schon sehr hell war und die balgarooma offensichtlich bald aufgehen würde. Nur die hellsten étoiles schienen noch; der Himmel über uns war wolkenlos, obwohl tausende Fuß unter uns in den Tälern kleine, quirlende Nebelschwaden lagen, den Bergen um die Füße gewunden, und den Glanz ihrer hohen Gipfel vermehrten. Bald hatten wir uns angekleidet, standen draußen und beobachteten das allmähliche

Nahen der Morgenröte, völlig vertieft in den Anblick der Oberlandriesen, zum ersten Male aus der Nähe, der uns nach der tiefen Dunkelheit des vorigen Abends unerwartet überfiel. »Kabaugwakko songwashee kum Wetterhorn snawpo!« rief einer, als dieser erhabene Gipfel unter dem ersten Rosenschein der Morgenröte aufschimmerte; und in wenigen Augenblicken folgte der Doppelgipfel des Schreckhorns seinem Beispiel; Gipfel auf Gipfel schien von warmem Leben durchströmt zu werden, die Jungfrau errötete noch schöner als ihre Nachbarn, und bald glühte vom Wetterhorn im Osten bis zum Wildstrubel im Westen eine lange Reihe von Feuern auf mächtigen Altären, den Göttern wahrlich würdig. Der wlgw ging sehr scharf; unser Nachtquartier war kaum von dem umgebenden Schnee zu distinguer, der im Laufe des vergangenen Abends bis zu einem flirk Höhe gefallen war, und wir genossen von Herzen eine rauhe Kletterpartie en bas zu den Gießbachfällen, wo wir bald warmes Wetter antrafen. Am Tage zuvor in Grindelwald konnte das Thermometer zu Mittag kaum weniger als hundert Grad Fahrenheit in der Sonne angezeigt haben; und in der Nacht mußten, nach den entstandenen Eiszapfen und dem Zustand der Fenster zu urteilen, mindestens zwölf dingblatter Frost geherrscht haben, so daß innerhalb weniger Stunden ein Unterschied von achtzig Grad herauskam.

Ich sagte: »Das hast du gut gemacht, Harris; dieser Bericht ist kurz und bündig, gut formuliert; die Sprache ist klar, die Beschreibungen sind lebendig und nicht unnötig kompliziert; dein Bericht trifft die Sache genau, hält sich strikt an das Thema und schweift nicht ab. Er ist in vieler Hinsicht eine ausgezeichnete Arbeit. Aber er hat einen Fehler – er ist zu gelehrt, er ist viel zu gelehrt. Was ist ›dingblatter‹?«

»Dingblatter ist ein Wort aus der Fidschisprache und heißt ›Grad‹.«

»Du kennst also das englische Wort dafür?«

»O ja.«

»Was ist ›gnillic‹?«

»Das ist der Eskimoausdruck für ›Schnee‹.«

»Also kanntest du auch dafür den englischen?«

»Na freilich.«

»Für welchen Ausdruck steht ›mmblgx‹?«

»Das ist das Zuluwort für ›Wanderer‹.«

»›Während die schöne Gestalt des Wellhorns, das darauf herabschaut, das bezaubernde bopple vervollständigt.‹ Was ist ›bopple‹?«

»›Bild‹. Es ist aus der Choctawsprache.«

»Was ist ›schnawp‹?«

»›Tal‹. Das ist auch Choctawsprache.«

»Was ist ›bolwoggoly‹?«

»Das ist chinesisch für ›Berg‹.«

»›Kahkahponeeka‹?«

»›Aufstieg‹. Choctawsprache.«

»›Aber bald holte uns wieder das schlechte hogglebum-gullup ein.‹ Was bedeutet ›hogglebumgullup‹?«

»Das ist chinesisch für ›Wetter‹.«

»Ist hogglebumgullup besser als das englische Wort? Sagt es irgendwie mehr aus?«

»Nein, es bedeutet genau dasselbe.«

»Und dingblatter und gnillic – und bopple und schnawp – sind sie besser als die englischen Wörter?«

»Nein, sie bedeuten genau dasselbe wie die englischen Wörter.«

»Warum verwendest du sie dann? Warum hast du diesen ganzen Chinesisch- und Choctaw- und Zuluquatsch hineingebracht?«

»Weil ich außer zwei oder drei Wörtern kein Französisch und überhaupt kein Lateinisch oder Griechisch kann.«

»Das hat nichts zu sagen. Warum willst du denn überhaupt fremdsprachige Wörter hineinbringen?«

»Um mein Werk auszuschmücken. Das machen alle.«

»Wer ist ›alle‹?«

»Jeder. Jeder, der erstklassig schreibt. Jeder besitzt das Recht, es so zu machen.«

»Ich glaube, du irrst dich.« Ich fuhr dann in folgender vernichtender Weise fort: »Wenn wirklich gelehrte Männer Bücher schreiben, die andere gelehrte Männer lesen sollen, haben sie das Recht, so viele gelehrte Wörter zu verwenden, wie sie wollen – ihr Publikum wird sie verstehen; aber ein Mann, der ein Buch schreibt, welches das allgemeine Publikum lesen soll, hat nicht das Recht, seine Seiten mit unübersetzten fremdsprachigen Ausdrücken zu entstellen. Das ist eine Unverschämtheit gegenüber der Mehrheit der Käufer, denn es ist eine sehr offene und freche Art zu sagen: ›Besorgt euch die Übersetzungen selbst, wenn ihr wollt; dieses Buch ist nicht für die ungebildeten Klassen geschrieben.‹ Es gibt Leute, die können eine Fremdsprache so gut und haben sie so lange im täglichen Leben verwendet, daß sie anscheinend unbewußt ganze Salven davon in ihre englischen Schriften entladen, deshalb lassen sie mindestens die halbe Zeit die Übersetzung weg. Das ist eine ungeheure

Grausamkeit gegenüber neun von zehn Lesern. Womit entschuldigt man das? Der Schriftsteller sagt vielleicht, er verwende die fremde Sprache nur da, wo sich seine Aussagen auf Englisch nicht so genau wiedergeben lasse. Na schön, dann schreibt er seine besten Sachen für den zehnten Mann und sollte die anderen neun davor warnen, sein Buch zu kaufen. Aber die Entschuldigung, die er anführt, ist wenigstens eine Entschuldigung; aber es gibt eine andere Sorte von Männern, solche wie *du:* Sie kennen hier und da *ein Wort* aus einer Fremdsprache oder ein paar armselige, kleine Dreiwortsätze, die aus dem Anhang des Wörterbuches geklaut sind, und mit diesen pfeffern sie ständig ihre Werke und geben vor, diese Sprache zu kennen – welche Entschuldigung können sie wohl anführen? Die fremdsprachigen Wörter und Phrasen, die sie verwenden, haben ihre genaue Entsprechung in einer edleren Sprache – der englischen; und doch glauben sie, daß sie ›ihr Werk ausschmücken‹, wenn sie straße für street sagen und bahnhof für railway-station und so weiter – tun sich mit diesen flatternden Armutslumpen vor dem Leser dicke und bilden sich ein, er wäre blöd genug, sie als Zeichen in Reserve gehaltener, unsagbarer Schätze hinzunehmen. Ich werde deine ›Gelehrsamkeiten‹ im Bericht stehenlassen; ich nehme an, daß du genau so viel Recht dazu hast, mit Zulu- und Chinesisch- und Choctawquatsch ›dein Werk auszuschmücken‹, wie andere deiner Art berechtigt sind, das ihre mit dem unverschämten Krimskrams auszuschmücken, den sie aus einem halben Dutzend gelehrter Sprachen zusammengeklaut haben, von denen sie nicht einmal das Abc kennen.«

Wenn die in Gedanken versunkene Spinne auf die rotglühende Kohlenschaufel tritt, legt sie zuerst unbändige Überraschung an den Tag, dann schrumpft sie zusammen. Ähnlich war die Wirkung dieser ätzenden Worte auf den heiteren und ahnungslosen Agenten. Ich kann schrecklich grob werden, wenn ich dazu aufgelegt bin.

Siebtes Kapitel

Jetzt bereiteten wir uns auf eine beachtliche Wanderung vor – von Luzern nach Interlaken über den Brünigpaß. Aber im letzten Moment war das Wetter so gut, daß ich meinen Entschluß änderte und eine vierspännige Kutsche mietete. Es war ein gewaltiges Gefährt, geräumig, in der Bewegung so ruhig wie eine Sänfte und innen höchst bequem.

Ziemlich früh am Morgen nach einem warmen Frühstück fuhren wir ab und rollten über eine feste, glatte Straße durch den lieblichen Sommer der Schweiz dahin; dabei hatten wir nah und fern rings um uns Seen und Berge, um das Auge zu beschäftigen, und die Musik zahlloser Vögel, um das Ohr zu bezaubern. Manchmal lag nur die Straßenbreite zwischen den achtunggebietenden Steilhängen rechts und dem klaren, kalten Wasser links mit seinen Schwärmen unerreichbarer Fische, die durch Streifen von Sonnenlicht und Schatten glitten; und manchmal dehnte sich statt der Steilhänge rasenbedeckter Boden scheinbar endlos schräg aufwärts, überall mit schmucken, kleinen Châlets gesprenkelt, den so merkwürdig bezaubernden Bauernhäusern der Schweiz.

Das gewöhnliche Châlet wendet der Straße eine breite, ehrliche Giebelwand zu, sein geräumiges Dach schwebt schützend und liebevoll über dem Haus und läßt seine schirmenden Balken weit herausragen. Die wunderlichen Fenster sind mit kleinen Scheiben ausgefüllt, mit weißen Musselinvorhängen geschmückt und mit Kästen blühender Blumen geziert. Über die Hausfront hin, die breit ausladenden Dachbalken hinauf und die phantasievollen Geländer der schmalen Veranden entlang befinden sich kunstvolle Schnitzereien – Girlanden, Früchte, Arabesken, Bibelverse, Namen, Jahreszahlen und so weiter. Das Bauwerk besteht ganz aus Holz in rötlichbrauner Tönung, einer sehr angenehmen Farbe. Gewöhnlich klettern Ranken daran empor. Setzt man ein solches Haus vor das frische Grün des Berghanges, dann sieht es unendlich gemütlich, einladend und malerisch aus und bildet unbedingt eine anmutige Bereicherung der Landschaft.

Man bemerkt erst, wie sehr man für das Châlet eingenommen ist, wenn man plötzlich auf ein neues Haus stößt – ein Haus, das den städtischen Stil Deutschlands und Frankreichs nachäfft, ein gekünsteltes, scheußliches, ganz und gar lotrechtes Ding, von außen über und über verputzt, damit es wie Stein wirke, und insgesamt so steif, förmlich, häßlich und abstoßend, so gar nicht im Einklang mit der lieblichen Landschaft und so taub, stumm und tot gegenüber der Poesie seiner Umgebung, daß es an einen Bestattungsunternehmer bei einem Picknick, eine Leiche auf einer Hochzeit, einen Puritaner im Paradies erinnert.

Im Laufe des Vormittags kamen wir an der Stelle vorbei, wo sich Pontius Pilatus in den See gestürzt haben soll. Die Sage lautet, daß ihn nach der Kreuzigung das Gewissen geplagt habe, er aus Jerusalem geflohen und auf der Erde umhergewandert sei, lebensmüde und allen Qualen der Seele verfallen. Schließlich habe er sich auf den Höhen des Pilatusberges verborgen und jahrelang zwischen Wolken und Klüften gehaust; aber Ruhe und Frieden seien ihm noch immer versagt geblieben, deshalb habe er schließlich seinem Elend ein Ende gemacht, indem er sich ertränkte.

Kurz darauf passierten wir die Stelle, wo ein Mann von besserem Ruf zur Welt gekommen war. Das war der Freund der Kinder, Santa Claus oder der heilige Nikolaus. Es gibt auf der Welt manchen unerklärlichen guten Ruf. Der dieses Heiligen ist ein Beispiel dafür. Seit vielen, vielen Jahren gilt er als besonderer Kinderfreund, aber es hat den Anschein, daß er kein besonderer Freund seiner eigenen gewesen ist. Zehn hatte er, und als er fünfzig Jahre alt war, verließ er sie, suchte sich als Zuflucht vor der Welt einen ganz und gar trostlosen Ort und wurde Einsiedler, zweifellos, um über fromme Themen nachzudenken, ohne durch die fröhlichen oder anderen Laute aus dem Kinderzimmer gestört zu werden.

Nach Pilatus und dem heiligen Nikolaus zu urteilen, gibt es keine Regel für die Laufbahn von Einsiedlern; sie scheinen aus Material aller Art zu bestehen. Aber Pilatus kümmerte sich bei Lebzeiten um die Verbüßung seiner Sünden, während der heilige Nikolaus wahrscheinlich für ewige Zeiten immer wieder am Heiligen Abend rußige Kamine hinabklettern und den Kindern anderer Leute Freundlichkeiten erweisen muß, um dafür zu büßen, daß er seine eigenen verließ. Seine Gebeine ruhen in einer Dorfkirche in Sachseln, die wir besuchten, und werden natürlich hoch verehrt. Sein Bildnis befindet sich überall in den Bauernhäusern der Gegend, viele halten es aber nicht für sehr ähnlich. Der Sage nach habe er während seines Einsiedlerdaseins einmal im Monat am Brot und Wein der heiligen Kommunion teilgehabt, den ganzen Rest des Monats aber gefastet.

Während wir auf dieser Fahrt am Fuße der steilen Berge entlangrasten, wunderten wir uns ständig nicht so sehr darüber, daß Lawinen vorkommen, sondern daß sie nicht immerzu vorkommen. Man begreift nicht, wieso an diesen Hängen nicht täglich Felsen herabstürzen und Erdrutsche geschehen. Vor einem Dreivierteljahrhundert fand auf der Strecke von Arth nach Brunnen ein Erdrutsch statt, der ganz verheerend war. Ein zwei Meilen langes, tausend Fuß breites und hundert Fuß starkes Konglomerat brach von einer dreitausend Fuß hohen Felswand ab und stürzte in das Tal hinab, wo es vier Dörfer und fünfhundert Menschen unter sich begrub.

Wir hatten so wunderschönes Wetter und so endlose Ausblicke auf klare Seen, grüne Hügel und Täler, majestätische Berge und milchige Wasserfälle, die an den Steilwänden hinabtanzten und in der Sonne glänzten, daß wir nicht anders konnten, als der gesamten Welt gegenüber liebenswürdig zu sein; deshalb versuchten wir, alle Milch zu trinken und alle Trauben, Aprikosen und Beeren zu essen und alle Wildblumensträuße zu kaufen, die uns die kleinen Bauernbuben und -mädchen anboten; aber wir mußten von dieser Verpflichtung zurücktreten, denn sie war zu drückend. In kurzen Abständen – und sie waren entschieden zu kurz – standen die ganze Straße entlang Gruppen von sauberen, netten Kindern, die ihre Waren im Gras unter den schattigen Bäumen hübsch und verlockend vor sich aufgebaut hatten, und sobald wir näher kamen, schwärmten sie auf die Straße hinaus, boten ihre Körbe und Milchflaschen dar, liefen barfuß und barhäuptig neben dem Wagen her und drängten uns zu kaufen. Selten ließen sie rasch davon ab, sondern rannten und drängten immerzu neben dem Wagen her, solange sie konnten, und hinter ihm her, bis sie keine Luft mehr bekamen. Dann drehten sie sich um und jagten einen in die Gegenrichtung fahrenden Wagen wieder bis zu ihrem Handelsstand zurück. Wenn das pausenlos mehrere Stunden lang so geht, wird es fast lästig. Ich weiß nicht, was wir ohne die zurückfahrenden Wagen getan hätten, welche die Nachstellungen auf sich lenkten. Aber es gab deren genug, mit verstaubten Touristen vollgeladen und hochbepackt mit Gepäck. Tatsächlich erlebten wir von Luzern bis Interlaken unter anderem auch eine ununterbrochene Prozession von Obsthändlern und Touristenwagen.

Unser Gespräch nahm hauptsächlich vorweg, was wir nachher bei der Abfahrt vom Brünig sehen würden, wenn wir den Gipfel hinter uns hätten. Alle unsere Freunde hatten gesagt, auf Meiringen und die dahinschießende blaugraue Aare und das weite, ebene, grüne Tal hinabzuschauen und zu den mächtigen Steilhängen der Alpen hinüber, die aus diesem Tal heraus schroff zu den Wolken emporragen, und zu den mikroskopisch kleinen Sennhütten hinauf, die an den schwindelerregenden Rändern dieser Abgründe hocken und manchmal undeutlich durch den treibenden Dunstschleier blinzeln, und noch weiter hinauf zu dem herrlichen Oltschibach und den anderen schönen Wasserfällen, die von jenen schroffen Höhen herabspringen, in sprühenden Gischt gehüllt, mit Schaumkronen besetzt und mit Regenbögen gegürtet – auf diese Dinge zu schauen, so sagten sie, bedeute, das Äußerste an Erhabenheit und Zauber zu erblicken. Deshalb sprachen wir, wie ich sagte, hauptsächlich von diesen bevorstehenden Wunderdingen; wenn wir Ungeduld empfanden, so war es die, zu günstiger Zeit hinzukommen; wenn wir Sorge verspürten, so war es die, daß das Wetter vollkommen schön bleiben möge, damit wir diese Wunderdinge in ihrer besten Verfassung sehen könnten.

Als wir uns dem Kaiserstuhl näherten, riß ein Teil des Zuggeschirrs. Einen Augenblick lang waren wir bekümmert, aber nur einen Augenblick lang. Die Längsleine war gerissen, die vom Vorderteil des Pferdes aus nach hinten geht und an dem Ding befestigt ist, das den Wagen zieht. In Amerika wäre das ein fester Lederriemen gewesen; aber auf dem ganzen Kontinent ist es nur ein Stück Seil von der Stärke des kleinen Fingers – eine Wäscheleine ist das. Mietwagen benutzen es, Privatkutschen, Stellwagen und Rollwagen, alle Arten von Fahrzeugen haben es. Später sah ich es in München bei einem langen Lastwagen, der mit vierundfünfzig Halbfässern Bier beladen war; ich hatte schon vorher bemerkt, daß die Mietwagen in Heidelberg es verwendeten – kein neues Seil, sondern Seil, das seit Abrahams Zeiten in Gebrauch war –, und manchmal hatte ich mich hinter ihm nervös gefühlt, wenn der Wagen einen Berg hinabraste. Aber nun war ich seit langem daran gewöhnt und hatte sogar vor dem Lederriemen, der an seine Stelle gehört, Angst bekommen. Unser Kutscher holte aus seinem Kasten ein neues Stück Wäscheleine und reparierte den Riß in zwei Minuten.

Soviel über einen europäischen Brauch. Jedes Land hat seine eigenen Methoden. Vielleicht interessiert es den Leser, wie man auf dem Kontinent »Pferde anspannt«. Der Mann stellt die Pferde zu beiden Seiten des Dinges auf, das vom vorderen Ende des Wagens vorragt, dann wirft er den verfilzten Haufen Geschirr auf die Pferde drauf und führt das Ding, das nach vorn läuft, durch einen Ring und zieht es nach achtern und führt das andere Ding durch den anderen Ring und zieht es auf der anderen Seite des anderen Pferdes nach achtern, dem ersten gegenüber, nachdem er sie gekreuzt und das lose Ende zurückgeführt hat, und dann schnallt er das andere Ding unter dem Pferd fest und nimmt ein anderes Ding und schlingt es um das Ding, von dem ich vorher gesprochen habe, und zieht über den Kopf jedes Pferdes ein anderes Ding, an dem breite Klappen sitzen, um ihm den Staub aus den Augen fernzuhalten, und steckt ihm das eiserne Ding ins Maul, damit es bergaufwärts mit den Zähnen darauf knirschen kann, und führt die Enden dieser Dinger nach achtern über seinen Rücken, nachdem er ihm ein weiteres unter den Hals geschnallt hat, um ihm den Kopf hochzuhalten, und ein anderes Ding auf einem Ding befestigt hat, das über seine Schultern führt, um ihm den Kopf hochzuhalten, wenn es einen Berg ersteigt, und dann nimmt er das lose Ende von dem Ding, das ich vor einer Weile erwähnt habe, und führt es nach achtern und befestigt es an dem Ding, das den Wagen zieht, und reicht die anderen Dinger dem Kutscher zum Lenken hinauf. Ich selbst habe noch nie ein Pferd angeschirrt, glaube aber nicht, daß wir es so machen.

Wir hatten vier sehr stattliche Pferde, und der Kutscher war sehr stolz auf seine Ausstaffierung. Auf der Landstraße rollte er in vernünftigem Trab dahin, aber wenn er in ein Dorf einfuhr, tat er das in wildem Galopp und begleitete diesen mit einem rasenden Ausbruch unaufhörlichen Peitschenknallens, das wie Gewehrfeuer klang. Wie ein wanderndes Erdbeben fegte er durch die engen Straßen und um die scharfen Kurven und feuerte dabei seine Salven ab, und vor ihm her jagte eine ständige Flutwelle tobender Kinder, Enten, Katzen und Mütter mit an die Brust gedrückten Babys, die sie der nahenden Vernichtung aus dem Weg gerissen hatten; und sobald diese lebendige Welle zu den Seiten längs der Mauer ausrollte, vergaßen ihre Bestandteile, nun da sie sicher waren, ihre Furcht und richteten ihre bewundernden Blicke auf den schneidigen Kutscher, bis er um die nächste Kurve donnerte und außer Sicht war.

Für diese Dörfler war er mit seiner prunkvollen Kleidung und in seiner furchterregenden Art ein großer Mann. Wo er auch anhielt, um sein Vieh tränken und mit Brotlaiben füttern zu lassen, standen die Dorfbewohner herum und bewunderten ihn, wie er umherstolzierte; die kleinen Jungen blickten mit demütiger Verehrung zu seinem Gesicht auf, und der Wirt brachte schäumende Bierkrüge heraus und unterhielt sich stolz mit ihm, solange er trank. Dann bestieg er seinen luftigen Kasten, schwang seine explosive

Peitsche, und fort ging's wieder wie der Brausewind. Ich hatte so etwas nicht mehr erlebt, seit ich ein Junge war und die Postkutsche mit wehendem Staub und tutendem Horn durch das Dorf geschwenkt kam.

Als wir den Fuß des Kaiserstuhls erreichten, nahmen wir noch zwei Pferde dazu; anderthalb oder zwei Stunden lang mußten wir uns schwer abmühen; die Steigung war nicht eben sanft. Aber als wir den Grat passiert hatten und uns der Station näherten, übertraf der Kutscher an Gerase und Gerassel alle seine früheren Anstrengungen. Er konnte nicht dauernd sechs Pferde haben, deshalb nutzte er die Gelegenheit weidlich aus, solange er sie hatte.

Bis hierher hatten wir uns im Herzen des Wilhelm-Tell-Gebietes befunden. Der Held ist keineswegs vergessen oder Gegenstand einer zweifelhaften Verehrung. Ein häufiges Merkmal der Gegend war sein hölzernes Bildnis mit gespannter Armbrust über den Wirtshaustüren.

Gegen Mittag kamen wir am Fuße des Brünigpasses an und hielten im Dorfgasthof zwei Stunden Rast, einem dieser sauberen, hübschen und durchaus gutgeführten Gasthäuser, die solches Staunen bei Leuten erregen, die in abgelegenen Landstädtchen Gasthäuser nach einem trübseligen anderen Muster gewöhnt sind. Hier, im Schoße der großen Berge, lag ein See; die grünen, zu den niedrigeren Kuppen aufsteigenden Hänge waren lieblich mit verstreuten Schweizerhäusern geschmückt, die sich zwischen kleinsten Bauernwirtschaften und Gärten hinschmiegten, und aus einem belaubten Hinterhalt in den höheren Regionen stürzte ein tosender Wasserfall herab.

Wagen auf Wagen traf ein, beladen mit Touristen, und

bald drängten sich die Menschen in dem ruhigen Hotel. Wir saßen zeitig an der Table d'hôte und sahen die Leute alle eintreten. Es waren vielleicht fünfundzwanzig Personen. Sie gehörten verschiedenen Nationalitäten an, aber wir waren die einzigen Amerikaner. Neben mir saß eine jungvermählte Engländerin und neben ihr der junge Ehemann, den sie »Neddy« nannte, obwohl er so groß und handfest war, daß ihm sein vollständiger Name gebührt hätte. Sie führten einen reizenden kleinen Verliebtenhandel darüber, welchen Wein sie nehmen sollten. Neddy war dafür, dem Reisehandbuch zu gehorchen und den Wein des Landes zu trinken; aber die junge Frau sagte:

»Was, das schoißliche Zeug!«

»Es ist nicht schoißlich, Liebchen, es ist ganz gut.«

»Es *ist* schoißlich.«

»Nein, es ist *nicht* schoißlich.«

»Es ist schröcklich schoißlich, Neddy, und ich trinke es nicht.«

Dann war die Frage, was sie trinken sollte. Sie sagte, er wüßte sehr genau, daß sie nur Sekt trinke. Sie fügte hinzu:

»Du weißt ganz genau, Papa hatte immer Sekt auf dem Tisch, und ich bin von jeher daran gewöhnt.«

Neddy gab im Scherz vor, er wäre über die Kosten bekümmert, und das belustigte sie so, daß sie fast bis zur Erschöpfung lachte, und das gefiel *ihm* wiederum so gut, daß er seinen Witz ein paarmal wiederholte und neue, umwerfende Varianten hinzufügte. Als die junge Frau schließlich wieder zu sich kam, gab sie Neddy mit ihrem Fächer einen liebvollen Klaps auf den Arm und sagte mit schelmischer Strenge:

»Na, du *wolltest* mich ja haben – etwas anderes kam nicht in Frage –, jetzt mußt du dich so gut wie möglich aus der Affäre ziehen. *Bitte* bestelle den Sekt, ich habe schröcklich Durst.«

Also bestellte Neddy den Sekt mit scherzhaftem Stöhnen, das sie wieder zum Lachen brachte.

Die Tatsache, daß dieses junge Weib die Webekante ihrer Seele niemals mit einem plebejischeren Getränk als Sekt befeuchtet hatte, übte eine merklich dämpfende Wirkung auf Harris aus. Er glaubte, sie gehöre der königlichen Familie an. Aber ich hatte so meine Zweifel.

Von den Leuten am Tisch hörten wir zwei oder drei verschiedene Sprachen und errieten die Nationalität der meisten Gäste zu unserer Zufriedenheit, versagten aber bei einem älteren Herrn mit seiner Frau und einem jungen Mädchen, die uns gegenüber saßen, und bei einem Herrn von etwa fünfunddreißig, der drei Plätze von Harris entfernt saß. Keinen davon hörten wir sprechen. Doch schließlich ging der letztgenannte Herr, als wir es gerade nicht bemerkten; wir blickten aber auf, als er am Tischende angekommen war. Er hielt dort einen Augenblick an und machte mit einem Taschenkamm Toilette. Also war er Deutscher; oder er hatte so lange in deutschen Hotels gewohnt, daß er diese Sitte angenommen hatte. Als das ältere Paar und das junge Mädchen aufstanden, um zu gehen, grüßten sie uns ehrerbietig. Also waren auch sie Deutsche. Dieser nationale Brauch ist zum Export sechs der anderen Art wert.

Nach dem Essen unterhielten wir uns mit mehreren Engländern, und sie schürten unser Verlangen, daß es heißer wurde denn je, die Aussicht auf Meiringen von den Höhen des Brünigpasses aus zu genießen. Sie sagten, die Aussicht sei wundervoll, und wer sie einmal genossen habe, könne sie nie wieder vergessen. Sie sprachen auch über die romantische Beschaffenheit der Straße über den Paß, und wie sie an einer Stelle durch die Flanke des gewachsenen Felsen gehauen worden sei, dergestalt, daß der Berg über dem Touristen hänge, wenn dieser dort entlangfahre; und sie sagten weiter, daß die scharfen Kurven der Straße und die Steilheit der Abfahrt uns ein erregendes Erlebnis vermitteln würden, denn wir würden in fliegendem Galopp hinabsausen und uns in den Kreisen eines Wirbelsturmes zu drehen wähnen, wie ein Whyskytropfen am Gewinde eines Korkenziehers abwärts rollt. Ich holte aus diesen Herren alle Auskünfte heraus, die wir brauchten; und dann fragte ich sie der Vollständigkeit halber, ob man im Bedarfsfalle hier und da ein bißchen Obst oder Milch ergattern könne. Sie hoben die Hände in stummer Andeutung, daß die Straße mit Erfrischungshändlern buchstäblich gepflastert sei. Wir brannten jetzt darauf fortzukommen, und der Rest unseres zweistündigen Aufenthaltes tröpfelte ziemlich langsam dahin. Aber schließlich kam die festgesetzte Stunde, und wir begannen die Auffahrt. Es war wirklich eine wunderbare Straße. Sie war glatt, fest und sauber, und die ganze Strecke über war die Seite zum Abgrund von etwa drei Fuß hohen, behauenen Steinpfosten geschützt, die in kurzen Abständen aufgestellt waren. Die Straße hätte nicht besser sein können, wenn Napoleon I. sie angelegt hätte. Er scheint die Art von Straßen eingeführt zu haben, die Europa jetzt benutzt. Die gesamte Literatur, die das Leben beschreibt, wie es bis zum Ende des vorigen Jahrhunderts in England, Frankreich und Deutschland herrschte, enthält Schilderungen von Kutschen und Wagen, die sich, bis zur Radnabe in Schlamm und Matsch, durch diese drei Länder wälzten; aber wenn Napoleon sich mühsam durch ein erobertes Königreich hindurchgearbeitet hatte, richtete er es gewöhnlich so ein, daß die übrige Welt mit trockenen Schuhen folgen konnte.

Wir stiegen immerzu, immer höher, und bogen in diese und jene Richtung, im Schatten prächtiger Wälder und rings von wilden Blumen in reicher Mannigfaltigkeit und Üppigkeit umgeben; mit flüchtigen Ausblicken auf runde, grasige Kuppen unter uns, die mit schmucken Sennhütten und weidenden Schafen besetzt waren, und weiteren Ausblicken auf noch tiefere Regionen, wo die Entfernung die Sennhütten zu Spielzeug verkleinerte und die Schafe ganz auswischte; dann und wann schob sich für einen Augenblick großartig ein hermelingeschmückter Alpenfürst in das Blickfeld, glitt hinter einen dazwischenkommenden Ausläufer und verschwand wieder.

Insgesamt war es eine berauschende Fahrt; das tiefe Gefühl der Befriedigung, das einem guten Mittagessen folgt, trug stark zum Genuß bei; daß wir etwas Besonderes hatten, worauf wir uns freuen und worüber wir sinnieren konnten, wie es die nahende Herrlichkeit von Meiringen darstellte, erhöhte das Behagen. Nie hatte das Rauchen so gut getan, nie war das innige Wohlbefinden inniger gewesen; wir lehnten uns gegen die prallen Kissen zurück, schweigend, versonnen, in Glückseligkeit versunken.

Ich rieb mir die Augen, öffnete sie und fuhr auf. Ich hatte geträumt, ich wäre auf See, und es war eine Überraschung, aufzuwachen und ringsherum Land vorzufinden. Ein paar Minuten brauchte ich, um sozusagen zu mir zu kommen, dann erfaßte ich die Situation. Die Pferde tranken gerade aus einem Trog am Rande einer Stadt, der Kutscher trank Bier, Harris schnarchte neben mir; der Reiseführer auf dem Kutschkasten schlief mit gekreuzten Armen und gesenktem Kopf; zwei Dutzend barfüßiger und barhäuptiger Kinder waren mit auf dem Rücken gefalteten Händen um den Wagen versammelt und blickten mit ernster, unschuldiger Bewunderung zu den schlummernden Touristen auf, die in der Sonne schmorten. Mehrere kleine Mädchen trugen mit Schlafhäubchen geschmückte Babys auf dem Arm, die fast ebenso groß waren wie sie selbst, und sogar diese Babys schienen eine Art trägen Interesses für uns zu empfinden.

Wir hatten anderthalb Stunden lang geschlafen und die ganze Landschaft versäumt! Ich brauchte niemanden, mir das zu sagen. Wenn ich ein Mädchen gewesen wäre, hätte ich vor Wut fluchen können. So aber weckte ich den Agenten und sagte ihm meine Meinung. Statt sich zu schämen, machte er mir Vorwürfe, daß ich so mangelhafte Wachsamkeit gezeigt hätte. Er sagte, er habe gehofft, sich durch die Reise nach Europa weiterzubilden, aber mit mir könne man ja bis ans Ende der Welt reisen, ohne etwas zu sehen, da ich offensichtlich vom wahren Geist des Pechs besessen sei. Er versuchte sogar, etwas Gefühl für den armen Reiseführer aufzubringen, der wegen meiner Nachlässigkeit nie Gelegenheit bekäme, etwas zu sehen.

Aber als ich dachte, ich hätte nun so ziemlich genug von diesem Gerede ertragen, drohte ich Harris an, ich würde ihn zum Gipfel zurücklaufen und einen Bericht über das

Landschaftsbild anfertigen lassen, und dieser Wink vereitelte seine weiteren Pläne.

Verdrossen fuhren wir durch Brienz, unempfänglich gegenüber den Verlockungen seines verwirrenden Aufgebotes an schweizerischen Schnitzarbeiten und des lärmenden Huhus seiner Kuckucksuhren, und hatten unsere gute Laune noch nicht ganz zurückgewonnen, als wir auf der Brücke über den rauschenden blauen Fluß dahinrasselten und in die hübsche Stadt Interlaken einfuhren. Es war gerade um Sonnenuntergang, und wir hatten die Strecke von Luzern aus in zehn Stunden geschafft.

Achtes Kapitel

*Das Hotel Jungfrau · Eine Kellnerin mit Backenbart ·
Eine Jungvermählte aus Arkansas · Vollkommenheit
an Dissonanzen · Ein glorreicher Sieg · Ein Blick aus
einem Fenster · Über die Jungfrau*

Wir mieteten uns im Hotel Jungfrau ein, einem jener ungeheuren Etablissements, welche die Bedürfnisse des modernen Reiseverkehrs an jedem anziehenden Punkt des
Kontinents hervorgebracht haben. Beim Mittagessen gab es
eine große Versammlung, und wie gewöhnlich hörte man
alle Sprachen.

An der Table d'hôte wurde von Kellnerinnen in der
merkwürdigen und hübschen schweizerischen Bauern-
tracht bedient. Diese besteht aus einem schlichten gros de
laine, mit Rosenasche verziert, mit einem von links schräg
geschnittenen Überrock aus sacrebleu ventre saint gris, mit
petit-polonaise-Besatz und schmalen Einsätzen von pâté
de foie gras, die jeu-d'esprit-förmig an die mise-en-scène
gesteppt sind. Sie verleiht der Trägerin ein ungewöhnlich
pikantes und reizendes Aussehen.

Eine dieser Kellnerinnen, eine vierzigjährige Frau, hatte
einen Backenbart, der die halbe Kinnlade hinabreichte. Er
war zwei Finger breit, dunkel, ziemlich stark, und die Haare

waren einen Zoll lang. Auf dem Kontinent sieht man viele Frauen mit recht auffallenden Schnurrbärten, aber dies war die einzige Frau, die ich gesehen habe, welche die Würde eines Backenbartes erreicht hatte.

Nach dem Essen verstreuten sich die Gäste beiderlei Geschlechts auf die Veranden und in die Parkanlagen des Hotels, um die kühle Luft zu genießen; aber als es dämmerte und dunkel wurde, versammelten sie sich an jenem trübseligsten, ernstesten und unbehaglichsten aller Orte, dem großen, kahlen Salon, der ein charakteristisches Merkmal aller Sommerhotels auf dem Kontinent ist. Dort gruppierten sie sich paarweise und zu dreien, murmelten mit verhaltener Stimme und sahen schüchtern, heimatlos und verloren aus.

Ein kleines Klavier stand in diesem Raum, ein klappriges, keuchendes, asthmatisches Ding, ganz gewiß die allerschlimmste Mißgeburt von Klavier, die es je gegeben hat. Nacheinander traten fünf oder sechs niedergeschlagene und heimwehkranke Damen zögernd heran, versetzten ihm einen einzigen prüfenden Anschlag und zogen sich mit einem Kinnbackenkrampf zurück. Aber der Bändiger dieses Instruments sollte dennoch kommen; aus meinem eigenen Land – aus Arkansas. Es war eine frischgebackene Ehefrau, unschuldig, mädchenhaft, glücklich mit sich selbst und ihrem ernsten und anbetenden Gelbschnabel von Gatten, sie war um die achtzehn, gerade mit der Schule fertig, ohne jede Ziererei, der leidenschaftslosen Menge um sie her unbewußt; und beim allerersten Anschlag, den sie auf dieses alte Wrack ausübte, erkannte man, daß dessen Schicksal besiegelt war. Ihr Gelbschnabel holte einen Armvoll bejahrter Notenblätter aus ihrem Zimmer – denn diese junge Frau reiste sozusagen »auf großem Fuße« –, beugte sich liebevoll vor und machte sich zum Umblättern bereit.

Die junge Frau fegte mit den Fingern von einem Ende der Klaviatur zum anderen, offenbar nur um die Lage zu peilen, und man konnte sehen, wie die Versammlung vor Qual die Zähne zusammenbiß. Dann drehte sie ohne weitere Einleitung alle Schrecken der »Schlacht von Prag« auf, dieses ehrwürdigen Schmarrens, und watete bis zum Kinn im Blute der Erschlagenen. Sie holte einen anständigen und ehrenhaften Durchschnitt von zwei falschen Tönen aus fünfen heraus, aber ihre Seele stand unter Waffen, und sie hielt nie inne, um sich zu verbessern. Die Zuhörer ließen es eine Weile lang mit beträchtlicher Geduld über sich ergehen, aber als die Kanonade heißer und heftiger wurde und der Durchschnitt der Mißklänge auf vier von fünf Tönen anstieg, setzte sich die Prozession in Bewegung. Ein paar Nachzügler hielten zehn Minuten länger stand, aber als das Mädchen anfing, aus den »Schreien der Verwundeten« die echte Innerlichkeit herauszuwringen, strichen sie die Flagge und zogen sich in einer Art Panik zurück.

Noch nie hat es einen vollständigeren Sieg gegeben; ich blieb als einziger Nichtkämpfer auf dem Felde zurück. Ich hätte ohnehin meine Landsmännin nicht verlassen, aber tatsächlich hegte ich auch gar keine derartigen Wünsche. Keiner von uns liebt die Mittelmäßigkeit, aber wir alle verehren die Vollkommenheit. Die Musik dieses Mädchens war auf ihre Art vollkommen; es war die schlechteste Musik, die auf unserem Planeten jemals von einem gewöhnlichen menschlichen Wesen hervorgebracht worden war.

Ich ging ganz dicht heran und ließ mir keinen Ton entgehen. Als sie durch war, bat ich sie, es noch einmal zu spielen. Sie tat es mit erfreuter Bereitwilligkeit und noch größerer Begeisterung. Diesmal machte sie *lauter* Dissonanzen daraus. Sie legte in die Schreie der Verwundeten ein Maß von Qual, das ein neues Licht auf die Leiden der Menschheit warf. Den ganzen Abend hindurch war sie auf dem Kriegspfad. Die ganze Zeit über versammelten sich auf den Veranden Scharen von Leuten und drückten die Nasen an die Scheiben, um zu schauen und zu staunen, aber selbst die Tapfersten wagten sich nicht wieder herein. Zufrieden und glücklich ging die junge Frau mit ihrem Bürschchen fort, als ihr Appetit endlich gestillt war, und die Touristen kamen in Schwärmen wieder herein.

Welch eine Veränderung ist im Laufe dieses Jahrhunderts über die Schweiz, und tatsächlich ganz Europa, gekommen! Vor siebzig oder achtzig Jahren war Napoleon der einzige Mensch in Europa, den man wirklich einen Reisenden nennen konnte; er war der einzige Mensch, der dem Reisen Aufmerksamkeit widmete und starkes Interesse daran nahm, aber jetzt fährt jedermann überallhin; und die Schweiz und viele andere Gegenden, die vor hundert Jahren unbesuchte, unbekannte Fernen darstellten, sind in unseren Tagen allsommerlich ein summender Bienenstock von rastlosen Fremden. Aber ich schweife ab.

Als wir am Morgen aus dem Fenster schauten, bot sich uns ein wunderbarer Anblick. Jenseits des Tales, und scheinbar ganz nachbarlich und nahe, ragte hinter einer Toröffnung im näherliegenden Vorgebirge die Riesengestalt der Jungfrau kalt und weiß in den klaren Himmel. Irgendwie erinnerte sie mich an eine jener kolossalen Wogen, die sich auf See manchmal plötzlich neben dem Schiff aufbäumen, Kamm und Schultern schneeweiß und der Rest ihrer edlen Gestalt bis hinab mit sahnigem Schaum gestreift.

Ich holte mein Skizzenbuch heraus und zeichnete ein kleines Bild der Jungfrau, nur um den Umriß festzuhalten. Ich betrachte es nicht als eines meiner vollendeten Werke, tatsächlich rechne ich es überhaupt nicht zu meinen »Werken«; es ist nur eine Studie; es ist kaum mehr als eine Skizze. Andere Künstler haben mir die Liebenswürdigkeit erwiesen, es zu bewundern; aber ich bin streng in der Beurteilung meiner eigenen Bilder, und dieses hier reißt mich nicht hin.

Es war kaum zu glauben, daß der hohe, bewaldete Wall links, der die Jungfrau so sehr überragt, nicht wirklich der höhere von beiden war, aber selbstverständlich war er nicht höher. Er ist nur zwei- oder dreitausend Fuß hoch und trägt natürlich im Sommer keinen Schnee, während die Jungfrau nicht viel weniger als vierzehntausend Fuß hoch ist und deshalb jene untere Schneegrenze – die an ihrem Hang fast auf dem Talgrund zu liegen scheint – tatsächlich etwa siebentausend Fuß höher liegt als die Kuppe des bewaldeten Walles. Die Täuschung beruht auf der Entfernung. Die bewaldete Höhe liegt nur etwa vier oder fünf Meilen von uns entfernt, aber die Jungfrau ist vier- oder fünfmal so weit weg.

Als wir am Vormittag die Geschäftsstraße entlanggingen, zog mich ein großes Bild an, das mit Rahmen und allem aus einem einzigen Block schokoladenfarbigen Holzes geschnitzt war. Es gibt Menschen, die alles wissen. Ein paar von ihnen hatten uns erzählt, daß die europäischen Geschäftsleute Engländern und Amerikanern gegenüber stets ihre Preise aufschlügen. Viele Leute hatten uns erzählt, daß es teurer sei, Sachen durch einen Reiseführer kaufen zu lassen, während ich angenommen hatte, daß es gerade umgekehrt wäre. Als ich dieses Bild sah, vermutete ich, daß es mehr kosten würde, als der Freund, für den ich es kaufen wollte, zu zahlen bereit wäre, aber dennoch war es einer Anfrage wert; also wies ich den Reiseführer an, hineinzugehen und sich nach dem Preis zu erkundigen, als ob er es für sich selbst wollte; ich wies ihn an, nicht Englisch zu sprechen, und vor allem nicht zu verraten, daß er Reiseführer sei. Dann ging ich ein paar Yards weiter und wartete.

Bald darauf kam der Reiseführer und meldete den Preis. Ich sagte mir: ›Das ist hundert Franken zuviel‹, und so schlug ich mir die Sache aus dem Sinn. Aber am Nachmittag kam ich mit Harris an der Stelle vorbei, und das Bild zog mich wieder an. Wir traten ein, um festzustellen, wie weit gebrochenes Deutsch den Preis steigern würde. Die Verkäuferin nannte eine Summe, die genau um hundert Franken niedriger war, als der Reiseführer angegeben hatte. Das war eine angenehme Überraschung. Ich sagte, ich würde es nehmen. Nachdem ich Anweisungen gegeben hatte, wohin man es verfrachten sollte, sagte die Verkäuferin bittend:

»Bitte lassen Sie Ihren Reiseführer nicht wissen, daß Sie es gekauft haben.«

Diese Bemerkung kam unerwartet. Ich sagte: »Wieso glauben Sie, daß ich einen Reiseführer habe?«

»Ach, das ist sehr einfach; er selbst hat es mir gesagt.«

»Er ist sehr umsichtig gewesen. Aber sagen Sie mir – warum haben Sie von ihm mehr verlangt als von mir?«

»Das ist auch sehr einfach: Ihnen brauche ich keine Prozente zu zahlen.«

»Oh, ich fange an zu verstehen. Sie hätten dem Reiseführer Prozente zahlen müssen?«

»Zweifellos. Der Reiseführer bekommt immer seine Prozente. In diesem Falle hätten sie hundert Franken ausgemacht.«

»Dann bezahlt der Händler also keinen Teil davon – der Käufer bezahlt sie ganz?«

»Es gibt Fälle, wo der Händler und der Reiseführer sich auf einen Preis einigen, der den doppelten oder dreifachen Wert der Ware ausmacht, dann teilen die zwei, und beide bekommen Prozente.«

»Ich verstehe. Aber mir scheint, daß auch dann der Käufer alles bezahlt.«

»Aber gewiß! Das versteht sich von selbst.«

»Dieses Bild habe ich aber selbst gekauft; warum sollte es deshalb der Reiseführer nicht erfahren?«

Die Frau rief besorgt aus: »Ach, das würde allerdings meinen ganzen kleinen Verdienst verzehren! Er würde kommen und seine hundert Franken verlangen, und ich müßte zahlen.«

»Er hat doch den Kauf nicht getätigt. Sie könnten sich weigern.«

»Ich könnte es nicht wagen, mich zu weigern. Er würde niemals wieder Reisende herbringen. Mehr noch, er würde mich bei den anderen Reiseführern anzeigen, und mein Geschäft wäre geschädigt.«

Gedankenvoll ging ich davon. Ich fing an zu begreifen, warum ein Reiseführer es sich leisten konnte, für fünfundfünfzig Dollar monatlich und das Fahrgeld zu arbeiten. Einen oder zwei Monate später konnte ich auch verstehen, warum ein Reiseführer Kost und Logis nicht zu bezahlen brauchte und warum meine Hotelrechnungen immer höher waren, wenn ich ihn mitführte, als wenn ich ihn für ein paar Tage irgendwo zurückließ.

Offenbar war nun auch eine andere Sache aufgeklärt. In einer Stadt hatte ich den Reiseführer, als ich etwas Geld abhob, zum Dolmetschen mit zur Bank genommen. Ich hatte im Lesezimmer gesessen, bis das Geschäft abgewickelt war. Dann hatte mir ein Angestellter persönlich das Geld gebracht und war überaus höflich gewesen und sogar so weit gegangen, mir zur Tür voranzugehen, diese für mich aufzuhalten und mich hinauszudienern, als wäre ich eine hervorragende Persönlichkeit. Das war ein neuartiges Erlebnis. Seit ich mich in Europa aufhielt, hatte der Wechselkurs immer zu meinen Gunsten gestanden, bis auf dieses eine Mal. Ich bekam einfach den Nennwert meiner Abhebung und keine überschüssigen Franken, während ich erwartet hatte, eine ganze Anzahl zu bekommen. Dies war das erstemal, daß ich den Reiseführer bei der Bank verwendet hatte. Daraufhin hatte ich Verdacht geschöpft, und solange er danach noch in meinen Diensten blieb, erledigte ich Bankangelegenheiten selbst.

Dennoch würde ich niemals ohne Reiseführer reisen, solange ich glaube, mir den Tarif leisten zu können, denn ein guter Reiseführer ist eine Annehmlichkeit, deren Wert man gar nicht in Dollar und Cent abschätzen kann. Ohne ihn ist das Reisen eine bittere, zermürbende Sache, ein Fegefeuer kleiner, aufreizender Verdrießlichkeiten, eine unaufhörliche und unbarmherzige Strafe – ich meine, für einen reizbaren Menschen, der kein Organisationstalent besitzt und den Einzelheiten verwirren.

Ohne Reiseführer bietet das Reisen nirgends einen Freudenschimmer; aber *mit* einem ist es eine unaufhörliche, ungetrübte Wonne. Er ist stets erreichbar, braucht nie geholt zu werden; wenn man auf dein Klingeln nicht sofort kommt – und das tut man selten –, brauchst du bloß die Tür zu öffnen und zu sprechen, der Reiseführer hört es, und er sorgt dafür, daß der Auftrag ausgeführt wird, oder er zettelt einen Aufruhr an. Du sagst ihm, an welchem Tag du aufbrechen willst und wohin du fährst – überlasse ihm alles übrige. Du brauchst dich nicht nach Zügen, Fahrtkosten, Umsteigestationen, Hotels oder sonst etwas zu erkundigen. Zur rechten Zeit setzt er dich in eine Droschke oder einen Omnibus und fährt dich zur Bahn oder zum Dampfer; er packt dein Gepäck und gibt es auf, er bezahlt alle Rechnungen. Andere Leute brechen eine halbe Stunde vor dir auf, um unerreichbare Plätze zu erkämpfen, und geraten in Rage, du aber kannst dir Zeit lassen, der Reiseführer sichert dir deine Plätze, und du kannst sie in aller Ruhe einnehmen.

In dem Bestreben, die Aufmerksamkeit der Waagemeister auf ihre Koffer zu lenken, quetscht sich die Menge auf dem Bahnhof gegenseitig zu Brei; sie streiten sich hitzig mit diesen Tyrannen herum, die kühl und gleichgültig sind, endlich kriegen sie ihre Gepäckscheine, und dann geraten sie noch einmal ins Gedränge und noch einmal in Wut bei dem entmutigenden Geschäft, die Koffer eintragen zu lassen und für sie zu bezahlen; und noch einmal bei dem ebenso entmutigenden Geschäft, nahe genug an den Fahrkartenschalter heranzukommen, um eine Fahrkarte kaufen zu können; und nun müssen sie in miserabler Stimmung, zusammengepfercht und -gedrängt, mit Mänteln, Taschen und Plaidrollen beladen, mit den erschöpften Frauen und Kindern im Warteraum stehen, bis die Türen aufgerissen werden – und dann veranstalten alle Mann einen großartigen, letzten Sturm auf den Zug, finden ihn überfüllt vor und müssen auf dem Bahnsteig bleiben und sich ärgern, bis noch ein paar Wagen angehängt werden. Inzwischen sind sie in der Gemütsverfassung, jemanden umzubringen. Die ganze Zeit über hast du in deinem Wagen gesessen, geraucht und all diesen Jammer mit äußerster Gemütsruhe beobachtet.

Während der Reise ist der Schaffner höflich und aufmerksam – erlaubt niemandem, sich in dein Abteil zu setzen, erzählt ihnen, du habest gerade die Pocken durchgemacht und wünschtest nicht, gestört zu werden. Denn der Reiseführer hat mit dem Schaffner alles in Ordnung gebracht. Auf Zwischenstationen kommt der Reiseführer in dein Abteil, um sich zu erkundigen, ob du ein Glas Wasser, eine Zeitung oder sonst etwas möchtest; bei Speiseaufenthalten läßt er dir einen Imbiß bringen, während die anderen Leute sich in den Speisesälen drängeln und ärgern. Wenn etwas an dem Wagen, in dem du sitzt, entzweigeht und der Stationsvorsteher dich und deinen Agenten mit Fremden in ein Abteil stopfen will, enthüllt ihm der Reiseführer im Vertrauen, daß du ein von Geburt an taubstummer französischer Herzog seiest, und der Beamte kommt und macht höfliche Zeichen, daß er angeordnet habe, für dich einen Sonderwagen an den Zug zu hängen.

In Zollämtern kämpft sich die erhitzte und gereizte Menge langsam durch und sieht zu, wie die Beamten die Koffer durchwühlen und alles durcheinanderwerfen; du aber händigst dem Reiseführer deine Schlüssel aus und bleibst still sitzen. Vielleicht erreichst du deinen Bestimmungsort um zehn Uhr abends in einem Wolkenbruch – das ist meistens der Fall. Die Menge braucht eine halbe Stunde, um ihr Gepäck abzuholen und es zu den Omnibussen zu bekommen; aber der Reiseführer setzt dich ohne einen Moment Zeitverlust in ein Fahrzeug, und wenn du im Hotel ankommst, stellst du fest, daß deine Zimmer zwei oder drei Tage vorher bestellt worden sind, alles ist bereit, du kannst sofort schlafen gehen. Einige der anderen Leute werden im Regen zwischen zwei oder drei Hotels herumirren müssen, bevor sie Unterkunft finden.

Ich habe nicht einmal die Hälfte aller Tugenden zu Papier gebracht, die in einem guten Reiseführer stecken, aber ich glaube genug davon zu Papier gebracht zu haben, um zu beweisen, daß ein reizbarer Mensch, der sich einen leisten kann und keinen mietet, nicht auf kluge Weise spart. Mein Reiseführer war der schlechteste von ganz Europa, aber er war sehr viel besser als überhaupt keiner. Ich konnte ihn nicht so bezahlen, daß er hätte besser werden können, als er war, weil ich es mir nicht leisten konnte, Sachen durch ihn kaufen zu lassen. Für die kleine Summe, die er aus seinen Diensten herausholte, war er leidlich gut. Ja, mit einem Reiseführer zu reisen ist Seligkeit, ohne einen das Gegenteil.

Ich habe mit einigen sehr schlechten Reiseführern zu tun gehabt; aber ich habe auch mit einem zu tun gehabt, den man durchaus die Vollkommenheit selbst nennen könnte. Es war ein junger Pole namens Joseph N. Verey. Er sprach acht Sprachen und schien alle gleich gut zu beherrschen; er war schlau, willig, gut unterrichtet und pünktlich; er wußte sich stets zu helfen und war außergewöhnlich begabt, Schwierigkeiten zu überwinden; er wußte nicht nur in allem Bescheid, was seine Tätigkeit betraf, sondern er kannte auch den besten und schnellsten Weg; er ging geschickt mit Kindern und Invaliden um; sein Auftraggeber brauchte weiter nichts zu tun, als sich das Leben leicht zu machen und alles dem Reiseführer zu überlassen. Seine Adresse lautet: bei Mr. O. H. Caygill, Strand 371, London. Ausgezeichnete Reiseführer sind ziemlich selten; wenn sich der Leser gerade zu einer Reise anschicken sollte, dürfte es vorteilhaft für ihn sein, sich diesen zu merken.

Neuntes Kapitel

Der schöne Gießbachfall liegt nahe bei Interlaken, auf der anderen Seite des Brienzer Sees, und wird allabendlich mit den prächtigen Bühnenfeuern illuminiert, deren Bezeichnung mir jetzt gerade nicht einfällt. Man sagte, das wäre ein Anblick, den der Tourist keineswegs versäumen dürfte. Es verlockte mich sehr, aber ich konnte dort anständigerweise nicht hin, weil man in einem Boot hinfährt. Die Aufgabe, die ich mir gestellt hatte, lautete, Europa zu Fuß zu durchwandern, nicht in einem Boot darüber hinwegzugleiten. Ich war einen stillen Vertrag mit mir selbst eingegangen; es war meine Pflicht, mich daran zu halten. Ich war bereit, Bootfahrten zum Vergnügen zu machen, aber beruflich konnte ich sie nicht mit gutem Gewissen unternehmen.

Es gab mir einen ziemlichen Stich, diesen schönen Anblick versäumen zu müssen, aber ich unterdrückte den
Wunsch und stieg durch den Sieg in meiner Selbstachtung.
Jedoch hatte ich da, wo ich war, einen schöneren und erha-
beneren Anblick. Das war der mächtige Gipfel der Jungfrau,
deren Umrisse sich weich gegen den Himmel abzeichne-
ten und vom Sternenlicht mit einem schwachen silbernen
Glanz übergossen wurden. Etwas Dämpfendes lag in der
Gegenwart dieses schweigenden, ernsten und ehrfurchtgebietenden Berges; man schien dem Unveränderlichen,
dem Unzerstörbaren, dem Ewigen von Angesicht zu Angesicht gegenüberzustehen und die unbedeutende und ver-
gängliche Natur des eigenen Daseins durch den Gegensatz
um so stärker zu empfinden. Man hatte das Gefühl, der
grübelnden Betrachtung eines Geistes, nicht einer leblosen
Masse aus Fels und Eis ausgesetzt zu sein – eines Geistes,
der über die langsam verfließenden Jahrhunderte hin auf
eine Million verschwundener Geschlechter herabgeschaut
und sie gerichtet hatte; und der eine weitere Million richten
würde – und immer noch da wäre, beobachtend, unverändert und unveränderlich, wenn alles Leben vergangen und
die Erde eine unbewohnte Einöde geworden war.

Während ich diese Dinge empfand, tastete ich mich, ohne
es zu wissen, an ein Verständnis dessen heran, worin die
Zauberkraft liegt, welche die Menschen in den Alpen und
in keinem anderen Gebirge finden – diese seltsame, tiefe,
namenlose Wirkung, die man nicht mehr vergessen kann,
wenn man sie einmal erfahren hat – die eine ruhelose Sehnsucht zurückläßt, sie wieder zu fühlen, wenn man sie einmal
gefühlt hat – eine Sehnsucht, die dem Heimweh gleicht; ein

schmerzhaftes, hartnäckiges Sehnen, das bittet, fleht und verfolgt, bis es seinen Willen bekommt. Ich habe Dutzende von Leuten kennengelernt, phantasiereiche und phantasiearme, gebildete und ungebildete, die aus fernen Ländern gekommen waren und Jahr für Jahr die schweizerischen Alpen durchstreiften – sie konnten nicht erklären, warum. Zuerst seien sie aus müßiger Neugier gekommen, sagten sie, weil alle davon gesprochen hätten; seither seien sie gekommen, weil sie nicht anders könnten, und sie würden aus demselben Grunde immer wieder kommen, solange sie lebten; sie hätten versucht, ihre Ketten zu zerreißen und fortzubleiben, aber ohne Erfolg; nun empfänden sie keinen Wunsch mehr, sie zu zerreißen. Anderen gelang es eher, auszudrücken, was sie empfanden; sie sagten, nirgendwo anders könnten sie vollkommene Ruhe und Frieden finden, wenn sie bekümmert wären; alle Verdrießlichkeiten und Sorgen und aller Zorn versiegten in Gegenwart der wohlwollenden Gelassenheit der Alpen; der große Geist der Berge hauche seinen eigenen Frieden in ihre verletzten Seelen und wunden Herzen und heile sie; hier, vor dem sichtbaren Throne Gottes, könnten sie keine niedrigen Gedanken denken oder schlecht und gemein handeln.

Ein Stück die Straße hinab stand ein Kursaal – was das auch immer sein mag –, und wir schlossen uns der menschlichen Flutwelle an, um festzustellen, welche Art Vergnügen er zu bieten hätte. Es war das übliche Platzkonzert in einem Park, mit Wein, Bier, Milch, Molke, Trauben und so weiter – wobei Molke und Trauben Lebensbedürfnisse für gewisse Kranke sind, welche die Ärzte nicht wiederherstellen können und die nur dank Molke oder Trauben weiterleben.

Einer dieser abgeschiedenen Geister erzählte mir in traurigem und mattem Ton, daß er nur noch durch Molke am Leben bleiben könne, daß er jetzt überhaupt nichts anderes als Molke trinke und daß er die Molke innig, innig liebe, er wisse nicht warum, aber so sei es. Nachdem er das geäußert hatte, starb er – das hatte er davon.

Ein anderes menschliches Wrack, das durch die Traubenkur vor dem Auseinanderfallen bewahrt blieb, erzählte mir, daß die Trauben einer besonderen Sorte mit ausgesprochenem Heilpflanzencharakter angehörten und daß sie von den Traubenärzten so methodisch abgezählt und verabreicht würden, als wären es Pillen. Der neue Patient beginne, wenn er sehr schwach sei, mit einer Traube vor dem Frühstück, esse im Laufe des Frühstücks drei, ein paar zwischen den Mahlzeiten, fünf beim zweiten Frühstück, drei zur Mittagszeit, sieben beim Mittagessen, vier beim Abendessen und ein Stückchen Traube direkt vor dem Zubettgehen als Mittel zur allgemeinen Regulation. Die Menge werde entsprechend den Bedürfnissen und der Aufnahmefähigkeit des Patienten allmählich und regelmäßig gesteigert, bis man ihn schließlich den ganzen Tag lang eine Traube pro Sekunde und sein Faß voll pro Tag verdrücken sehen könne.

Er sagte, Leute, die auf diese Weise geheilt und denen es möglich würde, mit der Traubenkur Schluß zu machen, wären danach nie mehr die Gewohnheit losgeworden, so zu sprechen, als diktierten sie einem langsamen Schreiber, weil sie immer nach jedem Wort eine Pause machten, während derer sie eine imaginäre Traube aussaugten. Er sagte, in der Unterhaltung seien diese Leute langweilig. Er sagte, Leute, die durch das andere Verfahren geheilt wurden, könne man leicht von der übrigen Menschheit unterscheiden, weil sie immer nach jedem Wort den Kopf zurücklegten und einen tiefen Zug imaginärer Molke tränken. Er sagte, es sei ganz eindrucksvoll, zwei Leute, die durch die beiden Verfahren geheilt wurden, bei einer Unterhaltung zu beobachten – er sagte, ihre Pausen und gleichzeitigen Bewegungen seien so stetig und regelmäßig, daß ein Fremder sich in Gegenwart zweier Automaten zu befinden glaube. Beim Reisen erfährt man eine große Menge wunderbarer Sachen, wenn man auf den richtigen Menschen trifft.

Im Kursaal blieb ich nicht lange; die Musik war ganz gut, aber sie wirkte ziemlich zahm nach dem Zyklon jener Expertin aus Arkansas. Außerdem hatte sich mein Abenteuergeist ein ungeheures Unternehmen ausgedacht – nichts Geringeres als eine Tour von Interlaken über die Gemmi und über Visp bis nach Zermatt, und zwar zu Fuß! Es war also erforderlich, die Einzelheiten zu planen und sich auf einen baldigen Aufbruch vorzubereiten. Der Reiseführer (nicht der, von dem ich gerade gesprochen habe) meinte, der Portier des Hotels würde uns erklären können, wie wir gehen müßten. Und so war es. Er zeigte uns die ganze Sache auf einer Reliefkarte, und wir konnten unsere Route mit allen ihren Höhen und Tiefen, ihren Dörfern und Flüssen so deutlich erkennen, als segelten wir in einem Ballon darüber hinweg. Eine Reliefkarte ist eine großartige Sache. Der Portier schrieb auch jede Tagesstrecke und jedes Übernachtungshotel auf ein Stück Papier und zeigte uns den Weg so deutlich, daß wir uns ohne kostspielige äußere Hilfe nie hätten verirren können.

Ich übergab den Reiseführer der Obhut eines Herrn, der

nach Lausanne reiste, und dann gingen wir zu Bett, nachdem wir die Wanderkleidung bereitgelegt und so hergerichtet hatten, daß wie sie am Morgen sogleich anlegen konnten.

Als wir jedoch morgens um acht Uhr zum Frühstück herunterkamen, sah es so sehr nach Regen aus, daß ich für das erste Drittel der Reise ein zweispänniges leichtes Kabriolett mietete. Zwei oder drei Stunden lang trotteten wir auf der ebenen Straße dahin, die den schönen Thuner See umgibt, wobei wir stets ein unklares und traumhaftes, in einen Dunstschleier gehülltes Bild von Wasserflächen und geisterhaften alpinen Umrissen vor uns hatten. Dann setzte ein Dauerregen ein und verdeckte alles bis auf die nächsten Gegenstände. Mit Schirmen hielten wir den Regen vom Gesicht ab und mit dem Lederschutz des Kabrioletts vom Leib; aber der Kutscher saß ungeschützt da und saugte heiter den Regen auf, und ihm schien es zu gefallen. Wir hatten die Straße ganz für uns, und ich hatte noch nie einen schöneren Ausflug erlebt.

Während wir ein Tal, das Kienthal, hinauffuhren, begann es sich aufzuklären, und plötzlich löste sich eine riesige schwarze Wolkenbank vor uns auf und enthüllte die großartigen Dimensionen und die kolossale Höhe der Blümlisalp. Es war gewissermaßen eine atemraubende Überrumpelung; denn wir hatten nicht vermutet, daß sich hinter jener tiefhängenden Decke aus düsteren Wolken etwas anderes als das flache Tal befände. Was wir dort hoch oben für flüchtige Ausblicke auf den Himmel gehalten hatten, waren in Wirklichkeit Stücke des schneebedeckten Gipfels der Blümlisalp gewesen, die wir durch ausgefaserte Risse im treibenden Dunstmantel gesichtet hatten.

Im Gasthof von Frutigen aßen wir zu Mittag, und unser Kutscher hatte auch dort essen sollen, aber er hätte keine Zeit gehabt, zu essen und sich außerdem zu betrinken, also widmete er sich ganz letzterer Aufgabe, um daraus ein Meisterstück zu machen, was ihm gelang. Ein deutscher Herr und seine Töchter, zwei junge Damen, hatten ihr Mittagessen im Gasthof eingenommen, und als sie unmittelbar vor uns abfuhren, war deutlich zu sehen, daß ihr Kutscher genau so betrunken war wie der unsere und auch genau so fröhlich und gemütlich, was viel heißen wollte. Diese Kerle flossen über vor Aufmerksamkeiten und Auskünften gegenüber ihren Fahrgästen und vor brüderlicher Liebe zueinander. Sie banden die Zügel fest und legten Röcke und Hüte ab, um sich der Unterhaltung und den zu ihrer Erläuterung notwendigen Gebärden unbehindert widmen zu können.

Die Straße war eben; sie zog sich an einer steten Kette von Hügeln hinauf, entlang und hinunter; aber sie war schmal, die Pferde waren sie gewöhnt und konnten sowieso nicht gut von ihr abkommen; warum sollten also die Kutscher nicht sich und uns unterhalten? Die Nasen unserer Pferde ragten in geselliger Weise in den Rücksitz des vorderen Wagens hinein, und während unser Kutscher sich die langen Bergauffahrten hinaufmühte, stand er auf und sprach zu seinem Freund, und sein Freund stand auf, sprach zurück und wandte der Aussicht die Rückseite zu. War der Gipfel erreicht und rasten wir auf der anderen Seite hinab, fand kein Programmwechsel statt. Ich trage noch immer den Anblick dieses vorderen Kutschers im Gedächtnis, wie er auf seinem hohen Sitz kniete, die Ellbogen auf die Lehne stützte, mit fröhlichen Augen, fliegenden Haaren und gemütlichem, rotem Gesicht auf seine Passagiere herabstrahlte und dem alten deutschen Herrn seine Karte anbot, während er seine Kutsche und seine Pferde anpries und beide Gespanne eine lange Bergabfahrt hinabsausten, wobei niemand voraussagen konnte, ob wir zur Vernichtung oder zu unverdienter Rettung bestimmt waren.

Gegen Sonnenuntergang kamen wir in ein schönes, grünes, mit Sennhütten gesprenkeltes Tal, ein behagliches, kleines, in einem abgeschlossenen Winkel vor der geschäftigen Welt verborgenes Reich zwischen riesigen Steilwänden, deren Schneegipfel wie Inseln über der gekräuselten Brandung des Dunstmeeres zu schweben schienen, das sie von der unteren Welt abtrennte. Aus ungewissen und nebelhaften Höhen kamen kleine, gekräuselte, zickzackförmige, milchige Wasserläufe herabgekrochen und fanden ihren Weg zum Rande einer dieser gewaltigen, überhängenden Wände, von wo aus sie sich wie Silberstrahlen herabstürzten, unterwegs in Atome zersprühten und zu einem ätherischen Wölkchen leuchtenden Staubes wurden. Hier und da erhaschte der Blick in bewaldeten Senken zwischen den schneebedeckten Einöden der oberen Regionen den Ausläufer eines Gletschers mit seinen meergrünen, durchlöcherten Eiszinnen.

Talaufwärts nistete unter einem schwindelerregenden Steilhang das Dorf Kandersteg, unser Rastplatz für die Nacht. Bald waren wir dort und logierten uns im Hotel ein. Aber der sinkende Tag wirkte so einladend, daß wir nicht lange im Hause blieben, sondern uns aufmachten und einem brausenden Eiswasserbach folgten, bis hinauf zu seiner fernen Quelle in einer Art kleiner, mit einem Grasteppich ausgelegten Stube, die ringsum von riesigen Steilwänden umgeben und von dichtgedrängten Eisgipfeln überragt war. Es war der gemütlichste kleine Krocketplatz, den man sich vorstellen konnte; er war vollkommen eben und höchstens eine Meile lang und eine halbe Meile breit. Die ihn umgebenden Mauern waren so gigantisch und alles ringsherum war in einem so gewaltigen Maßstab gehalten, daß er durch den Kontrast zu dem verkleinert wurde, womit ich ihn verglichen habe – einer behaglichen, mit einem Teppich ausgelegten Stube. Er lag so hoch über dem Kanderstegtal, daß sich nichts mehr zwischen ihm und den Schneegipfeln befand. Noch nie vorher hatte ich in so vertrauten Beziehungen zu den hohen Regionen gestanden; die Schneegipfel waren bisher immer ferne, unnahbare Größen gewesen, aber jetzt waren wir Kumpel, wenn man einen scheinbar so respektlosen Ausdruck auf derartig erhabene Schöpfungen anwenden darf.

Wir konnten die Bäche, die den von uns verfolgten Wildbach speisten, unter den grünlichen Wällen der Gletscher entspringen sehen; aber zwei oder drei von ihnen versickerten im Gestein, statt über die Abhänge hinabzufließen, und sprangen in großen Strahlen aus Löchern mitten in den Steilwänden heraus.

Die grüne Nische, die ich beschrieben habe, heißt Gasternthal. Die Gletscherbäche sammeln sich und durchfließen es als breiter und reißender Bach bis zu einer engen Kluft zwischen hohen Steilwänden; hier wird der reißende Bach zu einem rasenden Wildwasser und stürzt tosend und donnernd nach Kandersteg hinab, peitscht und drischt auf die ungeheuren Steinblöcke ein, über welche hinweg und zwischen welchen hindurch er sich seinen Weg bahnt, und wirbelt zufällig erfaßte Wurzelstöcke und Stämme wie Strohhalme herum. Diesen Wasserlauf entlang fehlte es nicht an kleinen Wasserfällen. Der Pfad neben dem Wildbach war so schmal, daß man in dem Augenblick, da man eine Kuhglocke hörte, scharf aufpassen mußte, um eine Stelle aufzuspüren, die breit genug war für eine Kuh und einen Christenmenschen, und solche Stellen waren nicht immer bei der Hand. Die Kühe tragen Kirchenglocken, und das ist eine gute Idee von den Kühen, denn in der Nähe dieses Wildwassers könnte man eine gewöhnliche Kuhglocke nicht weiter hören als das Ticken einer Uhr.

Ich brauchte Bewegung, deshalb stellte ich meinen Agenten dazu an, gestrandete Stämme und abgestorbene Bäume loszumachen und treiben zu lassen, und ich setzte mich auf einen Steinblock und sah zu, wie sie wirbelnd und sich überschlagend den kochenden Wildbach hinabschossen. Es war ein wunderbar anregendes Schauspiel. Als ich mich genügend ausgearbeitet hatte, gab ich auch dem Agenten dazu etwas Gelegenheit, indem ich ihn mit einem dieser Stämme um die Wette laufen ließ. Ich gewann eine Kleinigkeit, weil ich auf den Stamm gesetzt hatte.

Nach dem Essen machten wir in der milden Dämmerung einen Spaziergang das stille Kanderstegtal hinauf und hinab, wobei uns der Anblick des vergehenden Tageslichtes, das um die Gipfel und Spitzen der stillen, ernsten oberen Regionen spielte, als Kontrast und Gesprächsstoff diente. Es gab keine anderen Laute als das dumpfe Klagen des Wildbachs und den gelegentlichen Klang einer fernen Glocke. Die Stimmung des Ortes bestand in dem Gefühl tiefen, alles umfassenden Friedens; dort könnte man sein Leben ruhig verträumen, und man würde es nicht bemerken oder bedauern, wenn es vergangen wäre.

Mit der Sonne schied der Sommer, und mit den Sternen kam der Winter. Es wurde eine bitterkalte Nacht in dem kleinen Hotel, das sich an einen Steilhang ohne sichtbaren Gipfel lehnte; aber wir hielten uns warm und wachten morgens rechtzeitig auf, um festzustellen, daß alle anderen schon vor drei Stunden nach der Gemmi aufgebrochen waren – also blieb unser kleiner Plan, der deutschen Familie (hauptsächlich dem alten Herrn) über den Paß zu helfen, eine verpaßte Großherzigkeit.

Zehntes Kapitel

Wir mieteten den einzigen übriggebliebenen Führer, der uns auf dem Weg voranschreiten sollte. Er war über siebzig, aber er hätte mir neun Zehntel seiner Kraft abgeben können und doch noch soviel übrigbehalten, wie er nach seinem Alter zu beanspruchen hatte. Er schulterte unsere Reisetaschen, Mäntel und Alpenstöcke, und wir begaben uns auf den steilen Weg. Es war heiße Arbeit. Bald bat uns der alte Mann, ihm auch noch unsere Röcke und Westen zum Tragen zu geben, und wir taten es; man konnte so einem armen alten Mann eine solche Kleinigkeit nicht abschlagen; er hätte sie bekommen, und wenn er hundertfünfzig gewesen wäre.

Als wir diesen Aufstieg begannen, konnten wir eine mikroskopisch kleine Sennhütte weit oben am Himmel auf dem scheinbar höchsten Berg in unserer Nähe nisten sehen. Sie stand rechts von uns, gegenüber dem schmalen oberen Talende. Aber als wir ihr auf gleicher Höhe gegenüberstanden, ragten auf allen Seiten Berge hoch empor, und wir stellten fest, daß ihre Höhenlage ziemlich genau der des kleinen Gasternthales entsprach, das wir am Abend vorher besucht hatten. Immerhin schien sie sich in dieser kahlen und einsamen Felsenwildnis doch recht weit himmelwärts zu befinden. Ein uneingezäunter Rasenfleck lag vor ihr, der etwa so groß wie ein Billardtisch zu sein schien, und dieser Rasenfleck neigte sich so schräg nach unten und war so kurz und endete so überaus schroff am Rande des totalen Abgrunds, daß es ziemlich gruselig war, sich vorzustellen, wie es überhaupt jemand wagen könnte, den Fuß auf einen solchen Hang zu setzen. Angenommen, ein Mensch träte in diesem Vorgarten auf eine Apfelsinenschale: Es wäre nichts da, woran er sich festhalten könnte; nichts würde ihn vor dem Rollen bewahren: fünf Umdrehungen würden ihn an den Rand bringen, und er wäre darüber hinaus. Welch eine schreckliche Strecke würde er fallen! – denn es gibt nur sehr wenige Vögel, die so hoch wie sein Ausgangspunkt fliegen. Er würde auf seinem Weg nach unten zwei- oder dreimal aufschlagen und abprallen, aber das wäre kein Vorteil für ihn. Ich würde genauso gern auf der Krümmung eines Regenbogens Luft schnappen wie in solch einem Vorgarten. Das täte ich sogar lieber, denn die Entfernung wäre ungefähr die gleiche, und zu gleiten ist angenehmer als zu purzeln. Ich konnte nicht begreifen, wie die Bauern zu dieser Sennhütte hinaufkamen – es schien hier für alles zu steil zu sein, außer für einen Ballon.

Während wir weiterschlenderten und immer höher stiegen, brachten wir dauernd umliegende Gipfel und hohe Erhebungen, die vorher hinter niedrigeren Gipfeln versteckt gewesen waren, in unser Blickfeld; als wir vor einer Gruppe dieser Riesen standen, schauten wir uns gelegentlich einmal nach der Sennhütte um: dort stand sie, weit unter uns, scheinbar auf einem unauffälligen Buckel im Tal! Jetzt befand sie sich so weit unter uns, wie sie über uns gewesen war, als wir den Aufstieg begannen.

Nach einer Weile führte uns der Pfad an einem mit Geländer versehenen Abgrund entlang, und wir blickten hinab – tief unter uns lag wieder die gemütliche Stube, das kleine Gasternthal mit seinen Wasserstrahlen, die an der Stirnfront seiner Felswände heraussprudelten. Die ganze Zeit über hatten wir immerzu das Dach der Welt vorgefunden – und stets festgestellt, daß sich zu unserer Enttäuschung gerade vor uns ein noch höherer Gipfel in das Blickfeld schlich; als wir in das Gasternthal hinabschauten, waren wir ziemlich sicher, daß wir endlich das echte Dach erreicht hätten, aber das stimmte nicht; es blieben noch viel höhere Lagen zu erklettern. Wir befanden uns noch immer im angenehmen Schatten der Waldbäume, in einem Gebiet, das mit schönen Moosen gepolstert war und von der bunten Pracht zahlloser wilder Blumen erglühte.

Tatsächlich empfanden wir für die wilden Blumen ein größeres Interesse als für alles andere. Wir pflückten ein oder zwei Exemplare von jeder Art, die wir nicht kannten; auf diese Weise erhielten wir prächtige Sträuße. Aber einer der größten Reize lag darin, die Jahreszeiten bergan zu verfolgen und sie nach der Anwesenheit uns bekannter Blumen und Beeren zu bestimmen. Zum Beispiel war es in Höhe des

Meeresspiegels Ende August; im Kanderstegtal am Fuße des Passes fanden wir Blumen, die in Höhe des Meeresspiegels erst zwei oder drei Wochen später anzutreffen gewesen wären; weiter oben kamen wir in den Oktober und pflückten zerfranste Enziane. Ich habe mir keine Notizen gemacht und die Einzelheiten vergessen, aber die Aufstellung des Blumenkalenders war damals sehr unterhaltsam.

In den hohen Lagen fanden wir in reicher Fülle die herrliche rote Blume vor, die Alpenrose heißt, aber wir fanden kein Exemplar des häßlichen schweizerischen Lieblings, den man Edelweiß nennt. Der Name scheint darauf hinzuweisen, daß es eine edle Blume und daß sie weiß sei. Sie mag ja recht edel sein, aber sie ist nicht schön und sie ist nicht weiß. Die fusselige Blüte hat die Farbe schlechter Zigarrenasche und scheint aus grauem Plüsch billiger Qualität hergestellt zu sein. Sie besitzt eine edle und zurückhaltende Art, sich auf die hohen Lagen zu beschränken, aber das macht sie wahrscheinlich wegen ihres Aussehens; sie besitzt jedoch offenbar kein Monopol auf die höheren Lagen, denn dort drängen sich manchmal einige der lieblichsten Exemplare aus den Talfamilien der wilden Blumen ein. In den Alpen tragen alle Leute ein Edelweiß am Hut. Es ist der Liebling des Einheimischen und auch des Touristen.

Wie wir so dahinschlenderten und uns vergnügten, stakten den ganzen Vormittag hindurch andere Wanderer an uns vorbei, mit energischen Schritten und dem gespannten und entschlossenen Blick von Leuten, die um einen Wetteinsatz wandern. Sie trugen weite Kniehosen, lange Wollstrümpfe und genagelte, hochgeschnürte Wanderstiefel. Es waren Herren, die nach England oder Deutschland heimkehren und berichten würden, um wie viele Meilen sie das Reise-handbuch täglich geschlagen hätten. Aber ich bezweifle, ob sie jemals außer der bloßen großartigen. Erregung, die das Wandern durch grüne Täler und über luftige Höhen mit sich bringt, viel wahre Freude erlebten; denn sie waren fast immer allein, und auch die schönste Landschaft verliert be-trächtlich, wenn niemand da ist, mit dem zusammen man sie genießen kann.

Den ganzen Vormittag hindurch defilierte eine endlose zweifache Prozession von Touristen auf Maultieren an uns auf dem schmalen Pfad vorbei – die eine Prozession ging, die andere kam. Wir hatten uns sehr viel Mühe gegeben, uns den freundlichen deutschen Brauch anzueignen, alle Fremden mit gezogenem Hut zu grüßen, und wir blieben auch an jenem Vormittag eisern dabei, obwohl wir dadurch die meiste Zeit über barhäuptig blieben und der Gruß nicht immer erwidert wurde. Dennoch fanden wir die Sache in-teressant, weil wir natürlich gern wissen wollten, welche der Vorbeikommenden Engländer und Amerikaner wären. Alle Bewohner des Kontinents erwiderten den Gruß selbst-verständlich, auch einige Engländer und Amerikaner, aber im allgemeinen gaben diese beiden Nationen kein Zeichen von sich. Wann immer ein Mann oder eine Frau uns kalte Gleichgültigkeit entgegenbrachte, meldeten wir uns zu-versichtlich in unserer eigenen Sprache und baten um die Auskunft, die wir gerade benötigten, und stets erhielten wir in derselben Sprache Antwort. Die Engländer und Ame-rikaner sind nicht weniger freundlich als andere Völker, sie sind nur zurückhaltender, und das machen Gewohnheit und Erziehung. In einer öden, steinigen Wüste, weit über der

Vegetationsgrenze, begegneten wir einer Prozession von fünfundzwanzig berittenen jungen Leuten, alle aus Amerika. Von diesen erhielten wir natürlich genug dankende Verbeugungen, denn sie standen in einem Alter, wo man ohne große Anstrengungen lernt, mit den Wölfen zu heulen.

In dem äußersten Winkel dieses Fleckchens Verlassenheit, von kahlen und häßlichen Klippen überragt, die in ihren schattigen Höhlen Flächen ewigen Schnees hüteten, lag ein kleines Stück spärlicher, verzagter Wiese, und tatsächlich wohnten hier in einigen Verschlägen ein Mann und eine Schweinefamilie. Also konnte man diese Örtlichkeit wirklich als »Besitztum« bezeichnen, es besaß einen Geldwert und wurde zweifellos besteuert. Ich nehme an, es muß die Grenze des Grundbesitzes in dieser Welt bezeichnet haben. Es hielte schwer, für ein Stück Erde, das zwischen diesem Ort und dem leeren Weltraum läge, einen Geldwert festzulegen. Dieser Mann kann den Vorzug für sich beanspruchen, das Ende der Welt zu besitzen, denn wenn es ein genau bestimmbares Ende der Welt gibt, dann hat er es zweifellos gefunden.

Von hier an zogen wir durch eine sturmdurchfegte und finsterblickende Einöde. Rings um uns her erhoben sich gigantische Massen, Felsenspitzen und Wälle aus kahlem, düsterem Gestein, ohne jede Spur oder Andeutung von Pflanze, Baum oder Blume, ohne den flüchtigsten Anblick eines lebenden Geschöpfes. Die Fröste und Stürme zahlloser Jahrhunderte hatten mit nie nachlassender Energie auf diese Klippen eingeschlagen und -gehämmert und sie stückweise vernichtet; darum war der ganze Grund zu ihren Füßen ein Chaos übereinandergestürzter Bruchstücke, die abgespalten und hinabgeschleudert worden waren. Schmutzige Felder alten Schnees zogen sich dicht an unserem Pfad entlang. Hier herrschte eine so fürchterlich vollkommene, entsetzliche Verlassenheit, als hätte Doré die Entwürfe dazu geliefert. Aber dann und wann erhaschten wir durch die finsteren Torbögen um uns her die Aussicht auf einen benachbarten majestätischen Gipfel, der, umhüllt von glitzerndem Eis, seine strahlende Reinheit in einer Höhe zur Schau stellte, mit der verglichen die unsere gewöhnlich und plebejisch war, und dieser Anblick fesselte sogleich unser Interesse und unsere Bewunderung und ließ uns vergessen, daß es auf der Welt etwas Häßliches gab.

Ich sagte gerade, daß es an diesen scheußlichen Orten nur Tod und Verlassenheit gegeben habe, aber ich hatte etwas vergessen. An der allereinsamsten, kahlsten und schrecklichsten Stelle, wo der zermahlene und zersplitterte Schutt am dicksten lag, wo die alten Schneeflächen bis dicht an den Pfad reichten, wo die Winde am schärfsten wehten und das allgemeine Bild am traurigsten und düstersten wirkte, am weitesten weg von jeder Spur von Freude und Hoffnung, fand ich ein einsames, winziges Vergißmeinnicht, das vor sich hin blühte und keineswegs den Kopf hängen ließ, sondern seinen blauen Stern mit dem reizendsten, tapfersten Anstand von der Welt aufrechthielt, das einzige frohe Gemüt, das einzige lächelnde Ding in dieser ganzen entsetzlichen Wüste. Es schien zu sagen: ›Kopf hoch! – da wir nun einmal hier sind, wollen wir auch gute Miene dazu machen.‹ Ich meinte, es habe sich das Recht auf einen gastlicheren Ort verdient; deshalb pflückte ich es ab und schickte es einem Freund nach Amerika, daß er es um des

Kampfes willen in Ehren halte, den dieses kleine Wesen ganz allein durchgestanden hatte, des Kampfes, diese ganze ungeheure, verzagte alpine Einöde ihrem Herzeleid über das Unabänderliche zu entreißen und sie zu bewegen, das Haupt wieder zu erheben und auch einmal die freundliche Seite der Dinge zu betrachten.

Zum Mittagessen machten wir in einem massiv gebauten, kleinen Gasthaus halt, das Schwarzenbach heißt. Es nistet an einsamem Ort zwischen den Gipfeln, wo es von den herabhängenden Fransen der ziehenden Wolken gestreift und fast an jedem Tag seines Lebens beregnet, beschneit und von den Stürmen überfallen und geplagt wird. Es war die einzige Wohnstätte im ganzen Gemmipaß.

Jetzt war endlich die Gelegenheit für ein haarsträubendes Alpenabenteuer gekommen. Ganz in der Nähe kühlte die schneeige Masse des Großen Altels ihre Stirn im Himmel und forderte uns zu einer Besteigung heraus. Diese Idee entflammte mich, und ich beschloß sofort, die erforderlichen Bergführer, Seile und so weiter zu beschaffen und die Besteigung durchzuführen. Ich wies Harris an, zum Wirt des Gasthauses zu gehen und ihn bei unseren Vorbereitungen anzustellen. Inzwischen ging ich eifrig daran, nachzulesen und herauszufinden, was es mit diesem vielbesprochenen Bergsteigen auf sich hatte und wie man es anfangen mußte – denn von diesen Dingen besaß ich keine Ahnung. Ich schlug »Sommermonate in den Alpen« von Mr. Hinchcliff (erschienen 1857) auf und wählte seinen Bericht über die Besteigung des Monte Rosa aus. Er begann:

»Am Vorabend eines großen Aufstiegs ist es sehr schwer, das Gemüt von Erregung freizuhalten …«

Ich bemerkte, daß ich zu ruhig war; so ging ich eine Weile im Zimmer umher und steigerte mich in große Erregung hinein; aber die nächste Bemerkung des Buches – daß der Abenteurer um zwei Uhr morgens aufstehen müßte – hätte sie um ein Haar wieder vollkommen abgekühlt. Ich verstärkte sie jedoch und las weiter, wie Mr. Hinchcliff sich bei Kerzenlicht anzog und »bald unten bei den Bergführern war, die sich im Flur geschäftig regten, Vorräte einpackten und alle Vorbereitungen für den Aufbruch trafen«; und wie er in die kalte, klare Nacht hinausblickte und sah:

»Der ganze Himmel erglänzte vor Sternen, größer und heller, als sie durch die dichte Atmosphäre zu sehen sind, welche die Bewohner der tieferen Teile der Erde atmen. Sie schienen tatsächlich an dem dunklen Himmelsgewölbe aufgehängt zu sein, und ihr sanftes Licht goß einen märchenhaften Glanz über die Schneefelder um den Fuß des Matterhorns, das seinen gewaltigen Gipfel so hoch erhob, daß er dem Großen Bären ins Herz drang und sich mit einem Diadem seiner herrlichen Sterne krönte. Kein Laut störte die tiefe Ruhe der Nacht, außer dem fernen Tosen der Bäche, die von dem hohen Plateau des Theodulgletschers entspringen und steile Felsen kopfüber hinabstürzen, bis sie sich im Irrgarten des Gornergletschers verlieren.«

Er frühstückte heißen Toast und Kaffee, und dann brach seine zehnköpfige Karawane gegen halb vier vom Riffelhotel auf und begann den steilen Aufstieg. Um halb sechs wandte er sich zufällig um und »gewahrte den herrlichen Anblick des Matterhorns, wie es gerade vom rosenfingrigen Morgen berührt wurde und wie eine gewaltige Feuerpyramide aussah, die aus dem umgebenden kahlen Meer von

Eis und Fels emporragte«. Dann fingen das Breithorn und der Dent Blanche den leuchtenden Schein auf; aber »die davorliegende Masse des Monte Rosa zwang uns, noch viele Stunden zu steigen, bevor wir hoffen konnten, die Sonne selbst zu sehen, jedoch wurde bald nach der strahlenden Geburt des Tages die Luft wärmer«.

Er starrte zum stolzen Gipfel des Monte Rosa und zu den Schneewüsten, die seine steilen Zugänge bewachten, hinauf, und der Hauptführer äußerte die Meinung, kein Mensch könne ihre furchtbare Höhe besiegen und seinen Fuß auf diesen Gipfel setzen. Aber dennoch schritten die Abenteurer unverwandt voran.

Sie mühten sich hinauf, höher und immer weiter hinauf: sie passierten das Große Plateau; dann quälten sie sich eine steile Bergschulter hinauf, an deren rauher Fläche sie wie Fliegen klebten; und nun standen sie vor einer ungeheuren Wand, von der große Blöcke von Eis und Schnee offenbar gewohnheitsmäßig herabstürzten. Sie wandten sich zur Seite, um diese Wand zu umgehen, und stiegen stetig, bis ihnen der Weg durch einen »Irrgarten gigantischer Schneespalten« versperrt war – also wandten sie sich wieder zur Seite und »begannen einen langen Aufstieg von solcher Steilheit, daß ein Zickzackkurs erforderlich wurde«.

Die Erschöpfung zwang sie oft, einen oder zwei Augenblicke lang haltzumachen. In einer dieser Pausen rief jemand: »Seht den Montblanc!« Und: »Wir wurden uns sofort der sehr großen Höhe bewußt, die wir erreicht hatten, als wir tatsächlich den Monarchen der Alpen und sein Gefolge von Satelliten direkt über dem Gipfel des Breithorns sahen, das selbst mindestens vierzehntausend Fuß hoch ist!«

Diese Leute bewegten sich in einer Reihe hintereinander weiter und waren alle in gleichmäßigen Abständen voneinander an ein starkes Seil geknüpft, so daß, wenn einer von ihnen auf diesen schwindelerregenden Höhen ausgleiten sollte, die anderen sich auf ihre Alpenstöcke stemmen und ihn davor retten konnten, in das Tausende von Fuß darunter liegende Tal geschleudert zu werden. Danach gelangten sie an einen vereisten Grat, der zu einem spitzen Winkel ausgezogen war und an einer Seite in einen Abgrund überging. Diesen Grat mußten sie entlangklettern, also hackte der vorangehende Führer mit seinem Pickel Stufen in das Eis, und sobald er die Zehen aus einem dieser flachen Löcher nahm, besetzten es die Zehen des Mannes hinter ihm.

»Langsam und stetig bewegten wir uns über diesen gefährlichen Teil des Aufstiegs fort, und ich glaube, es war für einige von uns ein Glück, daß die Aufmerksamkeit durch die dringlichste Notwendigkeit, auf die Füße zu achten, vom Kopfe abgelenkt wurde; *denn während links der Eishang so steil war, daß es jedem Menschen unmöglich gewesen wäre, sich im Falle eines Ausgleitens zu sichern, wenn ihn die anderen nicht aufhalten könnten, hätten wir rechts aus der Hand ein Steinchen über Abgründe unbekannter Tiefe bis auf den darunterliegenden ungeheuren Gletscher fallen lassen können.*

Deshalb war unbedingt größte Vorsicht geboten, und in dieser ungeschützten Lage überfiel uns die ganze Wut des großen Feindes aller, die sich des Monte Rosa bemächtigen wollen – eines strengen und bitterkalten Nordwindes. Der feine Pulverschnee trieb in Wolken an uns vorbei und drang durch alle Nähte unserer Kleidung, und die Eisstücke, die

unter den Schlägen von Peters Axt abflogen, wurden hoch-
gewebt und dann in den Abgrund geschleudert. Wir hatten
vollauf zu tun, uns selbst davor zu schützen, auf die gleiche unbarmherzige Art behandelt zu werden, und hin und
wieder waren wir bei den heftigeren Windstößen heilfroh,
unsere Alpenstöcke in das Eis bohren und uns fest daran
anklammern zu können.«

Nachdem sie diesen gefährlichen Grat überwunden hatten, setzten sie sich hin und hielten kurze Rast, wobei ihre
Rücken an einen schützenden Felsen gelehnt waren und ihre
Füße über einem bodenlosen Abgrund baumelten; dann
stiegen sie zum Fuße eines weiteren, noch schwierigeren
und gefährlicheren Grates auf:

»Der ganze Grat war äußerst schmal und der Abhang zu
beiden Seiten verzweifelt steil, aber in einigen Lücken zwischen den Felsmassen hatte das Eis einfach die Form einer
scharfen, beinahe messerähnlichen Schneide angenommen;
diese Stellen, obwohl nicht länger als drei oder vier kurze
Schritte, sahen ungewöhnlich schwierig aus; doch wie das
Schwert, das wahre Gläubige zu den Pforten des Paradieses
führt, mußten sie notwendigerweise passiert werden, bevor wir zum Gipfel unseres Strebens gelangen konnten.
An einer oder zwei Stellen waren sie so schmal, daß beim
Überschreiten, das zur größeren Sicherheit mit stark aus-
wärts gedrehten Füßen geschah, *ein Ende des Fußes über
den furchtbaren Abgrund rechts hinausragte, während der
andere sich auf dem Rande des eisigen Hanges links befand,
der kaum weniger steil als die Felsen war.* In diesen Fällen
nahm mich Peter bei der Hand, und indem wir beide uns so
weit ausreckten, wie wir nur vermochten, konnte er dadurch

zwei Schritt oder etwas mehr von mir entfernt festen Fuß fassen, von wo aus ihn wohl ein Sprung auf den jenseitigen Felsen bringen würde; dann wandte er sich um und hieß mich folgen, und nachdem ich vorsichtig zwei Schritte gemacht hatte, kam mir beim dritten seine ausgestreckte Hand entgegen, um meine zu umfassen, und in einem Nu stand ich neben ihm. Die anderen folgten auf ziemlich die gleiche Art. Einmal glitt mein rechter Fuß auf der dem Abgrund zugewandten Seite aus, aber ich streckte augenblicklich den linken Arm aus, so daß ich beim Fallen den vereisten Rand unter die Achsel bekam, der mir einen guten Halt gab; im gleichen Augenblick wandte ich den Blick nach unten auf die Seite, nach der ich geglitten war, und schaffte es, den Fuß auf ein Stück Fels in der Größe eines Kricketballes zu setzen, das zufällig hart am Rande des Abgrunds aus dem Eis herausragte. Da ich nun auf diese Weise voraus und achtern verankert war, glaube ich, hätte ich mich auch gut retten können, wenn ich allein gewesen wäre, obwohl ich zugeben muß, daß die Situation furchtbar gewesen wäre; so aber brachte ein Ruck von Peter die Sache sehr schnell wieder in Ordnung, und ich war in einem Augenblick wieder wohlbehalten auf den Beinen. An solchen Stellen ist das Seil eine ungeheure Hilfe.«

Nun kamen sie am Fuße eines großen Buckels oder einer Kuppel an, die mit Eis bedeckt und mit Schnee überstäubt war – der höchste Gipfel, das letzte Stückchen festen Bodens zwischen ihnen und dem leeren Himmelsgewölbe. Sie machten sich mit ihren Pickeln an die Arbeit und krochen bald insektengleich auf ihrer Oberfläche dahin, wobei ihre Fersen in das luftigste Nichts hinausragten, das einige ziehende Wolkenfetzen und -schleier, die weit unten in trägem Zuge dahinstrichen, nur wenig verdichteten. Plötzlich brach die Zehenstütze eines Mannes, und er fiel. Da baumelte er in der Luft wie eine Spinne am Ende des Seils, bis ihn seine Freunde oben wieder auf seinen Platz zurückzogen.

Kurze Zeit später stand die Gruppe im stürmischen Wind auf dem winzigen Sockel des eigentlichen Gipfels und blickte hinaus auf die weite grüne Fläche Italiens und einen uferlosen Ozean wogender Alpengipfel.

Als ich soweit gelesen hatte, stürzte Harris in edler Begeisterung in das Zimmer und sagte, die Seile und Bergführer wären beschafft, und fragte, ob ich bereit sei. Ich sagte, ich würde wohl diesmal nicht des Altels besteigen. Ich sagte, die Alpinistik sei etwas anderes, als ich angenommen hätte, und darum dächte ich, wir sollten lieber ihre Eigentümlichkeiten ein bißchen näher untersuchen, bevor wir uns endgültig darauf einließen. Aber ich wies ihn an, die Bergführer zu behalten und ihnen aufzugeben, uns nach Zermatt zu folgen, denn ich hätte die Absicht, sie dort zu verwenden. Ich sagte, ich spürte schon, wie sich die Abenteuerlust in mir regte, und ich sei sicher, daß die grimme Faszination der Alpinistik bald über mich kommen würde. Ich sagte, er könne sich darauf gefaßt machen, daß wir, bevor wir eine Woche älter seien, eine Heldentat vollbringen würden, die zaghaften Leuten vor Entsetzen die Haare zu Berge stehen lassen würden.

Das machte Harris glücklich und erfüllte ihn mit ehrgeiziger Vorfreude. Er ging sogleich, um die Bergführer anzuweisen, uns nach Zermatt zu folgen und ihre ganze Ausrüstung mitzubringen.

Elftes Kapitel

Ein neues Interesse ist eine großartige und unbezahlbare Sache! Wie es von einem Menschen Besitz ergreift! Wie es sich an ihn klammert! Wie es ihn beherrscht! Von dem Schwarzenbacher Gasthaus zog ich als veränderter Mensch, als umgewandelte Persönlichkeit weiter. Ich schritt in einer neuen Welt, ich schaute mit neuen Augen. Ich hatte zu den riesigen Schneegipfeln als Dingen aufgeblickt, die man um ihrer Erhabenheit und Größe und der unaussprechlichen Anmut ihrer Gestalt willen verehrt; jetzt blickte ich zu ihnen auch als zu etwas auf, das man besteigen und erobern kann. Mein Gefühl für ihre Erhabenheit und ihre edle Schönheit war weder verlorengegangen noch beeinträchtigt; ich hatte ein neues Interesse an den Bergen gewonnen, ohne die alten zu verlieren. Ich folgte mit dem Blick den steilen Umrissen Zoll für Zoll aufwärts und prüfte die Möglichkeit oder Unmöglichkeit, ihnen mit den Füßen zu folgen. Wenn ich einen leuchtenden Eishelm über die Wolken hinausragen sah, versuchte ich mir einzubilden, daß ich Reihen schwarzer, mit einem Spinnwebfaden zusammengebundener Flecken sich hinaufmühen sähe.

Wir wanderten am Rande des einsamen kleinen Daubensees entlang und kamen dann rechts dicht an einem Gletscher vorbei – wie ein großer Strom, der im Fließen eingefroren ist und an der Mündung jäh wie eine Mauer abbricht. Noch nie zuvor war ich einem Gletscher so nahe gekommen.

Hier stießen wir auf eine Holzhütte und trafen einige Männer dabei an, ein Steinhaus zu bauen; also würde der Schwarzenbach bald Konkurrenz bekommen. Wir kauften hier wohl eine Flasche Bier; jedenfalls nannten sie es Bier, aber der Preis verriet mir, daß es verflüssigte Edelsteine waren, und der Geschmack verriet mir, daß verflüssigte Edelsteine kein gutes Getränk sind.

Schreckliche Öde umgab uns. Wir traten an eine Art Absprungplatz und standen vor einem überwältigenden Gegensatz; wir blickten anscheinend auf ein Märchenland hinunter. Zwei- oder dreitausend Fuß unter uns lag eine leuchtendgrüne Ebene, mitten darin eine hübsche Stadt und ein silberner Bach, der sich durch die Wiesen wand; das bezaubernde Fleckchen war ringsum von riesigen, mit Tannen bekleideten Steilwänden eingeschlossen; und über den Tannen ragten aus verschwimmender Ferne die schneebedeckten Kuppeln und Gipfel des Monte-Rosa-Massivs heraus. Wie ausnehmend grün und schön das kleine Tal dort unten war! Die Entfernung war nicht so groß, um die Einzelheiten zu verwischen, sie machte sie nur klein, fein und zart wie Landschaften und Städte, die man durch das verkehrte Ende des Feldstechers betrachtet.

Direkt unter uns stieg aus dem Tal eine schmale Felsbank mit einem grünen, geneigten, tafelförmigen Gipfel, und auf diesem grünen Tisch befanden sich eine Menge schwarzer und weißer Schafe, die bloß wie übergroße Würmer aussahen. Der Tisch schien bis ziemlich in unsere Nähe hinaufzureichen, aber das täuschte – es war ein weites Stück bis zu ihm hinab.

Wir begannen jetzt unseren Abstieg auf dem merkwürdigsten Wege, den ich je gesehen habe. Er wand sich in Korkenzieherkurven an der Stirnwand des ungeheuren Steilhanges hinab – ein enger Pfad, auf dem man an dem einen Ellbogen stets die massive Felswand und an dem anderen das senkrechte Nichts hatte. Wir begegneten einer unaufhörlichen Prozession von Bergführern, Trägern, Maultieren, Sänften und Touristen, welche diesen steilen und schlammigen Pfad hinaufstiegen, und wenn man an einem einigermaßen fetten Maultier vorüber mußte, war kein Platz mehr übrig. Ich nahm stets die Innenseite ein, wenn ich ein Maultier kommen hörte oder sah, und drückte mich gegen die Wand. Ich zog die Innenseite natürlich vor, aber ich hätte sie ohnehin einnehmen müssen, denn das Maultier zieht die Außenseite vor. Die Vorliebe eines Maultieres – an einem Abgrund – muß man wirklich respektieren. Nun, es wählt immer die Außenseite. Sein Leben ist hauptsächlich der Aufgabe gewidmet, umfangreiche Körbe und Ballen zu tragen, die ihm seitlich am Leib herabhängen – deshalb ist es daran gewöhnt, den Außenrand der Bergpfade einzunehmen, damit seine Bündel auf der anderen Seite nicht an Felsen und Steinbänken entlangstreifen. Wenn es sich auf den Fahrgastbetrieb verlegt, hält es albernerweise an seiner alten Gewohnheit fest und läßt ein Bein seines Fahrgastes immerzu über den großen Tiefen der unteren Welt baumeln, während das Herz dieses Fahrgastes sozusagen im Hochland weilt. Mehr als einmal habe ich den Hinterhuf eines Maultieres über den äußeren Rand hinauskratzen sehen, wobei er Erde und Schutt in den bodenlosen Abgrund schickte; und ich habe bemerkt, daß bei diesen Gelegenheiten der Reiter, ob Mann oder Frau, nicht sehr glücklich dreinschaute.

Es gab eine Stelle, wo man den Rand des Pfades mit einem achtzehn Zoll breiten leichten Mauerwerk befestigt hatte, und da hier eine ziemlich scharfe Kehre verlief, hatte man in uralter Zeit als Schutz ein Stück Geländer angebracht. Es war alt und grau und schwach, und das leichte Mauerwerk hatte sich durch kürzliche Regenfälle gelockert. Ein junges amerikanisches Mädchen kam auf einem Maultier des Wegs, und in der Kehre stieß der Hinterhuf des Maultieres das ganze lose Mauerwerk und einen der Geländerpfosten über Bord; das Maultier schlingerte heftig nach innenbord, um sich zu retten, und das gelang ihm auch, aber das Mädchen wurde für einen Moment so weiß wie der Schnee des Montblanc.

Hier war der Pfad einfach eine Rinne, die man aus der Stirnwand des Steilhangs herausgehauen hatte; unter dem Reisenden befanden sich vier Fuß breiter massiver Felsen, und direkt über seinem Kopf befanden sich vier Fuß breiter massiver Felsen wie das Dach einer schmalen Veranda; von dieser Galerie aus konnte man hinausblicken und sah dann jenseits einer Schlucht oder Klamm, die so breit war, wie man einen Keks werfen kann, eine senkrechte Wand ohne Gipfel oder Fuß vor sich – aber den Fuß der eigenen Steilwand konnte man nicht sehen, wenn man sich nicht hinlegte und die Nase über den Rand hinausschob. Ich habe das nicht getan, weil ich meine Kleidung nicht beschmutzen wollte.

Alle paar hundert Yard stieß man an besonders schlimmen Stellen auf ein Stück Bretterzaun; aber dieser war stets alt und schwach, neigte sich gewöhnlich über den Abgrund hinaus und machte keine voreiligen Versprechungen, Leute aufzuhalten, die etwa eine Stütze brauchen könnten. An einem dieser Zäune war nur noch das obere Brett vorhanden; ein wandernder englischer Jüngling kam den Pfad herabgefegt, wurde von dem Impuls ergriffen, in den Abgrund hinabzuschauen, und warf, ohne einen Augenblick nachzudenken, sein ganzes Gewicht gegen dieses wacklige Brett. Es bog sich einen Fuß weit nach außen durch! Noch nie zuvor habe ich so sehr nach Luft geschnappt und bin ich so dicht am Ersticken vorbeigekommen. Das Gesicht des englischen Jünglings zeigte einfach lebhafte Überraschung, aber weiter nichts. Er schwenkte weiter dem Tale zu, als wüßte er nicht, daß er gerade um Haaresbreite einem Leichenbeschauer ins Handwerk gepfuscht hatte.

Die Alpensänfte sieht manchmal aus wie eine gepolsterte Kiste, die zwischen den Mittelteilen zweier langer Stangen befestigt ist, und manchmal ist es ein Stuhl mit einer Rückenlehne und einer Fußstütze. Sie wird von einander ablösenden Mannschaften starker Träger geschleppt. Ihre Bewegung ist ruhiger als die jedes anderen Transportmittels. Wir begegneten ein paar Männern und sehr vielen Damen in Sänften; mir schien, als sähen die meisten Damen blaß und seekrank aus; ihre gesamte Erscheinung machte mir den Eindruck, als ertrügen sie geduldig fürchterliche Leiden. Gewöhnlich blickten sie in den Schoß und überließen die Landschaft sich selbst.

Aber das ängstlichste Geschöpf, das ich sah, war ein Pferd, das an uns vorübergeführt wurde. Armer Kerl! Es war auf den grasigen Ebenen des Kanderstegtales geboren und aufgezogen worden und hatte noch nie einen so gräßlichen Ort gesehen. Alle paar Schritte hielt es an, blickte von der schwindelnden Höhe wild hinaus, blähte dann seine roten Nüstern weit auf und keuchte so heftig, als hätte es ein Rennen gelaufen; und die ganze Zeit zitterte es von Kopf bis Fuß wie bei einem Anfall. Es war ein hübscher Bursche und gab ein schönes, plastisches Bild des Entsetzens ab, aber es war erbärmlich, es so leiden zu sehen.

Dieser furchtbare Pfad hat seine Tragödie erlebt. Baedeker beginnt und beschließt den Bericht mit der ihm eigenen Bündigkeit wie folgt: »Man sollte das Hinabreiten vermeiden. Im Jahre 1861 stürzte eine Comtesse d'Herlincourt aus dem Sattel in den Abgrund und war sofort tot.«

Wir schauten dort über den Rand des Abgrunds hinab und sahen das Denkmal, das an dieses Ereignis erinnert. Es steht auf dem Grunde der Schlucht an einem Platz, den man aus dem Felsen herausgehauen hat, um es vor dem Wildwasser und den Stürmen zu schützen. Unser alter Führer sprach nie, wenn er nicht angesprochen wurde, und beschränkte sich dann auf eine oder zwei Silben; aber als wir ihn über diesen Unglücksfall befragten, zeigte er starke Anteilnahme an dem Fall. Er sagte, die Gräfin sei sehr hübsch und sehr jung gewesen – tatsächlich kaum dem Mädchenalter entwachsen. Sie war jung verheiratet und befand sich auf der Hochzeitsreise. Der junge Ehemann ritt ein Stückchen voraus; ein Führer leitete das Pferd des Mannes, ein anderer das der jungen Frau. Der alte Mann fuhr fort:

»Der Führer, der das Pferd des Mannes leitete, blickte zufällig zurück, und da saß das arme junge Ding aufgerichtet und starrte über den Rand des Abgrunds; und ihr Gesicht senkte sich allmählich ein bißchen, und sie hob langsam beide Hände und legte sie davor – so – und legte sie flach vor die Augen – so –, und dann sank sie mit einem schrillen Schrei aus dem Sattel, und man sah nur noch ein Kleid aufleuchten, und alles war vorbei.«

Dann nach einer Pause: »O ja, dieser Führer hat das gesehen – ja, er hat alles gesehen. Er hat alles genau so gesehen, wie ich es Ihnen erzählt habe.«

Nach einer weiteren Pause: »O ja, er hat alles gesehen. Mein Gott, das war *ich*. Ich war dieser Führer!«

Es war das eine große Ereignis im Leben des alten Mannes gewesen; darum kann man sicher sein, daß er keine Einzelheit vergessen hatte, die damit zusammenhing. Wir hörten allem zu, was er zu erzählen hatte, was nach dem furchtbaren Vorfall getan wurde und was geschah und was gesagt wurde, und es war eine schmerzliche Geschichte.

Als wir uns so weit talwärts hinabgewunden hatten, daß wir etwa auf der letzten Spirale des Korkziehers standen, wurde Harris' Hut über das letzte Stück Abgrund hinausgeweht – eine kleine, hundert oder hundertfünfzig Fuß hohe Klippe – und segelte hinab auf einen schrägen Hang aus groben Splittern und Geröll, welches die Witterung von den Steilwänden abgeblättert hatte. Wir stiegen gemütlich hinunter und erwarteten, ihn ohne jede Mühe zu finden, aber darin hatten wir uns geirrt. Wir suchten ein paar Stunden lang – nicht, weil der alte Strohhut wertvoll gewesen wäre, sondern aus Neugier, um herauszubekommen, wie es so ein Ding fertigbrächte, sich auf offenem Gelände zu verbergen, wo es nichts gab, wohinter es sich hätte verstecken können. Wenn man im Bett liest und den Brieföffner weglegt, kann man ihn nicht wiederfinden, sofern er kleiner als ein Säbel ist; dieser Hut war so hartnäckig, wie es ein Brieföffner nur hätte sein können, und wir mußten es schließlich aufgeben; aber wir fanden ein Bruchstück, das einmal zu einem Opernglas gehört hatte, und indem wir umherwühlten und die Steine umdrehten, sammelten wir allmählich alle Linsen und Zylinder und die verschiedenen Teile auf, die zusammen ein vollständiges Opernglas ergeben. Später ließen wir das Ding wieder zusammensetzen, und der Besitzer kann sein abenteuerlustiges, lang entbehrtes Eigentum bekommen, wenn er Beweise vorlegt und die Reparaturkosten erstattet.

Wir hegten die Hoffnung, auch den Besitzer zwischen den Felsen verteilt zu finden, denn das hätte einen erstklassigen Bericht gegeben; aber in dem Punkte wurden wir enttäuscht. Dennoch waren wir noch längst nicht entmutigt, denn ein weites Gebiet hatten wir noch nicht gründlich durchsucht; wir waren überzeugt, daß er sich dort irgendwo befände, deshalb beschlossen wir, einen Tag in Leukerbad zu bleiben und wiederzukommen, um ihn zu holen.

Dann setzten wir uns hin, um uns den Schweiß abzuwischen und uns zu einigen, was wir mit ihm tun würden, wenn wir ihn gefunden hätten. Harris war dafür, ihn dem Britischen Museum zu stiften; aber ich war dafür, ihn seiner Witwe zu schicken. Das ist der Unterschied zwischen Harris und mir: Harris ist ganz für öffentliches Aufsehen, ich bin ganz für schlichte Rechtlichkeit, selbst wenn ich dadurch Geld verliere. Harris trat für seinen Vorschlag ein und gegen den meinen; ich trat für den meinen ein und gegen den seinen. Die Debatte erwärmte sich und wurde zu einem Wortwechsel; der Wortwechsel erwärmte sich und wurde zu einem Streit. Ich sagte schließlich sehr bestimmt:

»Mein Entschluß ist gefaßt. Er geht zur Witwe.«

Harris antwortete scharf: »Und *mein* Entschluß ist auch gefaßt. Er geht ins Museum.«

Ich sagte gelassen: »Das Museum kann schwarz werden, bis es ihn kriegt.«

Harris entgegnete: »Die Witwe kann sich das Schwarzwerden ersparen, denn ich werde dafür sorgen, daß sie ihn nie kriegt.«

Nachdem wir zornig einige Beiworte gewechselt hatten, sagte ich: »Ich finde, du gibst mit diesen Überresten ganz schön an. Ich sehe nicht ganz ein, was *du* dabei zu sagen hast?«

»*Ich?* Ich habe *alles* dabei zu sagen. Man hätte überhaupt nicht wieder daran gedacht, wenn ich nicht ihr Opernglas gefunden hätte. Die Leiche gehört mir, und ich werde damit machen, was mir paßt.«

Ich war Leiter der Expedition, und alle durch sie erzielten Entdeckungen gehörten natürlicherweise mir. Ich hatte einen Anspruch auf diese Überreste und hätte auf meinem Recht bestehen können; aber um kein böses Blut in der Angelegenheit aufkommen zu lassen, sagte ich, wir wollten um sie knobeln. Ich warf »Kopf« und gewann, aber es war ein fruchtloser Sieg, denn obwohl wir den ganzen nächsten Tag suchten, fanden wir keinen einzigen Knochen. Ich kann mir gar nicht vorstellen, was aus dem Kerl geworden sein soll.

Das Städtchen im Tal heißt Leuk oder Leukerbad. Wir hielten darauf zu, einen grünen Hang hinab, der mit ausgefransten Enzianen und anderen Blumen geschmückt war, traten bald in die engen Gäßchen des Stadtrandes ein und wateten durch flüssigen »Dünger« auf die Stadtmitte zu. Man sollte entweder dieses Städtchen pflastern oder einen Fährbetrieb einrichten.

Harris' Leib war einfach eine Gemsenweide; seine Person wimmelte von den kleinen, hungrigen Plagegeistern; wenn er sich auszog, war seine Haut fleckig wie die eines Scharlachkranken; als wir gerade in einen der Leukerbader Gasthöfe eintreten wollten und er das Schild »Hotel zur Gemse« entdeckte, weigerte er sich deshalb, dort abzusteigen. Er sagte, es gäbe reichlich genug Gemsen, ohne daß man Hotels aufzustöbern brauchte, wo sie eine Spezialität daraus machten. Mir war es gleich, denn die Gemse ist ein Geschöpf, das mich weder beißt noch bei mir bleibt; aber um Harris zu beruhigen, zogen wir in das Hôtel des Alpes.

An der Table d'hôte erlebten wir folgenden Vorfall. Ein sehr würdevoller Mann – tatsächlich lief seine Würde auf Steifheit und fast auf Strenge hinaus – saß uns gegenüber, und er war blau, tat aber sein Bestes, nüchtern zu erscheinen. Er griff eine *zugekorkte* Flasche Wein, neigte sie eine

Weile über sein Glas, stellte sie dann mit zufriedenem Blick beiseite und aß weiter.

Bald darauf setzte er sein Glas an den Mund und fand es natürlich leer. Er schaute verblüfft drein und prüfte heimlich und mißtrauisch aus dem Augenwinkel heraus eine freundliche und nichtsahnende alte Dame, die rechts von ihm saß. Schüttelte den Kopf, wie um zu sagen: ›Nein, sie kann es nicht gewesen sein.‹ Er neigte die zugekorkte Flasche wieder über das Glas und ließ inzwischen sein wässeriges Auge umherschweifen, um zu sehen, ob ihn jemand beobachtete. Er aß ein paar Happen, hob das Glas an die Lippen, und natürlich war es immer noch leer. Er richtete auf die nichtsahnende alte Dame einen verletzten und anklagenden Seitenblick, den man einfach gesehen haben muß. Sie aß weiter und ließ sich nichts anmerken. Er packte mit einem wissenden, heimlichen Kopfnicken sein Glas und seine Flasche und setzte sie gemessen links von seinem Teller ab – goß sich einen weiteren imaginären Schluck ein, machte sich wieder mit Messer und Gabel an die Arbeit, hob bald darauf voller Zuversicht sein Glas und fand es leer, wie gewöhnlich.

Das war eine Überraschung, die ihn fast erstarren ließ. Er richtete sich in seinem Stuhl auf und prüfte bedächtig und traurig die eifrigen alten Damen zu seinen Ellbogen, erst die eine und dann die andere. Schließlich schob er vorsichtig seinen Teller weg, stellte sein Glas direkt vor sich hin, hielt es mit der linken Hand fest und schenkte dann mit der rechten ein. Diesmal merkte er, daß nichts kam. Er drehte die Flasche ganz um; noch immer floß nichts heraus; sein Gesicht nahm eine klägliche Miene an, und er sagte wie zu sich selbst: »Hick! Sie haben alles ausgetrunken!« Dann setzte er resigniert die Flasche ab und nahm den Rest seiner Mahlzeit trocken zu sich.

An dieser Table d'hôte konnte ich auch die längste Dame besichtigen, die ich jemals privat gesehen habe. Sie war über sieben Fuß hoch und wunderbar proportioniert. Zuerst wurde meine Aufmerksamkeit auf sie gelenkt, als ich ihr auf einen entlegenen Ausläufer des Fußes getreten hatte und von oben, aus der Richtung der Decke, ein tiefes: »Pardon, M'sieu, aber Sie drängen sich unbefugt auf!« hörte.

Das war, als wir durch die Halle kamen, der Raum war schlecht beleuchtet, und ich konnte sie nur undeutlich sehen. Zum zweiten Male wurde meine Aufmerksamkeit auf sie gelenkt, als an einem Tisch, der ein Stück von dem unseren entfernt war, zwei sehr niedliche Mädchen saßen und die große Dame hereinkam, sich zwischen diese und mich setzte und mir so die Sicht nahm. Sie hatte ein hübsches Gesicht, und sie war sehr gut gewachsen – unvergleichlich schön gewachsen, sollte ich sagen. Aber jeder um sie herum wirkte unbedeutend und gewöhnlich. Damen sahen in ihrer Nähe wie Kinder aus, und die Männer um sie herum machten einen kläglichen Eindruck. Sie sahen wie Kümmerlinge aus und fühlten sich anscheinend auch so. Sie saß mit dem Rücken zu uns. Ich habe in meinem ganzen Leben noch keinen solchen Rücken zu Gesicht bekommen. Ich hätte so gern den Mond dahinter aufsteigen sehen. Die ganze Versammlung wartete unter diesem oder jenem Vorwand, bis sie ihre Mahlzeit beendet hatte und hinausging; sie wollten sie in ihrer vollen Größe sehen, und sie fanden, daß das Verweilen sich gelohnt hatte. Als sie sich in ihrer unnahbaren Hoheit erhob und großartig aus dem Raum herausrauschte, vermittelte sie eine Vorstellung dessen, was eine Kaiserin sein sollte.

Wir kamen nicht zur rechten Zeit nach Leuk, um sie in ihrem gewichtigsten Zustand zu sehen. Sie hatte an Korpulenz gelitten und war dort hingekommen, um ihr Übergewicht in den Bädern loszuwerden. Fünf Wochen langes Wässern – täglich fünf Stunden hintereinander – hatte seinen Zweck erfüllt und sie auf die richtigen Proportionen zurückgeführt.

Diese Bäder beseitigen Fett und auch Hautkrankheiten. Die Patienten bringen mehrere Stunden hintereinander in den großen Becken zu. Ein Dutzend Herren und Damen nehmen gemeinsam ein Becken ein und unterhalten sich mit Umhertoben und verschiedenen Spielen. Sie haben schwimmende Pulte und Tische, und in dem brusttiefen Wasser lesen sie, nehmen einen Imbiß ein oder spielen Schach. Wenn der Tourist will, kann er eintreten und diesen ungewöhnlichen Anblick genießen; eine Armenbüchse steht da, und er muß etwas spenden. Es gibt mehrere dieser großen Badehäuser, und man weiß immer, daß man sich einem nähert, wenn man den ausgelassenen Lärm und das Gelächter hört, die da herausdringen. Es ist fließendes Wasser darin, und das wird ständig ausgewechselt, sonst könnte ein Patient mit Flechte die Kur nur mit einem Teilerfolg durchmachen, denn während er seine Flechte loswürde, holte er sich womöglich die Krätze.

Am nächsten Morgen wanderten wir gemächlich zurück, das grüne Tal hinauf, und vor uns erhoben sich die gekrümmten Wände der kahlen und gewaltigen Steilhänge bis in die Wolken. Noch nie hatte ich einen kahlen, bloßen Steilhang fünftausend Fuß über mich emporragen sehen, und ich rechne auch nicht damit, jemals wieder einen zu Gesicht zu bekommen. Es gibt sie vielleicht, aber nicht an Orten, wo man mühelos nahe an sie herangehen kann. Diese staunenerregende Steinmasse ist eigenartig. Vom Fuß bis zu den hohen Spitzen ihrer mächtigen Türme lassen alle ihre Linien und alle ihre Einzelheiten unklar an menschliche Architektur denken. Da gibt es rudimentäre Erkerfenster, Gesimse, Kamine, Geschoßgliederungen und so weiter. Man könnte dasitzen, hinaufstarren und die Details und besonderen Reize dieses großartigen Gebildes Stück für Stück und Tag für Tag studieren, ohne daß das Interesse erlahmte. Der auf die Stadt zu gelegene Abschluß besitzt, im Profil gesehen, eine vollkommene Form. Er kommt in einer Folge abgerundeter, kolossaler, terrassenartiger Vorsprünge aus den Wolken herab – eine Treppe für die Götter; am Kopf der Treppe ragen mehrere hohe, sturmzernagte Türme übereinander empor, um die stets leichte Dunstschleier wie geisterhafte Banner flattern. Wenn es einen König gäbe, dessen Reich die ganze Welt umfaßte, hier wäre der angemessene und passende Palast für einen solchen Monarchen. Er brauchte ihn nur auszuhöhlen und elektrisches Licht hineinzulegen. Unter seinem Dach könnte er einem ganzen Volk gleichzeitig Audienz erteilen.

Nachdem unsere Suche nach jenen Überresten fehlgeschlagen war, besichtigten wir mit einem Glas die undeutliche ferne Spur einer Lawine, die vor langer Zeit von einigen mit Tannen bestandenen Höhen hinter der Stadt herabgedonnert war, Häuser weggefegt und Menschen verschüttet hatte. Dann schritten wir den zur Rhone führenden Weg hinab, um uns die berühmten »Leitern« anzusehen.

Diese gefährlichen Dinger sind an der senkrechten Wand einer zwei- oder dreihundert Fuß hohen Klippe angebracht. Die Landleute beiderlei Geschlechts steigen mit schweren Lasten auf dem Rücken dort hinauf und hinab. Ich befahl Harris, hinaufzusteigen, damit ich die Erregung und das Entsetzen, die damit verknüpft sind, in mein Buch aufnehmen könnte, und er brachte die Heldentat erfolgreich zustande, und zwar durch einen Unteragenten, für drei Franken, die ich bezahlte. Es macht mich jetzt noch schaudern, wenn ich daran denke, was ich empfand, als ich in Gestalt dieses Stellvertreters dort zwischen Himmel und Erde hing. Manchmal verschwamm die Welt um mich her, und ich konnte mich kaum zurückhalten, loszulassen, solchen Schwindel erregte die entsetzliche Gefahr. Mancher hätte aufgegeben und wäre herabgestiegen, aber ich hielt an meinem Vorhaben fest und gab nicht nach, bis ich es geschafft hatte. Ich verspürte berechtigten Stolz über meine Heldentat, aber ich hätte sie um alle Reichtümer der Welt nicht wiederholt. Ich werde mir bei so einer waghalsigen Tat noch den Hals brechen, denn Warnungen üben anscheinend keinerlei nachdrückliche Wirkung auf mich aus. Als die Leute im Hotel erfuhren, daß ich diese wackligen Leitern erstiegen hatte, errang ich einen beträchtlichen Ruf.

Früh am nächsten Morgen fuhren wir ins Rhonetal und bestiegen den Zug nach Visp. Dort schulterten wir unsere Rucksäcke und Siebensachen und begaben uns in einem fürchterlichen Regen zu Fuß auf den Weg nach Zermatt, die gewundene Schlucht hinauf. Stunde um Stunde stapften wir neben dem brausenden Wildbach her, unter prächtigen Kleinalpen dahin, die bis oben hin in üppiges, samtiges Grün gekleidet waren und entlang deren dunstgetrübten Höhen atomkleine Schweizerhäuser auf den Rasenbänken hockten.

Der Regen strömte weiter, und das Wildwasser toste weiter, und wir erfreuten uns weiter an beidem. An der Stelle, wo dieser Gießbach seine weiße Mähne am weitesten emporschleuderte, wo er am lautesten donnerte und am wütendsten die großen Steinblöcke peitschte, hatte der Kanton sich beehrt, die schwächste Holzbrücke hinzuhauen, die es auf der Welt gibt. Während wir zugleich mit einer Gruppe Reiter über sie hinwegschritten, bemerkte ich, daß sie sogar von den größeren Regentropfen erbebte. Ich machte Harris darauf aufmerksam, und er bemerkte es auch. Mir schien, wenn ich einen Elefanten besäße, der ein Andenken wäre und auf den ich etwas hielte, würde ich es mir zweimal überlegen, bevor ich auf ihm über diese Brücke ritte.

Gegen halb fünf Uhr nachmittags stiegen wir zum Dorf St. Niklaus auf, wateten knöcheltief durch die Jauche und stiegen in einem netten neuen Hotel dicht bei der kleinen Kirche ab. Wir zogen uns aus, gingen zu Bett und schickten unsere Kleidung hinunter, um sie backen zu lassen. Der ganze Haufe durchnäßter Touristen tat dasselbe. In der Küche gerieten diese vielen Kleidungsstücke durcheinander, und das blieb nicht ohne Folgen. Als um Viertel nach sechs unsere Sachen heraufkamen, erhielt ich nicht dieselben Unterhosen zurück, die ich hinabgeschickt hatte; ich bekam ein Paar nach neuer Art. Es war bloß ein Paar weiße, gerüschte Albernheiten, oben von einem schmalen Streifen zusammengehalten, und sie reichten mir nicht ganz bis zu den Knien herab. Sie waren ganz hübsch, aber ich kam mir darin vor wie zwei Leute, und noch dazu ohne

Zusammenhang. Der Mann, der sich so ausstaffiert hatte, um sich damit durch die Schweizer Berge zu schlagen, muß ein Idiot gewesen sein. Das Hemd, das man mir brachte, war kürzer als die Unterhosen und besaß keine Ärmel – zumindest besaß es nur, was Mr. Darwin »rudimentäre« Ärmel nennen würde; diese waren mit einer Borte paspeliert, aber die Hemdbrust war lächerlich glatt. Das gewirkte seidene Unterhemd, das man mir brachte, war nach neuer Mode und wirklich eine vernünftige Sache; es war hinten zu öffnen und besaß Taschen, um die Schulterblätter hineinzustecken; aber sie schienen nicht auf die meinen zu passen, deshalb fand ich das Kleidungsstück recht unbequem. Meinen Rock hatte man jemand anderem gegeben und mir einen Ulster geschickt, der einer Giraffe gepaßt hätte. Meinen Kragen mußte ich festbinden, weil an dem närrischen kleinen Hemd, das ich vor einer Weile beschrieben habe, hinten kein Kragenknopf war.

Als ich um halb sieben zum Essen angezogen war, saßen mir die Sachen an manchen Stellen zu locker und an anderen zu straff, und ich kam mir insgesamt schlampig und verunstaltet vor. Aber die Leute an der Table d'hôte waren nicht besser dran als ich; sie hatten jedermanns Kleider an, nur nicht ihre eigenen. Ein langer Fremder erkannte seinen Ulster, sobald er dessen Ende hinter mir herkommen sah, aber niemand beanspruchte meine Hemden oder Unterhosen für sich, obwohl ich sie beschrieb, so gut ich konnte. Als ich an jenem Abend zu Bett ging, gab ich sie dem Zimmermädchen, und wahrscheinlich fand sie den Eigentümer, denn morgens lagen meine eigenen Sachen auf einem Stuhl vor meiner Tür.

Ein liebenswürdiger englischer Geistlicher war da, der überhaupt nicht zur Table d'hôte kam. Seine Hosen waren abhanden gekommen, und zwar ohne jedes Äquivalent. Er sagte, er wäre nicht penibler als andere Leute, aber er hätte befürchtet, daß ein Geistlicher ohne Hosen beim Abendessen beinahe mit Sicherheit Aufsehen erregt hätte.

Zwölftes Kapitel

Sonntägliche Kirchenglocken · Eine Ursache des Fluchens · Ein großartiger Gletscher · Harris' Mäkelei · Beinahe ein Unfall · Harris' Selbstsucht · Nähern uns Zermatt · Das Matterhorn · Zermatt, Hochburg der Alpinisten · Zum Bergsteigen ausgerüstet · Ein schreckliches Abenteuer · Niemals zufrieden

In St. Niklaus haben wir nicht verschlafen. Morgens um halb fünf fing die Kirchenglocke an zu läuten, und aus der Länge der Zeit, die sie läutete, schloß ich, daß der schweizerische Sünder eine ganze Weile braucht, um die Aufforderung zu kapieren. Die meisten Kirchenglocken der Welt sind von erbärmlicher Qualität und haben einen grellen und scheppernden Klang, der einen aus der Ruhe bringt und viel Sünde verursacht, aber die Glocke von St. Niklaus ist bei weitem die schlimmste, die bisher ersonnen wurde, und macht einen, wenn sie in Betrieb ist, besonders rasend. Immerhin hat sie vielleicht ein Recht und eine Entschuldigung für ihr Dasein, denn die Gemeinde ist arm, und womöglich kann sich nicht jeder Bürger eine Uhr leisten; aber es kann keine Entschuldigung für unsere Kirchenglocken zu Hause geben, denn in Amerika gibt es keine Familie ohne Uhr, und folglich gibt es keinen triftigen Vorwand für das übliche sonntägliche Durcheinander schrecklicher Töne, das von unseren Kirchtürmen ausgeht. Sonntags wird in Amerika viel mehr geflucht als an allen anderen sechs Wochentagen zusammengenommen, und zwar bitterer und bösartiger als wochentags. Das wird hervorgerufen durch das Scheppern der billigen Kirchenglocken, das an das Geklirr gesprungener Töpfe erinnert.

Wir bauen unsere Kirchen beinahe ohne Rücksicht auf die Kosten; wir errichten ein Bauwerk, das eine Zierde der Stadt darstellt, und wir vergolden es, bemalen es al fresco, belasten es mit Hypotheken und tun, was uns nur einfällt, um es vollkommen zu machen, und dann verderben wir alles, indem wir eine Glocke daraufsetzen, die jeden unglücklich macht, der sie hört, so daß manche Kopfschmerzen bekommen, manche den Veitstanz und die übrigen einen Koller.

Ein amerikanisches Dorf an einem Sommersonntag um zehn Uhr ist das Ruhigste, Friedlichste und Heiligste in der Natur; aber eine halbe Stunde später ist das ziemlich anders. Mr. Poes Gedicht von den »Glocken« ist bis heute unvollständig; aber das ist ganz gut so, denn der Rezitator oder »Vorleser«, der herumgeht und versucht, die Klänge der verschiedenen Glockenarten mit seiner Stimme zu imitieren, säße »auf dem Trockenen«, wenn er zur Kirchenglocke käme – wie Joseph Addison sagen würde. Dauernd versucht die Kirche, andere Leute dazu zu bewegen, sich zu bessern; es wäre vielleicht kein schlechter Gedanke, des Beispieles wegen sich selbst ein bißchen zu bessern. Sie klammert sich noch immer an eine oder zwei Dinge, die einmal zweckmäßig waren, aber jetzt weder zweckmäßig noch eine echte Zierde sind. Die eine ist das Glockenläuten, um eine von

Uhren strotzende Stadt daran zu erinnern, daß es Zeit für den Gottesdienst sei, und die andere ist, daß eine langweilige Liste von »Bekanntmachungen« von der Kanzel aus verlesen wird, die jeder, der daran interessiert ist, bereits in der Zeitung gelesen hat. Der Geistliche liest sogar den Choral vor – ein Überbleibsel aus alter Zeit, als Gesangbücher knapp und teuer waren; aber jeder hat jetzt ein Gesangbuch, und deshalb ist das öffentliche Vorlesen nicht mehr notwendig. Es ist nicht nur unnötig, es ist sogar meistens peinlich; denn der Durchschnittsgeistliche könnte mit einer Schrotflinte in seine Gemeinde hineinfeuern und würde dabei keinen Vorleser treffen, der schlechter wäre als er selbst, es sei denn, die Waffe streute allzu schändlich. Ich möchte nicht leichtfertig und unehrerbietig sein, nur wahrhaftig. Der Durchschnittsgeistliche aller Länder und aller Konfessionen ist ein sehr schlechter Vorleser. Man sollte meinen, er lernte mit der Zeit wenigstens, das Vaterunser vorzulesen, aber das ist nicht der Fall. Er hastet hindurch, als dächte er, je schneller er es los wäre, desto eher würde es erfüllt. Jemand, der nicht den ungeheuren Wert der Pausen zu würdigen weiß und es nicht versteht, ihre Länge wohlüberlegt abzumessen, kann die erhabene Schlichtheit und Würde eines solchen Werkes nicht wirkungsvoll wiedergeben.

Wir frühstückten ziemlich zeitig und wanderten durch die übelriechenden Dorfgassen in Richtung Zermatt los, froh, von dieser Glocke wegzukommen. Später genossen wir rechts einen schönen Anblick. Es war das festungsähnliche untere Ende eines ungeheuren Gletschers, das aus einer alpinen Höhe weit oben im blauen Himmel auf uns herabblickte. Eine erstaunliche Menge Eis war das, zu einer einzigen Masse zusammengeballt. Wir überschlugen die Sache schnell einmal und kamen zu dem Ergebnis, daß es vom Fuße der Mauer aus festem Eis bis zu ihrer Krone nicht weniger als mehrere hundert Fuß seien – Harris glaubte, es seien in Wirklichkeit doppelt soviel. Wir schätzten, wenn die Paulskirche, die Peterskirche, die große Pyramide, das Straßburger Münster und das Kapitol von Washington entlang dieser Wand gruppiert würden, so könnte ein Mensch, der auf ihrem oberen Rand säße, seinen Hut bei keinem davon an der Spitze aufhängen, ohne drei- bis vierhundert Fuß hinabzureichen – was natürlich kein Mensch schaffen würde.

Für mich war dieser mächtige Gletscher sehr schön. Ich konnte mir nicht vorstellen, daß jemand etwas daran auszusetzen haben könnte; aber ich irrte mich. Harris hatte schon seit mehreren Tagen geknurrt. Er war ein fanatischer Protestant und sagte dauernd: »Nie sieht man in den protestantischen Kantonen soviel Armut, Schmutz und Dreck wie in diesem katholischen; nie sieht man die Straßen und Gassen in Jauche schwimmen; nie sieht man so elende kleine Häuser; nie sieht man auf einer Kirche eine umgedrehte Blechrübe als Kuppel; und was eine Kirchenglocke angeht, na, dort hört man überhaupt keine Kirchenglocke.«

Den ganzen Vormittag hindurch hatte er immerzu an etwas herumzumäkeln. Zuerst am Matsch. Er sagte: »In einem protestantischen Kanton ist es nicht matschig, wenn es regnet.« Dann an den Hunden: »In einem protestantischen Kanton gibt es keine solchen schlappohrigen Hunde.« Dann an den Straßen: »In einem protestantischen Kanton läßt man die Straßen nicht sich selbst anlegen, die Leute legen sie an – und sie legen eine Straße an, die auch wirklich eine ist.« Dann waren es die Ziegen: »In einem protestantischen Kanton sieht man nie, daß eine Ziege Tränen vergießt – dort ist die Ziege eines der fröhlichsten Wesen der Natur.« Dann waren es die Gemsen: »Eine protestantische Gemse benimmt sich nie so wie eine von diesen hier – sie beißt ein- oder zweimal und geht; aber diese Kerle hier schlagen ihr Lager bei dir auf und bleiben.« Dann waren es die Wegweiser: »In einem protestantischen Kanton könnte man sich nicht einmal dann verirren, wenn man es wollte, aber in einem katholischen Kanton sieht man nie einen Wegweiser.« Dann: »Hier sieht man nie Blumenkästen in den Fenstern – nichts weiter als ab und zu eine Katze, und zwar eine träge; aber nimm einen protestantischen Kanton: Fenster, die von Blumen einfach leuchten – und was die Katzen angeht, die gibt es einfach massenhaft. Die Leute in diesem Kanton hier lassen die Straßen sich selbst anlegen und kassieren dann drei Franken Strafgebühr, wenn man auf ihr ›trabt‹ – als ob ein Pferd auf einem solchen Hohn von Straße traben könnte.« Dann die Kröpfe: »*Die* sprechen von Kröpfen! – ich habe in diesem ganzen Kanton keinen Kropf gesehen, den ich nicht in einem Hut unterbringen könnte.«

Er hat über alles gebrummt, aber ich dachte, es würde ihn in Verlegenheit bringen, an diesem majestätischen Gletscher etwas zu finden. Ich deutete das auch an; aber er war bereit und sagte mürrisch und unzufrieden:

»Du solltest die in den protestantischen Kantonen sehen.«

Das ärgerte mich. Aber ich verbarg diese Empfindung und fragte: »Was ist mit diesem hier los?«

»Los? Na, der ist doch in einem unmöglichen Zustand.

Hier wird ein Gletscher überhaupt nicht gepflegt. Die Moräne hat um ihn herum Kies verschüttet und ihn ganz schmutzig gemacht.«

»Aber Mensch, dafür können *die* doch nicht.«

»*Die*? Da hast du recht. Das heißt, sie *wollen* nicht. Sie könnten schon, wenn sie wollten. Auf einem protestantischen Gletscher siehst du nie einen Schmutzfleck. Sieh dir den Rhonegletscher an. Er ist fünfzehn Meilen lang und siebenhundert Fuß stark. Wenn dieser hier protestantisch wäre, würde er nicht so aussehen, das kann ich dir sagen.«

»Das ist Unsinn. Was würden sie damit machen?«

»Sie würden ihn tünchen. Das machen sie immer.«

Ich glaubte kein Wort davon, aber um keinen Ärger zu haben, ließ ich es durchgehen; denn es ist Atemverschwendung, mit einem Blindgläubigen zu streiten. Ich bezweifelte sogar, daß der Rhonegletscher wirklich in einem protestantischen Kanton läge; aber ich wußte es nicht, und so konnte ich nichts damit erreichen, einem Manne zu widersprechen, der mich wahrscheinlich sofort mit selbstfabrizierten Beweisen niedergewalzt hätte.

Etwa neun Meilen hinter St. Niklaus überschritten wir auf einer Brücke den tobenden Lauf der Visp und kamen an ein langes Stück wackligen Geländers, das den Anschein erwecken sollte, die Leute davor zu sichern, eine senkrechte, vierzig Fuß hohe Wand hinab- und in den Fluß zu stürzen. Es nahten drei Kinder; eines von ihnen, ein kleines Mädchen von etwa acht Jahren, rannte; als sie ziemlich nahe bei uns war, stolperte sie und fiel, und ihre Füße rutschten unter dem Geländer durch und hingen einen Augenblick lang über dem Wildwasser. Das versetzte uns einen heftigen Schock, denn wir glaubten, es wäre bestimmt mit ihr vorbei, weil der Boden steil abfiel und es völlig unmöglich schien, daß sie sich retten könnte; aber sie schaffte es, heraufzukriechen, und lief lachend an uns vorüber.

Wir traten vor, untersuchten die Stelle und sahen die langen Spuren, die ihre Füße in der Erde hinterlassen hatten, als sie über den Rand hinausschossen. Wenn sie ihren Ausflug zu Ende geführt hätte, wäre sie am Rande des Wassers auf einige große Felsen aufgeschlagen, und dann hätte sie der Wildbach stromabwärts zwischen die halb herausragenden Geröllblöcke gerissen, und sie wäre binnen zwei Minuten zu Brei zermahlen worden. Wir waren außerordentlich nahe daran gewesen, ihren Tod mitzuerleben.

Und nun offenbarten sich Harris' eigensinniges Wesen und angeborener Egoismus in schlagender Weise. Er hat keinen Sinn für Selbstverleugnung. Sofort fing er an und fuhr eine Stunde lang fort, seine Dankbarkeit darüber zu verkünden, daß das Kind nicht zu Tode gestürzt war. Einen solchen Menschen habe ich noch nie erlebt. Das war so seine Art; wenn nur *er* dankbar war, kümmerte er sich überhaupt nicht um jemand anderen. Ich hatte diesen Zug immer und immer wieder an ihm bemerkt. Natürlich war es oft bloße Unbesonnenheit, bloßer Mangel an Überlegung. Zweifellos mag das bei den meisten Gelegenheiten der Fall gewesen sein, aber deswegen war es nicht weniger schwer erträglich – denn die Grundlage schließlich, das Fundament, war Egoismus. Diese Schlußfolgerung läßt sich nicht umgehen. In dem betreffenden Fall dachte ich, müßte ihm einfallen, wie ungehörig es wäre, so fortzuschwatzen; aber nein, das Kind war gerettet, und er war froh, das genügte – er kümmerte sich keinen Pfifferling um *meine* Gefühle oder darum, daß ich einen solchen literarischen Leckerbissen verloren hatte, daß er mir direkt vom Munde weggerissen worden war, genau in dem Augenblick, da er hincinfliegen wollte. Sein Egoismus war so groß, daß er seine eigene Dankbarkeit darüber, daß ihm Kummer erspart worden war, glatt über jede Rücksicht auf mich, seinen Freund, setzte. Offensichtlich machte er sich kein einziges Mal Gedanken über das wertvolle Material, das mir wie ein unverhofftes Glück zugefallen wäre: das Kind herauszufischen – Zeuge der Bestürzung der Familie und der Aufregung zu sein, die der Fall unter den Bauern hervorgerufen hätte – dann ein schweizerisches Begräbnis – dann das Denkmal am Straßenrand, das von uns bezahlt worden wäre und unsere Namen erwähnt hätte. Und wir wären in den Baedeker aufgenommen worden und unsterblich gewesen. Ich war still. Ich war zu verletzt, um mich zu beschweren. Wenn er sich so benehmen, in einem solchen Augenblick so frivol und so unbesonnen sein konnte und darüber offenbar frohlockte, nach allem, was ich für ihn getan hatte, dann hätte ich mir eher die Hand abgehackt, als ihm gezeigt, daß ich gekränkt war.

Wir kamen Zermatt näher, also kamen wir dem berühmten Matterhorn näher. Vor einem Monat war dieser Berg für uns nur ein Name gewesen, aber neuerdings schritten wir durch eine ständig dichter werdende Doppelreihe seiner Bilder in Öl, als Aquarell, Farbdruck, in Holz, Stahl, Kupfer, Kreide und als Photographie, und so hatte er schließlich für uns Form angenommen – und zwar eine sehr deutlich bestimmte und vertraute. Wir rechneten darauf, diesen Berg zu erkennen, wann oder wo immer wir auf ihn stoßen würden.

Wir täuschten uns nicht. Der Monarch war ganz fern, als wir ihn zuerst sahen, aber es war gar nicht möglich, ihn zu verkennen. Er weist die seltene Eigentümlichkeit auf, allein zu stehen. Er ist zudem besonders steil und auch sehr merkwürdig geformt. Er ragt in den Himmel wie ein kolossaler Keil, dessen Blatt im obersten Drittel ein wenig nach links gebogen ist. Die breite Basis dieses Riesenkeils ruht auf einer gewaltigen, mit Gletschern gepflasterten Alpenplattform, deren Höhe zehntausend Fuß über dem Meeresspiegel beträgt; da der Keil selbst an die fünftausend Fuß hoch ist, folgt daraus, daß seine Spitze etwa fünfzehntausend Fuß über dem Meeresspiegel liegt. So befindet sich die ganze Masse dieses stattlichen Felsbrockens, dieses himmelspaltenden Monoliths, über der Grenze des ewigen Schnees. Doch während all seine riesigen Nachbarn aussehen, als seien sie von den Hüften ab aus reinstem Schnee geschaffen, steht das Matterhorn das ganze Jahr über schwarz, nackt und abweisend da oder nur stellenweise weiß bestäubt oder gestreift, denn seine Hänge sind so steil, daß der Schnee dort nicht liegenbleibt. Seine seltsame Gestalt, seine fürstliche Isolierung und seine majestätische Unähnlichkeit mit den eigenen Artgenossen machen es sozusagen zum Napoleon der Gebirgswelt. »Großartig, düster und eigenartig« ist eine Phrase, die auf das Matterhorn genau so gut paßt, wie sie auf den großen Feldherrn gepaßt hat.

Man denke sich ein Monument, daß eine Meile hoch ist und auf einem zwei Meilen hohen Sockel steht. Das ist das Matterhorn – ein Monument. Seine Aufgabe von jetzt an und für alle Zeit wird es sein, den unbekannten Ruheplatz des jungen Lord Douglas zu bewachen und zu bewahren, der im Jahre 1865 vom Gipfel in einen viertausend Fuß tiefen Abgrund stürzte und nie mehr gesehen wurde. Kein Mensch hat jemals ein solches Monument gehabt. Die eindrucksvollsten anderen Monumente der Welt sind nur Atome verglichen mit ihm; und sie werden zerfallen, und ihre Standplätze werden aus der Erinnerung schwinden, aber dieses wird bestehen bleiben.[*]

Eine Wanderung von St. Niklaus nach Zermatt ist ein wunderbares Erlebnis. Die Natur in dieser Gegend ist nach einem erstaunlichen Plan gebaut. Man marschiert ständig zwischen Mauern dahin, die in den Himmel hinauf getürmt sind und deren oberste Höhen sich in eine Vielfalt erhabener Gebilde aufsplittern, die weiß und kalt vor dem blauen Hintergrund schimmern; und hier und da sieht man einen großen Gletscher seine Herrlichkeiten am Gipfel einer Steilwand zur Schau stellen oder einen anmutigen Wasserfall die grünen Hänge hinabspringen und funkeln. Da ist nichts matt oder billig oder alltäglich – alles ist großartig. Dieses kurze Tal ist eine Bildergalerie bemerkenswerter Art, denn es enthält keine Mittelmäßigkeiten; der Schöpfer hat es von Anfang bis Ende mit Seinen Meisterwerken vollgehängt.

Um drei Uhr nachmittags erreichten wir Zermatt, neun Stunden nach unserem Aufbruch von St. Niklaus. Entfernung nach dem Reisehandbuch zwölf Meilen; nach dem

---

[*] Der Unfall, der Lord Douglas das Leben kostete (siehe Kap. 17), kostete auch das Leben dreier anderer Männer. Diese drei fielen vier Fünftel Meilen tief, und ihre Leichen wurden danach nebeneinander auf einem Gletscher liegend aufgefunden, von wo aus sie nach Zermatt gebracht und auf dem Kirchhof bestattet wurden. Die Überreste von Lord Douglas hat man nie gefunden. Das Geheimnis seines Grabes, wie das des Moses, wird stets ein Rätsel bleiben.

Pedometer zweiundsiebzig. Wir waren jetzt in der Hochburg der Bergsteiger, was alle sichtbaren Dinge bezeugten. Die Schneegipfel hielten sich nicht in aristokratischer Zurückhaltung fern; sie drängelten sich ringsum freundlich und gesellig in die Nähe; Bergführer, die Seile, Pickel und andere Gerätschaften ihres gefahrvollen Berufes um den Leib geschlungen trugen, hockten in langer Reihe auf einer Steinmauer vor dem Hotel und warteten auf Kundschaft; sonnenverbrannte Kletterer in Bergsteigertracht, gefolgt von ihren Bergführern und Trägern, trafen von Zeit zu Zeit von halsbrecherischen Ausflügen zwischen den Gipfeln und Gletschern der Hochalpen ein; männliche und weibliche Touristen auf Maultieren zogen in fortlaufender Prozession in Richtung Hotel vorüber, nach tollen Abenteuern, die mit jeder neuen Beschreibung an einem englischen oder amerikanischen Kamin an Bedeutung zunehmen und schließlich über das Mögliche hinauswachsen würden.

Wir träumten nicht; das hier war keine eingebildete Heimat des Alpinisten, von unserer erhitzten Vorstellungskraft hervorgebracht; nein, denn hier war Mr. Girdlestone selbst, der berühmte Engländer, der seinen Weg zu den schrecklichsten Alpengipfeln ohne Führer aufspürt. Ich war der Aufgabe nicht gewachsen, mir einen Girdlestone vorzustellen; als ich ihn auf kurze Entfernung direkt vor mir hatte, vermochte ich sogar nicht mehr, als eben von seiner Existenz Kenntnis zu nehmen. Ich würde lieber ganzen Hyde Parks an Artillerie ins Gesicht sehen als den gräßlichen Todesarten, denen er zwischen den Gipfeln und Abgründen der Berge ins Gesicht gesehen hat. Es gibt wahrscheinlich keine Freude, die der Freude gleichkäme, einen gefährlichen

Alpengipfel zu besteigen; aber es ist eine Freude, die ausschließlich auf Leute beschränkt bleibt, die daran Freude finden können. Ich bin nicht voreilig zu dieser Schlußfolgerung übergesprungen; ich bin sozusagen auf einer Kiesfuhre zu ihr gelangt. Ich habe die Sache gründlich durchdacht und bin ganz sicher, daß ich recht habe. Der Hunger eines geborenen Kletterers nach dem Klettern ist unersättlich; wenn er ihn überfällt, gleicht er einem Hungernden vor einem Festmahl; er hat vielleicht etwas anderes vor, aber das muß warten. Mr. Girdlestone hatte seine üblichen Sommerferien in den Alpen verbracht und sie in der üblichen Weise verlebt, indem er einzigartige Gelegenheiten aufspürte, sich den Hals zu brechen; sein Urlaub war vorüber und sein Gepäck für die Heimfahrt bereit, aber ganz plötzlich hatte ihn die Gier gepackt, noch einmal das gewaltige Weißhorn zu besteigen, denn er hatte von einer neuen und völlig unmöglichen Route nach oben gehört. Sogleich wurden seine Koffer ausgepackt, und nun brachen er und ein Freund gerade auf, beladen mit Rucksäcken, Eispickeln, Seilrollen und Feldflaschen voll Milch. Sie würden die Nacht irgendwo hoch oben im Schnee verbringen, um zwei Uhr morgens aufstehen und dann das Unternehmen zu Ende führen. Ich empfand den heftigen Wunsch, mitzugehen, unterdrückte ihn aber – eine Leistung, die Mr. Girdlestone bei aller Charakterstärke nicht fertigbrachte.

Sogar Damen werden von der Klettersucht ergriffen und können sie nicht mehr loswerden. Eine berühmte Bergsteigerin hatte sich ein paar Tage vor unserer Ankunft an das Weißhorn gewagt, und sie und ihre Bergführer hatten sich weit oben zwischen den Gipfeln und Gletschern im

Schneesturm verirrt und mußten lange Zeit umherwandern, bevor sie einen Weg nach unten fanden. Als diese Dame unten ankam, war sie dreiundzwanzig Stunden lang auf den Beinen gewesen!

Unsere auf der Gemmi gedungenen Bergführer befanden sich schon in Zermatt, als wir dort anlangten. So hinderte uns nichts, ein Abenteuer auf die Beine zu stellen, sobald wir nur den Zeitpunkt und das Objekt ausgewählt hätten. Ich beschloß, meinen ersten Abend in Zermatt der Aufgabe zu widmen, zur Vorbereitung das Thema Alpinistik zu studieren.

Ich las mehrere Bücher, und hier folgen einige der Sachen, die ich herausgefunden habe. Die Schuhe müssen fest und schwer sein und spitze Nägel tragen. Der Alpenstock muß aus bestem Holze bestehen, denn wenn er bricht, kann es einem das Leben kosten. Man sollte einen Pickel mitnehmen, um auf den großen Höhen Stufen in das Eis hacken zu können. Eine Leiter muß da sein, denn es gibt steile Felsspalten, die mit diesem Instrument – oder Gerät – überwunden werden können, aber ohne dieses nicht zu überwinden wären; ein solches Hindernis hat den Touristen schon gezwungen, viele Stunden mit der Suche nach einer anderen Route zu verschwenden, wenn eine Leiter ihm die ganze Mühe erspart hätte. Man muß hundertfünfzig bis fünfhundert Fuß starkes Seil haben, das man benutzt, um die Gruppe an den Wänden hinunterzulassen, die zu steil und glatt sind, um auf anderem Wege überwunden zu werden. An einem anderen Seil muß man einen Stahlhaken haben – eine sehr nützliche Sache; denn wenn man aufsteigt und an einen niedrigen Steilhang kommt, der jedoch für die Leiter zu hoch ist, schleudert man das Seil wie einen Lasso hinauf, der Haken verfängt sich oben am Steilhang, und dann klettert der Tourist Hand über Hand an dem Seil empor – wobei er immer sorgfältig zu vergessen trachten muß, daß er im Falle, der Haken gäbe nach, nicht zu fallen aufhören würde, bis er in einem Teil der Schweiz ankäme, wo man ihn nicht erwartet. Noch etwas Wichtiges – es muß ein Seil vorhanden sein, mit dem die ganze Gruppe zusammengebunden wird, damit, falls einer von einem Berg herunter- oder in eine bodenlose Gletscherspalte hinabfiele, die anderen sich gegen das Seil stemmen und ihn retten können. Man muß einen seidenen Schleier haben, um das Gesicht vor Schnee, Graupeln, Hagel und Sturm zu schützen, und dunkle Schutzgläser, um die Augen vor jenem gefährlichen Feind, der Schneeblindheit, zu bewahren. Schließlich müssen einige Träger vorhanden sein, um Vorräte, Wein und wissenschaftliche Instrumente zu tragen, ebenso Schlafsäcke für die ganze Gruppe.

Ich schloß meine Lektüre mit einem furchterregenden Abenteuer ab, das Mr. Whymper einmal auf dem Matterhorn bestand, als er fünftausend Fuß über dem Ort Breuil allein umherstreifte. Er umrundete gerade sachte die vorspringende Ecke einer Wand an der Stelle, wo der obere Rand eines abschüssigen Hanges aus vereistem Schnee an diese stieß. Dieser Hang fiel ein paar hundert Fuß ab in das Bett eines Gießbachs, das eine Biegung machte und an einem achthundert Fuß tiefen Abgrund endete, der auf einen Gletscher hinausblickte. Sein Fuß glitt aus, und er fiel. Er schreibt:

»Mein Rucksack zog mich kopfüber, und ich schlug zwischen einigen Felsen auf, die etwa zwölf Fuß tiefer lagen; sie verfingen sich irgendwo an mir und schleuderten mich kopfabwärts vom Rand herunter in die Gießbachschlucht hinab; der Stock wurde mir aus den Händen gerissen, und ich wirbelte in fortlaufenden Prallschwüngen, einer immer länger als der andere, nach unten; bald über Eis, bald zwischen die Felsen, wobei ich vier- oder fünfmal mit dem Kopf aufschlug, jedesmal mit größerer Heftigkeit. Der letzte Aufprall ließ mich in einem Satz von fünfzig oder sechzig Fuß durch die Luft wirbeln, von einer Seite der Schlucht zur anderen, und ich stürzte auf die Felsen, aber glücklicherweise mit der ganzen linken Seite. Sie erfaßten einen Augenblick lang meine Kleidung, und ich fiel mit abgebremster Geschwindigkeit rücklings auf den Schnee. Glücklicherweise lag ich mit dem Kopf nach oben, und ein paar hastige Griffe brachten mich in der Enge der Schlucht am Rande des Abgrunds zum Halten. Stock, Hut und Schleier glitten vorüber und verschwanden, und das Poltern der von mir in Bewegung gesetzten Steine, die auf den Gletscher prallten, sprach deutlich davon, wie knapp ich dem sicheren Tod entgangen war.

Die Lage war ernst genug. Die Steine konnte ich keinen Augenblick lang loslassen, und aus mehr als zwanzig Verletzungen schoß das Blut heraus. Die schwersten waren am Kopfe, und ich versuchte vergebens, sie mit einer Hand zu schließen, während ich mich mit der anderen festhielt. Es nützte nichts; bei jedem Pulsschlag strömte das Blut in Strahlen hervor, die mir die Sicht nahmen. In einem Moment der Erleuchtung stieß ich schließlich einen großen Schneeklumpen los und klebte ihn mir als Pflaster auf den Kopf. Das war ein glücklicher Einfall, und der Blutstrom versiegte. Dann kletterte ich aufwärts, kam keinen Moment zu früh an eine sichere Stelle und wurde ohnmächtig. Als das Bewußtsein zurückkehrte, ging die Sonne gerade unter, und es war stockdunkel, bevor ich die Große Treppe herabgestiegen war; aber infolge einer Verbindung von Glück und Vorsicht legte ich die ganzen viertausendsiebenhundert Fuß des Abstiegs nach Breuil ohne auszugleiten und ohne einmal den Weg zu verlieren zurück.«

Die Verletzungen fesselten ihn ein paar Tage lang ans Bett. Dann stand er auf und bestieg diesen Berg erneut. So ist es bei einem echten Alpinisten, je mehr Spaß er hat, desto mehr will er.

Dreizehntes Kapitel

Ein gelassener Entschluß · »Ich werde den Riffelberg besteigen« · Vorbereitungen für die Tour · Ganz Zermatt horcht auf · Liste der Personen und Sachen · Ein noch nie dagewesener Aufwand · Allgemeiner Auflauf · Bereit zum Aufbruch · Der gefährliche Posten · Den Aufbruch befohlen · Große Regenschirmschau · Das erste Lager · Fast eine Panik · Wahrscheinlich verirrt · Der erste Unfall · Ein Feldprediger kampfunfähig · Ein experimentierendes Maultier · Gute Auswirkungen eines Fehlers · Arg verirrt · Eine Erkundung · Rätsel und Zweifel · Strenge Maßnahmen ergriffen · Ein schwarzer Ziegenbock · Durch ein Wunder gerettet · Der Führer des Bergführers

Nachdem ich meine Lektüre beendet hatte, war ich völlig außer mir; ich war durch die fast unglaublichen Gefahren und Abenteuer, die ich mit meinen Autoren durchgemacht, und die Triumphe, die ich mit ihnen geteilt hatte, verzückt, erhoben, berauscht. Eine Zeitlang saß ich still da, wandte mich dann zu Harris und sagte: »Mein Entschluß ist gefaßt.«

Etwas in meiner Stimme ließ ihn aufhorchen; und als er mir ins Auge geblickt und gelesen hatte, was darin geschrieben stand, erbleichte er sichtlich. Er zögerte einen Augenblick und sagte dann: »Sprich.«

Ich antwortete vollkommen ruhig: »Ich werde den Riffelberg besteigen.«

Wenn ich meinen armen Freund erschossen hätte, wäre er nicht schneller vom Stuhl gekippt. Wenn ich sein Vater gewesen wäre, hätte er mich nicht dringlicher bitten können, um mich zur Aufgabe meines Vorhabens zu bringen. Aber ich hatte für alles, was er sagte, ein taubes Ohr. Als er schließlich erkannte, daß an meinem Entschluß nichts mehr zu ändern war, drängte er nicht weiter, und eine Zeitlang wurde die tiefe Stille nur durch sein Schluchzen unterbrochen. Ich saß in marmorner Entschlossenheit da, den Blick ins Leere gerichtet; denn im Geiste rang ich bereits mit den Gefahren der Berge, und mein Freund saß da und blickte mich mit anbetender Bewunderung durch seine Tränen hindurch an. Endlich warf er sich in liebevoller Umarmung auf mich und rief mit gebrochener Stimme:

»Dein Harris wird dich niemals verlassen. Laß uns zusammen sterben!«

Ich heiterte den edlen Burschen mit Lobreden auf, und bald waren seine Befürchtungen vergessen und er brannte auf das Abenteuer. Er wollte sofort die Bergführer rufen und um zwei Uhr früh aufbrechen, wie es nach seiner Ansicht der Brauch war; aber ich erklärte, daß um diese Zeit niemand zusähe und daß der Aufbruch im Dunkeln gewöhnlich nicht vom Dorf, sondern vom ersten Nachtlager am Berghang aus unternommen würde. Ich sagte, wir würden das Dorf am nächsten Tag um drei oder vier Uhr nachmittags verlassen; inzwischen könnte er die Bergführer benachrichtigen und auch die Öffentlichkeit von unserem Vorhaben unterrichten.

Ich ging zu Bett, aber nicht schlafen. Kein Mensch kann schlafen, wenn er im Begriff ist, eine dieser alpinen Heldentaten zu unternehmen. Ich warf mich die ganze Nacht lang fieberhaft hin und her und war sehr froh, als ich die Uhr halb zwölf schlagen hörte und wußte, es war Zeit, zum Essen aufzustehen. Müde und abgespannt stand ich auf und ging zum Mittagessen, wo ich bemerkte, daß ich im Mittelpunkt des Interesses und der Neugier stand, denn die Nachricht hatte sich schon herumgesprochen. Es ist nicht leicht, gelassen zu essen, wenn man ein Wundertier ist, aber trotzdem ist es sehr angenehm.

Wie es in Zermatt üblich ist, wenn eine große Besteigung unternommen werden soll, legten alle, Einheimische und Fremde, ihre eigenen Vorhaben beiseite und suchten sich einen günstigen Platz, um den Aufbruch zu beobachten. Die Expedition bestand aus 198 Personen einschließlich der Maultiere beziehungsweise 205 einschließlich der Kühe. Und zwar:

Führungsstab		*Untergeordnete Dienste*	
	Ich	1	Tierarzt
	Mr. Harris	1	Haushofmeister
17	Bergführer	12	Kellner
4	Wundärzte	1	Lakai
1	Geologe	1	Barbier
1	Botaniker	1	Küchenmeister
3	Feldprediger	9	Gehilfen
2	Kartenzeichner	4	Konditoren
15	Büfettiers	1	Zuckerbäcker
1	Latinist		

27	Träger	3	Wäscher und Plätter
44	Maultiere		für Grobwäsche
44	Maultiertreiber	1	dto. für Feinwäsche
		7	Kühe
		2	Melker

Insgesamt 154 Menschen, 51 Tiere, Summa 205.

Proviant etc.		*Ausrüstung*	
16	Kisten Schinken	25	Sprungfedermatratzen
2	Fässer Mehl	2	Roßhaar dto.
22	Fässer Whisky		Bettwäsche für
			dieselben
1	Faß Zucker	2	Moskitonetze
1	Fäßchen Zitronen	29	Zelte
2000	Zigarren		Wissenschaftliche
1	Faß Pasteten		Instrumente
1	Tonne Pemmikan	97	Eispickel
143	Paar Krücken	5	Kisten Dynamit
2	Fässer Arnika	7	Büchsen Nitroglyzerin
1	Ballen Verbandzeug	22	Leitern je 40 Fuß
27	Fäßchen Opium-	2	Meilen Seil
	tinktur	154	Regenschirme

Es wurde fast vier Uhr nachmittags, bis meine Kavalkade gänzlich bereit war. Um diese Zeit begann sie, sich in Bewegung zu setzen. Was Teilnehmerzahl und pompösen Aufwand betrifft, war es die imposanteste Expedition, die jemals von Zermatt aufgebrochen war.

Ich wies den Hauptführer an, Menschen und Tiere im Abstand von zwölf Fuß in einer Reihe hintereinander aufzustellen und sie alle zusammen an ein starkes Seil zu binden. Er wandte ein, die ersten zwei Meilen wären absolut flach und böten genug Platz, und das Seil benutze man nur an sehr gefährlichen Stellen. Aber davon wollte ich nichts hören. Meine Lektüre hatte mich gelehrt, daß in den Alpen viele schwere Unfälle vorgekommen waren, einfach weil man die Leute nicht rechtzeitig angeseilt hatte; ich würde dieser Liste keinen weiteren zufügen. Daraufhin gehorchte der Führer meinem Befehl.

Als der Zug in zwangloser Haltung dastand, zusammengeseilt und marschfertig, bot er einen so schönen Anblick, wie ich noch nie einen gesehen hatte. Er war 3122 Fuß lang – über eine halbe Meile; jeder Mann außer Harris und mir war zu Fuß und hatte seinen grünen Schleier um, seine blaue Schutzbrille auf, den weißen Fetzen um den Hut, die Rolle Seil über der einen und unter der anderen Schulter und seinen Eispickel im Gürtel, und jeder trug seinen Alpenstock in der linken Hand, den (zugeklappten) Schirm in der rechten und seine Krücken über den Rücken gehängt. Edelweiß und Alpenrose schmückten die Lasten der Tragtiere und die Hörner der Kühe.

Ich und mein Agent waren die einzigen Berittenen. Wir hatten den gefährlichen Posten in der äußersten Nachhut inne und waren fest an je fünf Bergführer angeseilt. Unsere Knappen trugen die Eispickel, Alpenstöcke und andere Geräte für uns. Wir saßen auf sehr kleinen Eseln, was eine Sicherheitsmaßnahme darstellte; in Zeiten der Gefahr konnten wir die Beine ausstrecken und die Esel unter uns fortlaufen lassen. Dennoch kann ich diese Tiergattung nicht empfehlen – jedenfalls nicht für reine Vergnügungsausflüge –, denn ihre Ohren behindern die Aussicht. Ich und mein Agent besaßen zwar die vorschriftsmäßige Bergsteigertracht, beschlossen aber, sie zurückzulassen. Aus Achtung gegenüber der großen Zahl von Touristen beiderlei Geschlechts, die vor den Hotels versammelt waren, um uns vorüberziehen zu sehen, und auch aus Achtung gegenüber den vielen Touristen, denen wir auf unserer Expedition zu begegnen erwarteten, beschlossen wir, die Besteigung im Abendanzug durchzuführen.

Fünfzehn Minuten nach vier Uhr gab ich den Befehl zum Abmarsch, und meine Untergebenen gaben ihn die Reihe entlang weiter. Die große Menschenmenge vor dem Monte-Rosa-Hotel teilte sich, als der Zug nahte, mit einem Hochruf in zwei Hälften, und als seine Spitze vorbeizog, befahl ich: »Schirme fertig – Schirm pflanzt – auf!«, und mit einem Schlage ging meine halbe Meile Schirme hoch. Es war ein wunderschöner Anblick und für die Zuschauer eine vollendete Überraschung. Noch nie zuvor hatte man in den Alpen so etwas gesehen. Der Applaus, den es hervorrief, befriedigte mich tief, und ich ritt mit gezogener Angströhre vorüber, um zu bezeigen, daß ich ihn wohl zu würdigen wußte. Es war das einzige Zeugnis, das ich ablegen konnte, denn ich war zu sehr erfüllt, um sprechen zu können.

An dem kalten Wasserlauf, der durch einen Trog nahe dem Dorfende rauscht, tränkten wir die Karawane, und bald danach ließen wir die Gefilde der Zivilisation hinter uns zurück. Gegen halb sechs kamen wir an eine Brücke, die über die Visp führt, und nachdem wir eine Abteilung hinübergeschickt hatten, um festzustellen, ob sie sicher wäre, schritt auch die Karawane ohne Unfälle hinüber. Der Weg führte nun in sanfter Steigung, die mit frischem, grünem Gras gepolstert war, zur Kirche von Winkelmatten. Ohne anzuhalten und dieses Gebäude zu untersuchen, führte ich eine Flankenbewegung nach rechts aus und passierte die Brücke über den Findelenbach, nachdem ich zuerst ihre Festigkeit geprüft hatte. Hier hielt ich mich wieder nach rechts und betrat gleich darauf eine freundliche Strecke Wiesenlandes, das bis auf einige verlassene Hütten an ihrem entferntesten Ende unbebaut war. Die Wiesen gaben einen ausgezeichneten Lagerplatz ab. Wir bauten unsere Zelte auf, aßen Abendbrot, richteten einen regulären Wachdienst ein, notierten die Ereignisse des Tages und gingen dann schlafen.

Um zwei Uhr morgens standen wir auf und zogen uns bei Kerzenlicht an. Das war eine trübselige und frostige Angelegenheit. Es leuchteten ein paar Sterne, aber im allgemeinen war der Himmel bezogen, und der gewaltige Schaft des Matterhorns war in ein schwarzes Wolkentuch gehüllt. Der Hauptführer riet zu einem Aufschub, er fürchte, so sagte er, daß es regnen würde. Wir warteten bis neun Uhr und brachen dann bei ziemlich klarem Wetter auf.

Unser Weg führte uns einige furchtbare, steile Hänge hinauf, dicht mit Lärchen und Zedern bewachsen und von Pfaden durchquert, die der Regen tief ausgewaschen und mit hinderlichen losen Steinen angefüllt hatte. Um die Gefahr und Unbequemlichkeit noch zu steigern, begegneten wir dauernd zurückkehrenden Touristen zu Fuß oder zu Pferde und wurden ständig von aufsteigenden Touristen bedrängt und umhergestoßen, die es eilig hatten und vorbeikommen wollten.

Unsere Beschwernisse mehrten sich. Gegen vier Uhr nachmittags geboten die siebzehn Bergführer Halt und hielten eine Beratung ab. Nachdem sie eine Stunde lang beraten hatten, sagten sie, ihr erster Verdacht bliebe bestehen, das heißt, sie glaubten, sie hätten sich verirrt. Ich fragte, ob sie es nicht *wüßten*? Nein, sagten sie, sie *könnten* nicht genau wissen, ob sie sich verirrt hätten oder nicht, weil keiner von ihnen jemals vorher in diesem Teil des Landes gewesen war. Sie hätten das starke Gefühl, sich verirrt zu haben, aber sie hätten keine Beweise dafür, außer daß sie nicht wüßten, wo sie sich befänden. Seit einiger Zeit seien sie keinen Touristen mehr begegnet, und das betrachteten sie als gefährliches Zeichen.

Offensichtlich saßen wir in einer bösen Klemme. Die Bergführer wollten natürlich nicht allein gehen und einen Ausweg aus der Bedrängnis suchen; und so gingen wir alle zusammen. Zur größeren Sicherheit gingen wir langsam und vorsichtig vor, denn der Wald war sehr dicht. Wir zogen nicht den Berg hinauf, sondern um ihn herum, in der Hoffnung, auf den alten Pfad zu treffen. Gegen Einbruch der Nacht, als wir ziemlich erschöpft waren, stießen wir auf einen Felsen, so groß wie ein Bauernhaus. Dieses Hindernis nahm den Männern den letzten Mut und führte zu einem Ausbruch von Furcht und Verzweiflung. Sie seufzten, weinten und sagten, sie würden ihr Heim und ihre Lieben nie mehr wiedersehen. Dann fingen sie an, mir Vorwürfe zu machen, weil ich sie auf diese verhängnisvolle Expedition geführt hätte. Einige stießen sogar Drohungen gegen mich durch die Zähne.

Es war nicht angebracht, Schwäche zu zeigen, das war klar. Also hielt ich eine Ansprache, in der ich sagte, daß auch andere Alpinisten sich in einer ebenso gefährlichen Lage befunden hätten, und doch hätten sie sich durch Mut und Ausdauer daraus befreit. Ich versprach, ihnen zur Seite zu stehen; ich versprach, sie zu retten. Ich schloß damit, daß ich sagte, wir hätten genügend Vorräte mit, um eine regelrechte Belagerung durchzuhalten; und ob sie annähmen, daß Zermatt es zuließe, daß eine halbe Meile Menschen und Maultiere direkt vor seiner Nase auf längere Zeit verschwänden, ohne Nachforschungen anzustellen? Nein, Zermatt würde Suchexpeditionen entsenden, und wir würden gerettet.

Diese Ansprache hatte eine großartige Wirkung. Die Männer bauten mit einem schwachen Anschein von Fröhlichkeit die Zelte auf, und als die Nacht hereinbrach, saßen wir behaglich unter Dach und Fach. Nunmehr erntete ich die Früchte meiner Klugheit, einen Artikel mitgebracht zu haben, der in keinem anderen Buch über alpine Abenteuer erwähnt wird als in dem vorliegenden. Ich meine die Opiumtinktur. Ohne diese wohltätige Droge hätte in jener furchtbaren Nacht kein einziger dieser Männer auch nur einen Augenblick geschlafen. Ohne dieses sanfte Überzeugungsmittel hätten sie sich die ganze Nacht hindurch unruhig hin und her wälzen müssen; denn der Whisky war für mich. Ja, am Morgen wären sie untauglich für ihre schwere Aufgabe aufgestanden. So aber schlief jeder, nur nicht mein Agent und ich – nur wir zwei und die Büfettiers.

Ich wollte es mir nicht gestatten, in so einer Zeit schlafen. Ich hielt mich verantwortlich für das Leben aller. Ich wollte im Falle von Lawinen gleich bei der Hand und bereit sein. Jetzt weiß ich, daß es dort oben keine Lawinen gibt, aber damals wußte ich es nicht.

Diese ganze furchtbare Nacht hindurch beobachteten wir das Wetter und behielten das Barometer im Auge, um auf die geringste Änderung vorbereitet zu sein. Die ganze Zeit über verzeichnete das Instrument nicht die geringste Änderung. Worte können den Trost nicht schildern, den dieses freundliche, standhafte Ding mir in dieser Zeit der Not bedeutete. Es war ein kaputtes Barometer und hatte keinen Zeiger außer dem feststehenden Messingweiser, aber das erfuhr ich erst später. Wenn ich mich wieder einmal in einer solchen Lage befinden sollte, wünschte ich mir kein anderes Barometer als nur dieses.

Um zwei Uhr morgens standen alle Mann auf und frühstückten, und sobald es hell war, seilten wir uns an und gingen diesen Felsen an. Mit Hilfe des Hakenseils und auf andere Weise versuchten wir eine Zeitlang, ihn zu erklimmen, aber ohne Erfolg – das heißt, ohne echten Erfolg. Einmal faßte der Haken, und Harris begann Hand über Hand hinaufzusteigen, aber der Halt gab nach, und wenn zu dem Zeitpunkt nicht zufällig ein Feldprediger darunter gesessen hätte, wäre Harris ganz bestimmt kampfunfähig geworden. So aber traf es den Feldprediger. Er griff auf seine Krücken zurück, und ich befahl, das Hakenseil wegzulegen. Es war ein zu gefährliches Gerät, wo so viele Leute herumstanden.

Eine Zeitlang waren wir in Verlegenheit; dann dachte jemand an die Leitern. Man legte eine an den Felsen, und die

Männer stiegen, zu zweien zusammengeseilt, hinauf. Eine weitere Leiter wurde hinaufgebracht, die man beim Abstieg verwenden wollte. Nach einer halben Stunde waren alle drüben, und dieser Felsen war besiegt. Wir ließen unseren ersten großen Triumphschrei erschallen. Aber die Freude war von kurzer Dauer, denn jemand fragte, wie wir die Tiere hinüberkriegen wollten.

Das war eine ernstliche Schwierigkeit; tatsächlich war es eine Unmöglichkeit. Sofort begann der Mut der Leute zu wanken; wieder drohte uns eine Panik. Im Augenblick der höchsten Gefahr wurden wir auf geheimnisvolle Weise gerettet. Ein Maultier, das von Anfang an durch seinen Hang zu Experimenten aufgefallen war, versuchte, eine Fünf-pfundbüchse Nitroglyzerin zu fressen. Das geschah direkt neben dem Felsen. Die Explosion schleuderte uns alle zu Boden und bedeckte uns mit Schmutz und Schutt; sie er-schreckte uns auch gewaltig, denn der Krach war betäubend, und die Erde erbebte von dem heftigen Stoß. Aber wir waren doch froh, denn der Felsen war weg. Seinen Platz nahm ein neu entstandener Keller ein, der etwa dreißig Fuß Durch-messer und fünfzehn Fuß Tiefe aufwies. Die Detonation war bis Zermatt zu hören gewesen, und anderthalb Stunden später wurden viele Bürger dieser Stadt von herabfallenden Stücken hartgefrorenen Maultierfleisches niedergeschlagen und ziemlich schwer verletzt. Das zeigt deutlicher als jede Zahlenangabe, wie hoch der Experimentator geflogen war.

Wir brauchten jetzt nichts weiter zu tun, als den Keller zu überbrücken und unseren Weg fortzusetzen. Mit Hurra gingen die Leute an die Arbeit. Der technischen Seite wid-mete ich mich selbst. Ich bestimmte eine starke Abteilung dazu, mit den Eispickeln Bäume zu fällen und sie zu Balken zurechtzuhauen, die die Brücke stützen sollten. Das war ein langwieriges Geschäft, denn Eispickel taugen nicht zum Holzfällen. Ich ließ meine Balken reihenweise fest in den Keller pflanzen und legte sechs meiner Vierzigfußleitern nebeneinander darüber und sechs weitere auf diese drauf. Auf dieser Brücke ließ ich eine Schicht Zweige ausbreiten und auf die Zweige eine sechs Zoll starke Schicht Erde aufschütten. Ich spannte auf jeder Seite Seile aus, die als Geländer dienen sollten, und dann war meine Brücke fertig. Ein Zug Elefanten hätte sie sicher und bequem überschreiten können. Bei Einbruch der Nacht war die Karawane auf der anderen Seite, und die Leitern wurden aufgenommen.

Am nächsten Morgen zogen wir eine Zeitlang in guter Stimmung dahin, obwohl wir wegen der Steilheit des felsigen Bodens und der Dichte des Waldes nur langsam und mühsam vorwärts kamen; aber schließlich schlich sich eine dumpfe Verzagtheit in die Mienen der Männer; und es war offenkundig, daß nun nicht nur sie, sondern auch die Bergführer überzeugt waren, wir hätten uns verirrt. Die Tatsache, daß wir noch immer keinen Touristen begegneten, war nur zu bezeichnend. Etwas anderes schien anzudeuten, daß wir uns nicht nur verirrt, sondern sehr arg verirrt hatten; denn es mußten bestimmt schon Suchexpeditionen unterwegs sein, aber wir hatten keine Spur von ihnen erblickt.

Die Demoralisierung griff um sich; es mußte etwas geschehen, und zwar schnell. Glücklicherweise bin ich um Rat nie verlegen. Ich dachte mir jetzt etwas aus, das allen zusagte, denn es versprach, sich zu bewähren. Ich nahm eine Dreiviertelmeile Seil, band ein Ende davon einem Bergführer um den Leib und hieß ihn, loszugehen und die Straße zu suchen, während die Karawane wartete. Ich wies ihn an, im Falle eines Mißerfolges am Seil entlang zurückzukommen; im Falle eines Erfolges sollte er ein paarmal heftig am Seil zerren, woraufhin die Expedition sofort zu ihm kommen würde. Er brach auf und war binnen zwei Minuten zwischen den Bäumen verschwunden. Ich selbst ließ das Seil nach, während alle mit gespanntem Blick das dahinschleichende Ding beobachteten. Zuweilen kroch das Seil langsam dahin, dann wieder ziemlich lebhaft. Zwei- oder dreimal schienen wir das Signal zu erhalten, und gerade wollte ein Freudenschrei von den Lippen der Männer losbrechen, als sie merkten, daß es falscher Alarm gewesen war. Aber schließlich, als über eine halbe Meile Seil davongerutscht war, hörte es auf zu gleiten und lag absolut still – eine Minute – zwei Minuten lang – drei –, während wir den Atem anhielten und es beobachteten.

Ruhte der Bergführer aus? Durchspähte er von einem hochgelegenen Punkt aus das Gelände? Erkundigte er sich bei einem zufällig des Wegs kommenden Bergbewohner? Halt – war er etwa aus einem Übermaß an Erschöpfung und Furcht ohnmächtig geworden?

Dieser Gedanke versetzte uns einen Schlag. Ich war eben dabei, eine Expedition abzukommandieren, die ihm zu Hilfe kommen sollte, als das Seil von einer Reihe so wilder Rucke geschüttelt wurde, daß ich es kaum festhalten konnte. Es tat gut, das Hurra zu hören, das jetzt aufbrauste. »Gerettet! Gerettet!« war das Wort, das die ganze lange Reihe der Karawane entlang erschallte.

Wir standen auf und zogen sofort los. Eine Zeitlang

fanden wir den Weg ganz ordentlich, aber dann fing er an, schwierig zu werden, und diese Eigenschaft verstärkte sich ständig. Als wir vermuteten, eine halbe Meile weit gegangen zu sein, rechneten wir jeden Augenblick damit, den Bergführer zu sehen; aber nein, er war nirgends sichtbar; er wartete auch nicht, denn das Seil bewegte sich immer noch, also tat er das gleiche. Das sprach dafür, daß er den Weg noch nicht gefunden hatte, sondern mit einem Landmanne auf ihn zuging. Uns blieb nichts anderes übrig, als weiterzutrotten, und das taten wir. Drei Stunden später trotteten wir noch immer. Das war nicht nur geheimnisvoll, sondern aufreizend. Und auch sehr anstrengend; denn wir hatten zuerst sehr eifrig versucht, den Führer einzuholen, uns aber nur vergeblich abgemüht; denn wenn er auch langsam ging, kam er dennoch auf solchem Gelände schneller vorwärts als die schwerfällige Karawane.

Um drei Uhr nachmittags waren wir halbtot vor Erschöpfung – und immer noch glitt das Seil langsam weiter. Das Murren gegen den Führer hatte beständig zugenommen, und schließlich wurde es laut und wütend. Es folgte eine Meuterei. Die Leute weigerten sich weiterzugehen. Sie erklärten, daß wir den ganzen Tag hindurch immerfort im Kreise herummarschiert und nicht von der Stelle gekommen wären. Sie verlangten, daß unser Ende des Seiles an einem Baum festgemacht werden sollte, um den Führer aufzuhalten, bis wir ihn einholen und umbringen könnten. Das war keine unvernünftige Forderung, deshalb ordnete ich das an.

Sobald das Seil festgebunden war, zog die Expedition mit dem Eifer los, den gewöhnlich nur der Rachedurst einflößt. Aber nach einem anstrengenden, fast eine halbe

Meile langen Marsch kamen wir an einen Hügel, der dicht mit bröckeligem Steinschutt bedeckt und so steil war, daß kein einziger von uns allen jetzt noch in der Lage war, ihn zu besteigen. Jeder Versuch schlug fehl und endete damit, daß jemand kampfunfähig wurde. Binnen zwanzig Minuten hatte ich fünf Mann auf Krücken. Jedesmal, wenn ein Kletterer versuchte, sich an dem Seil festzuhalten, gab es nach und ließ ihn rücklings hinabrollen. Diese Beobachtung brachte mich auf eine Idee. Ich befahl der ganzen Karawane, kehrtzumachen und sich in Marschordnung aufzustellen; dann machte ich das Schlepptau an dem letzten Maultier fest und gab das Kommando:

»Im Gleichschritt – rechts schwenkt – vorwärts marsch!«

Der Zug begann sich zu bewegen, zu den aufpeitschenden Klängen eines Kampfliedes, und ich sagte mir: ›Also, wenn das Seil nicht reißt, muß das diesen Führer ins Lager zurückbringen, denke ich.‹ Ich beobachtete, wie das Seil den Hügel herabgeglitten kam, und plötzlich, als ich schon ganz siegessicher war, stand ich einer bitteren Enttäuschung gegenüber: an dem Seil war kein Bergführer festgebunden, nur ein sehr empörter, alter, schwarzer Ziegenbock. Die Wut der genarrten Leute überschritt alle Grenzen. Sie wollten sogar ihre unvernünftige Rache an diesem unschuldigen stummen Geschöpf auslassen. Aber ich stellte mich zwischen sie und ihre Beute, die von einer starrenden Mauer von Eispickeln und Alpenstöcken bedroht war, und verkündete, es führe nur ein Weg zu diesem Mord – direkt über meine Leiche. Schon während des Sprechens erkannte ich, daß mein Schicksal besiegelt wäre, wenn nicht ein Wunder geschähe, um diese Wahnsinnigen von ihrem grausamen Vorhaben abzubringen. Ich sehe noch jetzt die grauenerregende Mauer von Waffen; ich sehe die vorrückende Schar, wie ich sie damals sah, ich sehe den Haß in den bösen Augen; ich erinnere mich, wie ich den Kopf auf die Brust sinken ließ; ich fühle noch den plötzlichen, erdbebenartigen Stoß in meine Kehrseite, den mir eben der Ziegenbock versetzte, für dessen Rettung ich mich opferte; ich höre noch das dröhnende Gelächter, das aus der angreifenden Schar hervorbrach, als ich von der Vorhut bis zum Nachtrab wie eine Sepoykugel aus einem Rodmangeschütz durch sie hindurchschoß.

Ich war gerettet. Ja, ich war gerettet, und zwar durch den barmherzigen Instinkt der Undankbarkeit, den die Natur diesem verräterischen Biest in die Brust gepflanzt hatte. Die Gnade, die keine Beredsamkeit in den Herzen dieser Männer hatte wecken können, war durch eine Lachsalve geweckt worden. Der Ziegenbock wurde freigelassen und mein Leben verschont.

Später entdeckten wir, daß der Bergführer uns verlassen hatte, sobald er eine halbe Meile zwischen sich und uns gelegt hatte. Um keinen Verdacht zu erregen, hatte er es für zweckmäßig gehalten, daß die Leine sich weiterbewegte; so fing er diesen Ziegenbock ein, und zu der Zeit, als er auf ihm saß und das Seil an ihm festmachte, stellten wir uns vor, daß er ohnmächtig daläge, von Erschöpfung und Kummer überwältigt. Als er den Ziegenbock losließ, fing dieser an herumzuspringen und versuchte, das Seil abzuschütteln, und das war das Zeichen, dem wir mit frohen Rufen gefolgt waren. Den ganzen Tag über waren wir diesem Ziegenbock immerzu im Kreise gefolgt – das ergab sich aus der Feststellung, daß wir unseren Zug siebenmal binnen sieben

Stunden an ein und derselben Quelle getränkt hatten. So erfahren ich als Waldläufer auch bin, hatte ich das doch irgendwie nicht bemerkt, bis meine Aufmerksamkeit durch ein Schwein darauf gelenkt wurde. Stets wälzte sich dieses Schwein dort, und da es das einzige Schwein war, das wir erblickten, brachte mich sein häufiges Auftreten zusammen mit seiner unveränderlichen Ähnlichkeit mit sich selbst zu der Überlegung, daß es dasselbe Schwein sein müßte, und das führte mich ferner zu der Schlußfolgerung, daß es auch dieselbe Quelle sein müßte – die es auch wirklich war.

Ich notierte mir diese merkwürdige Sache, da sie in überzeugender Weise den relativen Unterschied zwischen dem Verhalten eines Gletschers und dem eines Schweines aufzeigte. Es gilt jetzt als feststehende Tatsache, daß Gletscher wandern; meines Erachtens beweisen meine Beobachtungen mit gleicher Schlüssigkeit, daß ein Schwein an einer Quelle nicht wandert. Ich würde mich freuen, die Meinung anderer Beobachter zu dieser Frage zu erfahren.

Nur noch einmal zur Erläuterung zurück zu jenem Bergführer, und dann bin ich mit ihm fertig. Nachdem er den Ziegenbock an das Seil gebunden hatte, war er eine Zeitlang umhergeschweift und dann zufällig auf eine Kuh gestoßen. In der Meinung, daß eine Kuh natürlich mehr als ein Bergführer wisse, packte er sie am Schwanz, und der Erfolg gab ihm recht. Sie graste gemütlich bergab, bis die Melkzeit nahte; dann wandte sie sich heimwärts und schleppte ihn nach Zermatt hinein.

Vierzehntes Kapitel

Expedition fortgesetzt · Experimente mit dem
Barometer · Thermometer abkochen · Barometersuppe ·
Eine interessante wissenschaftliche Entdeckung ·
Latinist beschädigt · Ein Feldprediger verletzt ·
Knapper Bestand an Büfettiers · Bergkeller wird
ausgehoben · Ein Exemplar des jungen Amerika ·
Jemandes Enkel · Ankunft im Riffelberghotel ·
Besteigung des Gornergrates · Vertrauen zum
Thermometer · Das Matterhorn

An dem wilden Fleck, zu dem uns der Ziegenbock gebracht
hatte, schlugen wir unser Lager auf. Die Leute waren sehr
erschöpft. Ihre Überzeugung, daß wir uns verirrt hätten,
vergaßen sie über dem guten Abendbrot, und bevor die
Reaktion darauf wieder einsetzen konnte, verabreichte ich
ihnen reichlich Opiumtinktur und legte sie schlafen.

Am nächsten Morgen erwog ich gerade im Geiste unsere
verzweifelte Lage und versuchte, mir einen Ausweg auszudenken, als Harris mit einer Baedekerkarte zu mir kam,
die beweiskräftig darstellte, daß der Berg, auf dem wir uns
befanden, noch in der Schweiz lag – jawohl, jeder einzelne
Teil lag in der Schweiz. Also waren wir doch nicht verloren.
Das war eine ungeheure Erleichterung; sie nahm mir die

Last zweier solcher Berge von der Brust. Ich ließ sofort die Nachricht verbreiten und die Karte ausstellen. Die Wirkung war wunderbar. Sobald die Leute mit eigenen Augen sahen und wußten, wo sie sich befanden, und daß nur der Gipfel verlorengegangen war und nicht sie selbst, lebten sie sofort auf und sagten einmütig, der Gipfel möge sich um sich selbst kümmern, sie seien an seinen Sorgen nicht interessiert.

Da nun unsere Nöte zu Ende waren, beschloß ich, die Leute im Lager ausruhen zu lassen und der wissenschaftlichen Abteilung der Expedition eine Chance zu geben. Zuerst führte ich eine barometrische Beobachtung durch, um unsere Höhe zu bestimmen, aber ich konnte nicht feststellen, daß dabei etwas herausgekommen wäre. Ich wußte aus meiner wissenschaftlichen Lektüre, daß entweder Thermometer oder Barometer abgekocht werden müßten, um sie genau einzustellen; ich wußte nicht mehr, welches von beiden, also kochte ich beide ab. Es ließ sich noch immer kein Ergebnis ermitteln; also untersuchte ich diese Instrumente und entdeckte, daß sie grundlegende Mängel aufwiesen: das Barometer besaß keinen Zeiger außer dem Messingweiser, und die Kugel des Thermometers war mit Stanniol ausgestopft. Ich hätte diese Dinger in Stücke kochen können und doch nie etwas ermittelt.

Ich trieb ein anderes Barometer auf; es war neu und ganz. Ich kochte es eine halbe Stunde lang in einem Topf mit Bohnensuppe ab, welche die Köche gerade zubereiteten. Das Ergebnis war unerwartet: auf das Instrument hatte es sich überhaupt nicht ausgewirkt, aber die Suppe hatte einen so starken Barometergeschmack angenommen, daß der Küchenmeister, der ein äußerst gewissenhafter Mensch war, auf der Speisekarte ihren Namen änderte. Das Gericht schmeckte allen so sehr gut, daß ich den Koch anwies, täglich Barometersuppe zu kochen. Man war der Meinung, daß das Barometer schließlich Schaden nehmen würde, aber das kümmerte mich nicht. Ich hatte überzeugend bewiesen, daß es nicht anzugeben vermochte, wie hoch ein Berg ist, deshalb hatte ich keine richtige Verwendung dafür. Auf Wetterumschläge konnte ich auch so achtgeben; ich wollte nicht wissen, wann gutes Wetter käme; was ich wissen wollte, war, wann schlechtes käme, und das konnte ich von Harris' Hühneraugen erfahren. Harris hatte seine Hühneraugen im Staatlichen Observatorium in Heidelberg prüfen und regulieren lassen, und man konnte sich fest auf sie verlassen. So teilte ich das neue Barometer der Küchenabteilung zu, wo es in der Offiziersmesse verwendet werden sollte. Es stellte sich heraus, daß man sogar mit dem beschädigten Barometer noch eine ziemlich anständige Suppe kochen konnte; deshalb gestattete ich, daß man dieses den Mannschaftsmessen zuteilte.

Als nächstes kochte ich das Thermometer ab und erhielt ein überaus gutes Ergebnis; das Quecksilber stieg auf etwa zweihundert Grad Fahrenheit. Nach Meinung der anderen Wissenschaftler der Expedition schien das darauf hinzudeuten, daß wir die außerordentliche Höhe von zweihunderttausend Fuß über dem Meeresspiegel erreicht hatten. Die Wissenschaft legt die Grenze des ewigen Schnees auf etwa zehntausend Fuß über dem Meeresspiegel fest. Wo wir uns befanden, war kein Schnee, infolgedessen war bewiesen, daß der ewige Schnee irgendwo oberhalb zehntausend Fuß aufhört und nicht wieder anfängt. Das war eine interessante Tatsache, eine, die vorher noch von keinem anderen

Beobachter beobachtet worden war. Sie war auch ebenso wertvoll wie interessant, da sie die verlassenen Gipfel der höchsten Alpen der Besiedelung und dem Ackerbau eröffnen würde. Wir fühlten uns stolz, da zu sein, wo wir uns befanden, aber es tat weh, daran denken zu müssen, daß wir ohne diesen Ziegenbock genausogut hätten zweihunderttausend Fuß höher sein können.

Der Erfolg meines letzten Experiments veranlaßte mich, ein Experiment mit meiner photographischen Ausrüstung anzustellen. Ich packte sie aus und kochte eine meiner Kameras ab, aber die Sache schlug fehl: das Holz quoll auf und riß, und ich konnte nicht feststellen, daß die Linsen nun besser gewesen wären als vorher.

Ich beschloß nun, einen Bergführer abzukochen. Möglicherweise wäre er dadurch besser geworden, seine Brauchbarkeit hätte es nicht beeinträchtigen können. Aber ich durfte das nicht machen. Bergführer haben keinen Sinn für die Wissenschaft, und dieser hier war nicht damit einverstanden, sich in ihrem Interesse Unbequemlichkeiten zu unterziehen.

Inmitten meiner wissenschaftlichen Arbeit geschah einer dieser unnötigen Unfälle, die immer unter den Unwissenden und Unbesonnenen vorkommen. Ein Träger schoß auf eine Gemse, verfehlte sie und machte den Latinisten kampfunfähig. Das war in meinen Augen keine ernste Angelegenheit, denn die Pflichten eines Latinisten lassen sich auf Krücken genausogut wie anders erfüllen – aber die Tatsache blieb bestehen, daß, wenn der Latinist nicht zufällig im Wege gewesen wäre, ein Maultier diese Ladung abbekommen hätte. Das wäre etwas ganz anderes gewesen, denn wenn es um die Frage des Wertes geht, besteht ein handgreiflicher

Unterschied zwischen einem Latinisten und einem Maultier. Ich konnte mich nicht darauf verlassen, jedesmal einen Latinisten an der richtigen Stelle zu haben; um sicherzugehen, ordnete ich also an, daß in Zukunft innerhalb des Lagergebietes die Gemse mit keiner anderen Waffe als dem Zeigefinger gejagt werden dürfe.

Kaum hatten sich nach diesem Vorfall meine Nerven beruhigt, als sie schon wieder aufgerüttelt wurden – so, daß ich einen Augenblick lang völlig den Mut verlor: im Lager ging plötzlich das Gerücht um, einer der Büfettiers sei in einen Abgrund gefallen.

Es stellte sich jedoch heraus, daß es sich nur um einen Feldprediger handelte. Ich hatte schon absichtlich eine besonders starke Gruppe Feldprediger angeschafft, um auf solche Notfälle vorbereitet zu sein, war aber infolge eines unerklärlichen Versehens ziemlich knapp mit Büfettiers weggekommen.

Am folgenden Morgen zogen wir weiter, gut erholt und in bester Stimmung. Mit besonderem Vergnügen gedenke ich dieses Tages, weil uns unser Weg wiedergeschenkt wurde. Ja, wir fanden unseren Weg wieder, und zwar auf ganz ungewöhnliche Weise. Etwa zweieinhalb Stunden lang waren wir dahingetrottet, als wir auf eine massive, etwa zwanzig Fuß hohe Felsenmasse stießen. Diesmal brauchte ich mich nicht erst von einem Maultier belehren zu lassen. (Ich fing schon an, mehr als jedes Maultier der Expedition zu wissen.) Sofort setzte ich eine Sprengladung Dynamit an und hob diesen Felsen aus dem Weg. Aber voller Überraschung und Verdruß stellte ich fest, daß oben darauf eine Sennhütte gestanden hatte.

Ich hob diejenigen Mitglieder der Familie auf, die in meiner Umgebung herunterfielen, und Untergebene meines Korps sammelten die übrigen ein. Glücklicherweise war keiner dieser armen Leute verletzt, aber sie waren sehr verärgert. Ich erklärte dem Obersenn, wie die Sache eigentlich passiert war und daß ich nur auf der Suche nach der Straße gewesen sei und ihm bestimmt rechtzeitig Bescheid gegeben hätte, wenn ich gewußt hätte, daß er dort oben war. Ich sagte, ich hätte es nicht böse gemeint und hoffte, nicht dadurch in seiner Wertschätzung gesunken zu sein, daß ich ihn ein paar Dutzend Yard in die Luft gehoben hätte. Ich sagte viele andere verständige Sachen, und als ich schließlich anbot, seine Hütte wieder aufzubauen, den Schaden zu bezahlen und ihm den Keller obendrein zu schenken, war er besänftigt und zufrieden. Vorher hatte er überhaupt keinen Keller besessen; er würde jetzt keine so schöne Aussicht wie vorher haben, aber was er an Aussicht verloren hatte, gewann er an Keller. Er sagte, es gäbe in den Bergen kein zweites solches Loch – womit er recht gehabt hätte, wenn das verstorbene Maultier nicht versucht hätte, das Nitroglyzerin zu fressen.

Ich stellte hundertsechzehn Leute an, und binnen fünfzehn Minuten bauten sie die Sennhütte aus ihrem eigenen Schutt wieder auf. Sie wurde überdies sehr viel malerischer als vorher. Der Mann sagte, wir wären jetzt auf dem Fällistutz oberhalb Schwegmatten – welche Auskunft ich erfreut zur Kenntnis nahm, da sie uns unsere Position mit einem Grad der Genauigkeit angab, den wir seit etwa einem Tag nicht mehr gewöhnt gewesen waren. Wir erfuhren auch, daß wir am Fuße des eigentlichen Riffelberges standen und daß das Einleitungskapitel unseres Werkes abgeschlossen war.

Von hier aus hatten wir eine schöne Aussicht auf die lebhafte Visp, wie sie unter einem ungeheuren Bogen festen Eises, der in der Fußmauer des großen Gornergletschers ausgehöhlt ist, ihren ersten Sprung in die Welt macht; und wir konnten auch den Furggbach sehen, den Abfluß des Furggletschers.

Der Maultierpfad zum Gipfel des Riffelberges führte direkt an der Sennhütte vorbei, ein Umstand, den wir beinahe sofort bemerkten, weil eine Prozession von Touristen so ziemlich* die ganze Zeit über auf ihm entlangzog. Das Geschäft des Sennen bestand darin, den Touristen Erfrischungen zu liefern. Meine Sprengung hatte diesen Handel auf ein paar Minuten unterbrochen, weil sie alle vorhandenen Flaschen zertrümmert hatte; aber ich gab dem Manne eine Menge Whisky, den er als Alpensekt verkaufen, und eine Menge Essig, der als Rheinwein dienen konnte, und so ging das Geschäft bald so lebhaft wie vorher.

Ich ließ die Expedition draußen rasten und logierte mich mit Harris in der Sennhütte ein, wo ich meine Tagebücher und wissenschaftlichen Beobachtungen berichtigen wollte, bevor der Aufstieg fortgesetzt würde. Kaum hatte ich meine Arbeit begonnen, als ein hochgewachsener, schlanker, lebhafter amerikanischer Jüngling von etwa dreiundzwanzig Jahren, der sich auf dem Rückweg befand, eintrat und mit der flotten Selbstzufriedenheit auf mich zukam, die der Vorstellung eines Jugendlichen von der wohlerzogenen Ungezwungenheit des Mannes von Welt entspricht. Sein Haar

* »So ziemlich« mag kein eleganter Ausdruck sein, aber es ist höchste Zeit, daß er das wird. Es gibt kein elegantes Wort und keine elegante Phrase, die genau das bedeutet, was dieses bedeutet.

war kurz und sorgfältig in der Mitte gescheitelt, und er sah ganz so aus wie ein Amerikaner, der wahrscheinlich seine Unterschrift mit einem Anfangsbuchstaben beginnen und seinen Mittelnamen ausschreiben würde. Er stellte sich vor und lächelte dabei ein von den Bühnenhöflingen geborgtes, geziertes Lächeln, streckte eine glatte Pfote aus, und während er meine Hand damit ergriff, neigte er den Leib dreimal aus den Hüften heraus nach vorn, wie es ein Bühnenhöfling tut, und sagte auf ganz ungemein gewandte, herablassende und gönnerhafte Art – ich zitiere seine Rede wörtlich –:

»Sehr erfreut, Ihre Bekanntschaft zu machen, wahrhaftig; versichere Ihnen, wirklich sehr erfreut. Ich habe alle Ihre kleinen Versuche gelesen und sie sehr bewundert, und als ich hörte, daß Sie hier wären, bin ...«

Ich deutete auf einen Stuhl, und er setzte sich. Dieser Grande war der Enkel eines Amerikaners, der zu seiner Zeit eine ziemliche Bedeutung besessen hatte und noch nicht ganz vergessen ist – eines Mannes, der so nahe daran war, ein großer Mann zu sein, daß er ganz allgemein für einen solchen gehalten wurde, als er noch lebte.

Langsam durchmaß ich den Raum, sann über wissenschaftliche Probleme nach und hörte folgende Unterhaltung:

ENKEL   »Erster Besuch in Europa?«

HARRIS   »Meiner? Ja.«

E.   *(mit leisem, erinnerungsschwerem Seufzer, das vergangene Freuden andeutet, die man in dieser Frische nur einmal kosten kann)* »Ach, ich weiß, was das für Sie bedeutet. Ein erster Besuch! – Ach, wie romantisch! Ich wünschte, ich könnte das noch einmal empfinden.«

H. »Ja, ich finde, daß es alle meine Träume übertrifft. Es ist bezaubernd. Ich gehe …«

E. *(mit einer gezierten Handbewegung, die bedeutet: ›Verschone mich mit deinen unreifen Begeisterungsausbrüchen, lieber Freund.‹)* »Ja, *ich* weiß, ich weiß; Sie besuchen Kathedralen und begeistern sich daran; und Sie schleppen sich durch meilenlange Gemäldegalerien und begeistern sich daran; und Sie stehen hier und da und dort auf historischem Boden und begeistern sich wieder daran; und Sie werden von der ersten groben Vorstellung von Kunst durchdrungen, und Sie sind stolz und glücklich. Ach ja, stolz und glücklich – das trifft es. Ja, ja, genießen Sie es – das ist recht – es ist eine unschuldige Schwelgerei.«

H. »Und Sie? Tun Sie so etwas nicht mehr?«

E. »Ich! Oh, das ist *sehr* gut! Mein lieber Herr, wenn Sie erst einmal so lange reisen wie ich, stellen Sie eine solche Frage nicht mehr. *Ich* soll noch die vorgeschriebenen Galerien besuchen, in den vorgeschriebenen Kathedralen umherdösen, die ausgetretene Runde der vorgeschriebenen Sehenswürdigkeiten machen! Ich bitte Sie!«

H. »Na, was *tun* Sie aber dann?«

E. »Tun? Ich eile hierhin – eile dahin – denn ich bin immer auf dem Sprung – aber ich meide die Herde. Heute bin ich in Paris, morgen in Berlin, bald in Rom; aber in den Galerien des Louvre oder an den gewöhnlichen Sammelpunkten der Gaffer in jenen anderen Hauptstädten würden Sie vergeblich nach mir suchen. Wenn Sie mich finden wollen, müssen Sie in die wenig besuchten Winkel und Ecken schauen, wohin zu gehen anderen nie einfällt. Einmal würden Sie entdecken, daß ich mich in der Hütte

irgendeines unbedeutenden Bauern häuslich niederge-
lassen habe, ein andermal würden Sie mich in irgendeinem vergessenen Schloß finden, wo ich einen kleinen,
auserlesenen Kunstgegenstand anbete, den das achtlose
Auge übersehen hat und den der Unerfahrene verachten
würde; dann wieder würden Sie mich als Gast im Aller-
heiligsten von Palästen finden, während die Herde glücklich ist, durch Bestechung eines Dieners einen flüchtigen
Blick in die unbenutzten Gemächer werfen zu können.«

H. »Sie sind an solchen Orten zu *Gast*?«

E. »Und zwar ein willkommener.«

H. »Das überrascht mich. Wie kommt das?«

E. »Der Name meines Großvaters ist ein Passierschein für
alle Höfe in Europa. Ich brauche nur diesen Namen zu
nennen und alle Türen stehen mir offen. Ich eile nach
eigenem freien Wunsch und Willen von Hof zu Hof und
bin stets willkommen. Ich bin in den Palästen Europas
genau so zu Hause wie Sie bei Ihren Verwandten. Ich
kenne jeden Würdenträger in Europa, glaube ich. Ich
habe die ganze Zeit die Taschen voller Einladungen. Ich
habe jetzt mein Wort gegeben, nach Italien zu fahren,
wo ich Gast einer Reihe der edelsten Häuser des Landes
sein soll. In Berlin ist mein Leben eine ununterbrochene
Reihe von Lustbarkeiten im Kaiserschloß. Es ist immer
dasselbe, wohin ich auch komme.«

H. »Das muß sehr angenehm sein. Aber dadurch muß Boston ein bißchen schwerfällig wirken, wenn Sie zu Hause
sind.«

E. »Ja, so wirkt es natürlich. Aber ich fahre nicht oft nach
Hause. Dort ist kein Leben – wenig, wovon die höhere

Natur des Menschen zehren könnte. Boston ist sehr beschränkt, wissen Sie. Die Stadt weiß das nicht, und man könnte sie nicht davon überzeugen; deshalb sage ich nichts wenn ich dort bin; wozu auch? Ja, Boston ist sehr beschränkt, aber es hat eine so gute Meinung von sich selbst, daß es das nicht begreifen kann. Ein Mann, der so viel gereist ist wie ich und so viel von der Welt gesehen hat, erkennt das deutlich genug, aber er kann es nicht ändern, wissen Sie, und so ist es am besten, man verläßt die Stadt und sucht sich eine Sphäre, die mehr mit dem eigenen Geschmack und mit der eigenen Bildung harmoniert. Ich fahre etwa einmal im Jahr hinüber, wenn ich nichts Wichtiges vorhabe, aber ich komme sehr bald wieder zurück. Ich verbringe meine Zeit in Europa.«

H. »Ich verstehe. Sie stellen Ihre Reisepläne auf und …«

E. »Verzeihung, nein. Ich stelle keinerlei Reisepläne auf. Ich folge einfach der Neigung des Augenblicks. Ich bin durch keine Bande, keine Pflichten eingeengt; ich bin in keiner Weise gebunden. Ich reise schon zu lange, um mich durch vorgefaßte Pläne zu behindern. Ich bin einfach ein Reisender, ein eingefleischter Reisender, mit einem Wort, ein Mann von Welt – ich kann mich mit keinem anderen Namen bezeichnen. Ich sage nicht: ›Ich fahre hierhin, oder ich fahre dorthin‹; ich sage überhaupt nichts, ich handele nur. Zum Beispiel können Sie mich nächste Woche als Gast eines spanischen Granden sehen, oder Sie können mich auf der Reise nach Venedig sehen oder auf dem Wege nach Dresden. Wahrscheinlich werde ich bald nach Ägypten fahren; Freunde werden zu Freunden sagen: ›Er ist an den Katarakten des Nils‹; und in genau dem gleichen Moment werden sie mit Überraschung hören, daß ich weit fort irgendwo drüben in Indien bin. Ich bin für die Leute eine ständige Überraschung. Sie sagen immer: ›Ja, er war in Jerusalem, als wir zuletzt von ihm hörten, aber Gott weiß, wo er jetzt ist.‹«

Dann stand der Enkel auf, um zu gehen – erinnerte sich vielleicht, daß er eine Verabredung mit irgendeinem Kaiser hatte. Er wiederholte alle seine Mätzchen: packte mich auf Armeslänge mit einer Pfote, preßte sich mit der anderen den Hut gegen den Magen, knickte seinen Leib dreimal in der Mitte ein und murmelte: »Vergnügen, wirklich; großes Vergnügen, wirklich. Wünsche Ihnen viel Erfolg.« Dann entzog er uns seine gnädige Gegenwart. Es ist eine große und gewaltige Sache, einen Großvater zu haben.

Ich hatte nicht die Absicht, diesen Jungen irgendwie verzerrt darzustellen, denn das bißchen Empörung, das er in mir erregte, verging bald und ließ nur Mitleid zurück. Gegen ein Vakuum kann man keinen Groll hegen. Ich habe versucht, die genauen Worte des Burschen zu wiederholen; wenn es mir irgendwo mißlungen ist, so ist es mir zumindest nicht mißlungen, den Kern und Sinn dessen wiederzugeben, was er gesagt hat. Er und der unschuldige Quatschkopf, dem ich auf dem Vierwaldstätter See begegnet war, sind die originellsten und interessantesten Exemplare des jungen Amerika, auf die ich bei meinen Wanderungen im Ausland gestoßen bin. Ich habe ehrliche Porträts von ihnen angefertigt, keine Karikaturen. Der Enkel von dreiundzwanzig Jahren bezeichnete sich fünf- oder sechsmal als »alten Reisenden« und mindestens dreimal (mit einer heiter-gelassenen Selbstzufriedenheit, die rasend machte) als »Mann von Welt«. Es war ganz köstlich, wie er Boston, ohne es tadeln und belehren zu wollen, seiner »Beschränktheit« überließ.

Bald stellte ich die Karawane in Marschordnung auf, und nachdem ich die Reihe entlanggeritten war, um nachzusehen, ob sie auch ordentlich angeseilt war, gab ich das Kommando zum Aufbruch. In kurzer Zeit führte uns der Weg in offenes, grasbewachsenes Gelände. Wir befanden uns jetzt über dem beschwerlichen Wald und hatten direkt vor uns einen freien Ausblick auf unseren Gipfel – den Gipfel des Riffelberges.

Wir folgten dem Maultierpfad, der im Zickzack verlief, bald nach rechts, bald nach links, aber immer bergauf und immer bedrängt und belästigt von gehenden und kommenden Reihen leichtsinniger Touristen, die nie, in keinem einzigen Falle angeseilt waren. Ich war gezwungen, die äußerste Sorgfalt und Vorsicht anzuwenden, denn an vielen Stellen war der Pfad keine zwei Yard breit, und oft ging seine äußere Seite in schräge, acht oder neun Fuß tiefe Abhänge über. Ich mußte den Leuten ständig Mut zusprechen, damit sie sich nicht ihrer unmännlichen Furcht überließen.

Ohne die Verzögerung, die uns der Verlust eines Schirmes eintrug, hätten wir den Gipfel vor Einbruch der Nacht bezwungen. Ich war dafür, den Schirm aufzugeben, aber die Leute murrten, und mit Recht, denn in dieser ungeschützten Lage bedurften wir mehr denn je eines Schutzes gegen Lawinen; also ließ ich das Lager aufschlagen und ordnete eine starke Abteilung ab, nach dem verlorenen Schirm zu suchen.

Der nächste Morgen brachte ernste Schwierigkeiten, aber unser Mut war groß, denn unser Ziel war nahe. Zu Mittag besiegten wir das letzte Hindernis – endlich standen wir auf dem Gipfel, ohne Verlust eines einzigen Mannes, außer dem Maultier, welches das Nitroglyzerin gefressen hatte. Unsere große Heldentat war vollbracht – wir hatten das Unmögliche möglich gemacht, und Harris und ich schritten stolz in den großen Speisesaal des Riffelberghotels und stellten unsere Alpenstöcke in der Ecke ab.

Ja, ich hatte den großen Aufstieg bewältigt; aber es war ein Fehler gewesen, ihn im Abendanzug zu unternehmen. Die Angströhren waren zerbeult, die Schwalbenschwänze flatterten in Lumpen, der Schmutz trug nicht zu unserer Schönheit bei, der allgemeine Eindruck war unerfreulich und sogar anstoßerregend.

Es waren etwa fünfundsiebzig Touristen im Hotel – hauptsächlich Damen und kleine Kinder –, und sie hießen uns bewundernd willkommen, was uns für alle unsere Entbehrungen und Leiden entschädigte. Der Aufstieg war bewältigt, und die Namen und Daten sind jetzt dort auf einem steinernen Denkmal verewigt, um es allen zukünftigen Touristen zu verkünden.

Ich kochte ein Thermometer ab und nahm eine Höhenmessung vor, mit einem höchst merkwürdigen Ergebnis: *Der Gipfel lag nicht so hoch wie der Punkt am Berghang, an dem ich die erste Höhenmessung vorgenommen hatte.* In der Vermutung, daß ich eine wichtige Entdeckung gemacht hätte, traf ich Vorbereitungen, das zu überprüfen. Zufällig befand sich ein noch höherer Gipfel (der Gornergrat) über dem Hotel, und ungeachtet der Tatsache, daß er von schwindelnder Höhe aus auf einen Gletscher hinausblickt und daß der Aufstieg schwierig und gefährlich ist, beschloß

ich, mich dort hinaufzuwagen und ein Thermometer abzukochen. Also entsandte ich eine starke Gruppe mit einigen geborgten Hacken unter dem Kommando zweier Mitglieder des Führungsstabes, welche den ganzen Weg hinauf
eine Treppe in den Boden graben mußten, und diese bestieg
ich, an die Bergführer angeseilt. Diese luftige Höhe war der
eigentliche Gipfel – also schaffte ich sogar mehr, als ich ur-
sprünglich beabsichtigt hatte. Diese tollkühne Tat ist auf
einem anderen Steindenkmal verewigt.

Ich kochte mein Thermometer ab, und tatsächlich stellte
sich heraus, daß diese Stelle, die angeblich zweitausend Fuß
höher als der Standort des Hotels liegen sollte, neuntausend
Fuß *tiefer* lag. Dadurch war die Tatsache klar bewiesen, *daß
oberhalb einer gewissen Höhe ein Ort um so tiefer liegt, je
höher er zu liegen scheint*. Unsere Besteigung selbst war eine
große Leistung, aber dieser Beitrag zur Wissenschaft besaß
eine unvorstellbare Bedeutung.

Krittler wenden dagegen ein, daß Wasser bei immer
niedrigerer Temperatur kocht, je höher man steigt, und die
scheinbare Anomalität darauf beruhe. Ich antworte, daß ich
meine Theorie nicht darauf begründe, was das kochende
Wasser tut, sondern was das abgekochte Thermometer an-
gibt. Um das Thermometer kommt man nicht herum.

Von dieser hochgelegenen Stelle aus hatte ich eine großartige Aussicht auf den Monte Rosa und offenbar die gesamte übrige Alpenwelt. Um den ganzen Horizont türmten
sich in einem mächtigen Panorama schneeige Gipfel. Man
hätte sich einbilden können, die Zelte eines Belagerungs-
heeres der Brobdingnagier vor sich zu sehen.

Aber einsam, auffallend und großartig erhob sich jener

wunderbare aufrechte Keil, das Matterhorn. Seine jäh aufragenden Hänge waren mit Schnee überstäubt, und die obere Hälfte war in dicke Wolken gehüllt, die sich dann und wann in einen spinnwebzarten Hauch auflösten und wie durch einen Schleier kurze, flüchtige Blicke auf den achtunggebietenden Turm gestatteten. Etwas später nahm das Matterhorn* das Aussehen eines Vulkans an; es schien nackt entblößt bis zum Gipfel – um diesen kreisten riesige, weiße Wolkenbänke, die langsam herausquollen und schräg auf die Sonne zu davonflossen, eine zwanzig Meilen lange Strecke wallenden und wirbelnden Dampfes, der gerade so aussah, als entströme er einem Krater. Wieder später war einer der Berghänge rein und klar und ein anderer Hang vom Fuß bis zum Gipfel hingegen dicht in dicke, rauchartige Wolken gehüllt, die sich ablösten und um den scharfen Rand des Keiles herumzogen wie der Qualm um die Ecken eines brennenden Gebäudes. Das Matterhorn stellt immer neue Versuche an und holt auch immer schöne Wirkungen heraus. Bei Sonnenuntergang, wenn die ganze untere Welt in Dunkelheit gehüllt ist, weist es wie ein feuriger Finger aus der umgebenden Finsternis gen Himmel. Bei Sonnenaufgang – nun, man sagt, es sei bei Sonnenaufgang sehr schön.

Die Fachleute stimmen darin überein, daß man von

---

* Ich hatte das ganz ungewöhnliche Glück, einen kurzen, flüchtigen Blick vom Matterhorn zu erhaschen, als es völlig von Wolken entblößt war. Ohne einen Augenblick zu verlieren, richtete ich meinen Photoapparat darauf und hätte ein erstklassiges Bild erhalten, wenn mein Esel nicht dazwischengekommen wäre. Es war meine Absicht, diese Photographie für mein Buch ganz allein abzuzeichnen, ich war aber gezwungen, die Berge einem Berufskünstler anzuvertrauen, da ich feststellte, daß ich die Landschaft nicht so gut herausbekam.

keinem anderen erreichbaren Punkt aus ein so ungeheures Panorama von schneeiger alpiner Größe, Hoheit und Erhabenheit zu sehen bekommt, wie sie der Tourist vom Gipfel des Riffelberges aus überblicken kann. Deshalb mag sich der Tourist nur anseilen und dort hinaufklettern, denn ich habe bewiesen, daß die Sache mit Mut, Vorsicht und Vernunft zu machen ist.

Ich möchte hier eine Bemerkung – sozusagen in Parenthese – anfügen, die das Wort »schneeig« anregt, das ich gerade gebraucht habe. Wir alle haben Hügel, Berge und Ebenen mit Schnee darauf gesehen, und glauben also, alle vom Schnee bewirkten Erscheinungen und Effekte zu kennen. Aber tatsächlich kennen wir sie erst, wenn wir die Alpen gesehen haben. Möglicherweise machen Masse und Entfernung etwas aus – jedenfalls *ist* es etwas anders. Neben weiteren bemerkenswerten Eigenschaften besitzt der ferne Alpenschnee, wenn die Sonne darauf liegt, ein blendendes, intensives Weiß, das man als eigentümlich und dem Auge nicht vertraut erkennt. Der Schnee, den man gewöhnt ist, besitzt eine Tönung – die Maler geben ihm gewöhnlich einen bläulichen Schimmer –, aber der Alpenschnee besitzt keine wahrnehmbare Tönung, denn er versucht, so weiß wie möglich auszusehen. Was seine unvorstellbare Herrlichkeit betrifft, wenn die Sonne darauf niederflammt – nun sie *ist* einfach unvorstellbar.

Fünfzehntes Kapitel

*Reisehandbücher · Pläne für den Rückmarsch
der Expedition · Ein Gletscherzug · Fallschirmabsprung
vom Gornergrat · Geplanter Ehrenerweis für
Harris abgelehnt · Alle hatten eine Ausrede ·
Eine fabelhafte Idee aufgegeben · Abstieg zum
Gletscher · Vermutlich ein Leck · Ein Bummelzug ·
Gletscher verlassen · Weg nach Zermatt ·
Eine wissenschaftliche Frage*

Ein Reisehandbuch ist ein kurioses Ding. Soeben hat der
Leser erfahren, was ein Mensch durchmachen muß, der den
großen Aufstieg von Zermatt zum Riffelberghotel unternimmt. Baedeker jedoch erteilt in dieser Angelegenheit die
folgenden befremdlichen Auskünfte:

1. Entfernung – drei Stunden.
2. Der Weg ist nicht zu verfehlen.
3. Bergführer nicht erforderlich.
4. Entfernung vom Riffelberghotel bis zum Gornergrat
   anderthalb Stunden.
5. Besteigung einfach und bequem. Bergführer nicht erforderlich.
6. Höhe Zermatts über dem Meeresspiegel – 5315 Fuß.

7. Höhe des Riffelberghotels über dem Meeresspiegel – 8429 Fuß.

8. Höhe des Gornergrates über dem Meeresspiegel – 10 289 Fuß.

Ich habe diese Irrtümer recht wirksam abgestellt, indem ich ihm die folgenden bewiesenen Daten sandte:

1. Entfernung von Zermatt zum Riffelberghotel – sieben Tage.

2. Der Weg *ist* zu verfehlen. Wenn ich der erste bin, dem das gelungen ist, so will ich auch die Ehre dafür einheimsen.

3. Bergführer *sind* erforderlich, denn nur ein Einheimischer kann die Wegweiser lesen.

4. Die Schätzung der Höhe der verschiedenen Örtlichkeiten über dem Meeresspiegel ist ziemlich genau – für Baedeker. Er irrt sich nur um etwa 180 000 bis 190 000 Fuß.

Meine Arnika erwies sich als unbezahlbar. Meine Leute litten entsetzlich, weil sie vom vielen Sitzen wund waren. Zwei oder drei Tage lang war keiner von ihnen fähig, mehr zu tun, als sich hinzulegen oder herumzulaufen; aber die Arnika wirkte so gut, daß am vierten Tage alle wieder sitzen konnten. Ich bin der Ansicht, daß ich den Erfolg unseres großen Unternehmens mehr als allem anderen der Arnika und der Opiumtinktur verdanke.

Nachdem meine Leute ihre Gesundheit und Kraft wiedergewonnen hatten, bestand nun mein Hauptproblem darin, wie ich sie den Berg wieder hinunterbekommen sollte. Ich wollte die tapferen Burschen nicht noch einmal den Gefahren, Anstrengungen und Entbehrungen dieser furchtbaren Route aussetzen, wenn es sich vermeiden ließe. Zuerst dachte ich an Ballons; aber natürlich mußte ich diese Idee aufgeben, denn es waren keine Ballons zu bekommen. Ich dachte an mehrere andere Notbehelfe, aber nach eingehender Prüfung verwarf ich sie aus demselben Grunde. Aber schließlich kam ich darauf. Ich wußte, es stand fest, daß die Gletscher wandern, denn das hatte ich im Baedeker gelesen; also beschloß ich, die Reise nach Zermatt auf dem großen Gornergletscher zu machen.

Sehr gut. Das nächste war, wie man bequem auf den Gletscher hinabgelangen sollte – denn der Maultierpfad dorthin war lang, gewunden und anstrengend. Ich setzte meinen Geist in Tätigkeit und hatte mir bald einen Plan ausgedacht. Vom Gornergrat aus sieht man direkt hinunter auf den ungeheuren gefrorenen Fluß, der Gornergletscher heißt – ein senkrechter Abgrund von zwölfhundert Fuß Tiefe. Wir besaßen 154 Schirme – und was ist ein Schirm anderes als ein Fallschirm?

Ich teilte diese großartige Idee begeistert Harris mit und wollte gerade befehlen, daß sich die Expeditionsteilnehmer mit Schirmen auf dem Gornergrat aufstellen und sich truppweise auf den Absprung vorbereiten sollten, jeder Trupp unter dem Kommando eines Bergführers, als Harris mich aufhielt und in mich drang, nicht zu voreilig zu sein. Er fragte mich, ob man diese Methode, die Alpen herabzusteigen, schon jemals erprobt habe. Ich sagte nein, ich hätte noch nicht davon gehört. Dann sei es nach seiner Ansicht eine ziemlich ernste Sache; es sei nicht richtig, das ganze Kommando auf einmal in den Abgrund zu schicken; es sei besser, zunächst einen allein hinunterzuschicken und zu sehen, wie es ihm erginge.

Ich erkannte sofort, wie klug dieser Einfall war. Ich sprach das auch aus und dankte meinem Agenten herzlich und wies ihn an, seinen Schirm zu nehmen und die Sache gleich einmal zu versuchen, den Hut zu schwenken, wenn er unten angekommen und auf einer weichen Stelle gelandet sei; ich würde die übrigen sofort hinterherschicken.

Harris war von diesem Vertrauensbeweis tief gerührt und sprach das mit einer Stimme aus, die ein deutliches Beben enthielt; aber gleichzeitig sagte er, er fühle sich eines so offenkundigen Gunstbeweises nicht würdig; es könnte im Führungsstab Eifersüchteleien verursachen, denn es gäbe viele, die unverzüglich behaupten würden, er habe unlautere Mittel angewandt, diese Aufgabe zugeteilt zu bekommen, während sein Gewissen bezeuge, daß er überhaupt nicht danach getrachtet, ja, sie nicht einmal im tiefsten Herzen gewünscht hätte.

Ich sagte, diese Worte erwiesen ihm alle Ehre, aber er dürfe nicht aus bloßer Rücksicht auf die Gefühle einiger neidischer Untergebener die unvergängliche Auszeichnung ausschlagen, der erste Mensch zu sein, der per Fallschirm einen Alpengipfel hinabstiege. Nein, sagte ich, er *müsse* die Aufgabe annehmen – das sei keine Einladung mehr, es sei ein Befehl.

Er dankte mir überschwenglich und sagte, wenn die Dinge so formuliert würden, wäre jeder Einwand beseitigt. Er zog sich zurück und kam bald darauf mit seinem Schirm wieder; seine Augen flammten vor Dankbarkeit und seine Wangen waren vor Freude bleich. Gerade da ging der

Hauptführer vorüber. Harris' Miene zeigte nun unendliche Zärtlichkeit, und er sagte:

»Dieser Mann hat mir vor vier Tagen eine grausame Beleidigung zugefügt, und ich hatte mir im Herzen vorgenommen, er sollte es noch erleben und zugeben, daß es die einzige edle Vergeltung, die ein Mensch an seinem Feind üben kann, ist, Böses mit Gutem zu erwidern. Ich verzichte zu seinen Gunsten. Bestimme ihn dazu.«

Ich riß den großmütigen Burschen in meine Arme und sagte: »Harris, du bist die edelste Seele, die es gibt. Du sollst diese großartige Handlung nicht bedauern, und die Welt soll auch bestimmt davon erfahren. Du sollst auch, wenn ich es noch erlebe, Gelegenheiten bekommen, die weit über diese hinausgehen – denke daran.«

Ich rief den Hauptführer heran und gab ihm auf der Stelle den Auftrag. Aber er nahm die Sache nicht mit Begeisterung auf. Er konnte sich überhaupt nicht mit der Idee anfreunden. Er sagte: »Ich mich an einen Schirm binden und über den Gornergrat springen; Verzeihung, es gibt eine ganze Menge angenehmerer Wege zur Hölle.«

Im Laufe einer Aussprache über diese Angelegenheit mit ihm schien es, daß er das Projekt eindeutig und entschieden für gefährlich hielt. Ich war nicht überzeugt davon, jedoch wollte ich das Experiment auch nicht in riskanter Form durchführen – das heißt in einer Weise, die die Stärke und Leistungsfähigkeit der Expedition hätte beeinträchtigen können. Ich war so ziemlich am Ende meines Lateins angelangt, als mir einfiel, es mit dem Latinisten zu versuchen.

Er wurde herangerufen. Aber er lehnte ab, unter dem Vorwand der Unerfahrenheit, Hemmungen vor dem Publikum, mangelnder Wißbegierde und, ich weiß nicht, was noch alles. Ein anderer Mann lehnte wegen Schnupfen ab; glaubte, er dürfe keinen Zug bekommen. Ein anderer konnte nicht gut springen – hatte noch *nie* gut springen können – glaubte nicht, ohne langes und geduldiges Üben so weit springen zu können. Ein anderer befürchtete, es könne zu regnen anfangen, und sein Schirm habe ein Loch. Jeder hatte eine Ausrede. Am Schluß war es so, wie es der Leser inzwischen erraten hat: die großartigste Idee, die je erdacht wurde, mußte fallengelassen werden, weil einfach niemand da war, der genügend Unternehmungslust besaß, um sie auszuführen. Ja, ich mußte sie tatsächlich aufgeben – wenn ich es auch zweifellos noch erleben werde, daß jemand anders von ihr Gebrauch macht und mir den Ruhm raubt.

Gut, ich mußte also den Landweg nehmen – einen anderen Weg gab es nicht. Ich ließ die Expedition den steilen und langwierigen Maultierpfad hinabmarschieren und wählte dann die günstigste Aufstellung, die möglich war, in der Mitte des Gletschers, denn Baedeker sagte, der mittlere Teil wandere am schnellsten. Um der Wirtschaftlichkeit willen stellte ich jedoch einen Teil des schwereren Gepäcks auf die Randpartien, wo sie als Frachtgut reisen sollten.

Ich wartete und wartete, aber der Gletscher bewegte sich nicht. Die Nacht nahte, die Dunkelheit vertiefte sich – immer noch rührten wir uns nicht. Dann fiel mir ein, daß im Baedeker vielleicht ein Fahrplan stehen könnte und es zweckmäßig sei, die Abfahrtszeiten nachzuschlagen. Ich rief nach dem Buche – es war nicht zu finden. Bestimmt enthielte der Bradshaw einen Fahrplan, aber es war kein Bradshaw aufzutreiben.

Am nächsten Morgen erwachte ich gegen halb elf und sah mich um. Wir waren keinen Fußbreit vorgerückt! Zuerst konnte ich das nicht begreifen. Dann fiel mir ein, daß der alte Schlitten auf Grund sitzen müßte. So fällte ich einige Bäume, takelte eine Spiere an der Steuerbord- und eine weitere an der Backbordseite auf und vertrödelte mindestens drei Stunden mit dem Versuch, ihn flottzukriegen. Aber es hatte keinen Zweck, er war eine halbe Meile breit und fünfzehn oder zwanzig Meilen lang, und man konnte gar nicht genau sagen, wo er auf Grund saß. Die Leute fingen auch an, Unruhe zu zeigen, und plötzlich kamen sie mit aschgrauen Gesichtern zu mir gehetzt und sagten, er sei leck geworden.

Nun, meine kühle Haltung zu diesem kritischen Zeitpunkt rettete uns vor einer weiteren Panik. Ich befahl ihnen, mir die Stelle zu zeigen. Sie führten mich zu einer Stelle, wo ein gewaltiger Felsblock in einer tiefen Lache klaren und glänzenden Wassers lag. Es sah nach einem ziemlich üblen Leck aus, aber das behielt ich für mich. Ich stellte die Leute an, den Gletscher leerzupumpen. Es war ein voller Erfolg. Dann stellte ich fest, daß es überhaupt kein Leck war. Dieser Felsblock war von einer Steilwand herabgekommen und mitten auf dem Eis des Gletschers liegengeblieben, die Sonne hatte ihn jeden Tag erwärmt, und als Folge davon hatte er sich immer tiefer und tiefer hineingeschmolzen, bis er schließlich, wie wir ihn gefunden hatten, in einer tiefen Lache äußerst reinen und kalten Wassers ruhte.

Plötzlich fand sich der Baedeker wieder, und ich suchte hastig nach dem Fahrplan. Es war keiner drin. Das Buch sagte einfach, daß der Gletscher immerzu wandere. Das genügte, und so klappte ich das Buch zu und suchte mir einen guten Standort aus, um die Landschaft zu betrachten, während wir vorüberfuhren. Eine Zeitlang stand ich da und genoß die Reise, aber schließlich fiel mir auf, daß wir anscheinend der Landschaft keinen Boden abgewannen. Ich sagte mir: ›Dieser verflixte alte Schlitten sitzt bestimmt schon wieder auf Grund‹, und schlug den Baedeker auf, um nachzusehen, ob ich ein Mittel gegen diese ärgerlichen Aufenthalte finden könnte. Bald fand ich einen Satz, der helles Licht auf die Angelegenheit warf. Er lautete: »Der Gornergletscher wandert mit einer Durchschnittsgeschwindigkeit von etwas weniger als einem Zoll am Tage.«

Selten bin ich so empört gewesen. Selten ist mein Vertrauen so schamlos betrogen worden. Ich stellte eine kleine Rechnung auf: ein Zoll täglich, also etwa dreißig Fuß im Jahr; geschätzte Entfernung nach Zermatt: drei Meilen, ein Yard achtzehn Zoll; Fahrzeit per Gletscher: *etwas mehr als fünfhundert Jahre!* Ich sagte mir: »*Zu Fuß* bin ich schneller, und bevor ich einen derartigen Betrug unterstütze, werde ich auch laufen.«

Als ich Harris die Tatsache enthüllte, daß die Personenabteilung dieses Gletschers – der Mittelteil, sozusagen der Blitzexpreßteil – erst im Sommer des Jahres 2378 in Zermatt sein und das Gepäck, das auf dem langsamen Rand daherkäme, erst ein paar Generationen später eintreffen würde, brach er aus: »Das ist die typische europäische Geschäftsführung! Ein Zoll am Tage – stell dir das bloß vor! Fünfhundert Jahre, um eine Kleinigkeit mehr als drei Meilen zurückzulegen! Aber mich überrascht das gar nicht. Es ist ein katholischer Gletscher. Das sieht man ihm schon an. Und die Geschäftsführung!«

Ich sagte nein, ich glaube, nur sein äußerstes Ende läge in einem katholischen Kanton.

»Na, dann ist es ein Regierungsgletscher«, sagte Harris. »Das ist genau dasselbe. Hier drüben macht die Regierung alles – deshalb ist alles langsam; langsam und schlecht geführt. Aber bei uns wird alles durch privates Unternehmertum gemacht, und dann gibt's kein großes Herumtrödeln, darauf kannst du dich verlassen. Ich wollte, Tom Scott würde einmal diese müde, alte Platte in die Finger kriegen – da könntest du mal sehen, wie sie sich einen anderen Schritt zulegt!«

Ich sagte, ich sei überzeugt davon, daß er die Geschwindigkeit erhöhen würde, wenn genug Betrieb da wäre, der das rechtfertigte.

»Er würde Betrieb *machen*«, sagte Harris, »das ist der Unterschied zwischen Regierungen und Einzelpersonen. Regierungen liegt nichts daran, aber Einzelpersonen. Tom Scott würde den ganzen Betrieb in die Hand nehmen; binnen zwei Jahren würden Gorneraktien auf zweiundzwanzig steigen, und binnen zwei weiteren würde man erleben, wie alle anderen Gletscher wegen Steuerschulden unter den Hammer kommen.« Nach einer nachdenklichen Pause fügte Harris noch hinzu: »Etwas weniger als ein Zoll am Tage; denk doch bloß, etwas weniger als *ein Zoll*. Na, ich verliere die Ehrfurcht vor Gletschern.«

Ich selbst empfand ganz ähnlich. Ich bin per Kanaldampfer, Ochsenwagen, Floß und mit der Ephesus-Smyrna-Bahn gereist, aber wenn es um gute, solide, ehrliche langsame Fahrt geht, setze ich mein Geld auf den Gletscher. Als Mittel zur Personenbeförderung betrachte ich den Gletscher als Versager; aber als Transportmittel für Frachtgut wird er den

Ansprüchen genügen, denke ich. Was die feineren Nuancen in diesem Geschäftszweig angeht, könnte er meiner Ansicht nach den Deutschen noch etwas beibringen.

Ich befahl den Leuten, das Lager abzubrechen und sich auf die Landreise nach Zermatt vorzubereiten. In diesem Augenblick wurde ein höchst interessanter Fund gemacht; ein dunkler Gegenstand, der in dem Gletschereis eingebettet lag, wurde mit den Eispickeln herausgehauen und stellte sich als Stück ungegerbtes Fell irgendeines Tieres heraus – vielleicht eines Fellkoffers. Aber eine genaue Untersuchung entkräftete die Fellkoffertheorie, und die weitere Diskussion und Prüfung ließ sie vollends auffliegen – das heißt, in der Meinung aller Wissenschaftler mit Ausnahme des einen, der sie vorgebracht hatte. Dieser klammerte sich an seine Theorie mit der liebevollen Treue, die für Urheber wissenschaftlicher Theorien typisch ist, und bekehrte später viele der größten Wissenschaftler unseres Zeitalters zu seiner Ansicht, und zwar durch eine sehr gelehrte Broschüre unter dem Titel: »Tatsachen zum Beweise dessen, daß der Fellkoffer in wildem Zustand der frühen Eiszeit zugehört und die Einöden des Chaos zusammen mit dem Höhlenbären, dem Urmenschen und den anderen Oolithikern aus der Familie des Alten Silur durchstreift hat.«

Jeder unserer Wissenschaftler hatte eine eigene Theorie und stellte ein anderes Tier als Kandidaten für das Fell heraus. Ich teilte mit dem Geologen der Expedition die Annahme, daß dieses Stück Fell einst dazu beigetragen hatte, in irgendeinem alten, dahingeschwundenen Zeitalter einen sibirischen Elefanten zu bedecken – aber hier gingen wir auseinander, denn der Geologe glaubte, diese Entdeckung bewiese, daß sich Sibirien früher da befunden hätte, wo die Schweiz jetzt liegt, während ich die Ansicht vertrat, sie beweise nur, daß der Urschweizer nicht der dumme Wilde war, als der er hingestellt wird, sondern ein Wesen von hohem geistigem Entwicklungsstand, das gern die Tierschau besichtigte.

An jenem Abend gelangten wir nach vielen Entbehrungen und Abenteuern auf einige Felder dicht bei dem großen Eistor, durch das die zornige Visp unter dem Fuß des großen Gornergletschers hervorsprudelt und -kocht, und hier lagerten wir, da alle Gefahr vorüber und unsere großartige Unternehmung erfolgreich beendet war. Am nächsten Tage marschierten wir in Zermatt ein und wurden mit verschwenderischen Ehren und Beifallsäußerungen empfangen. Mir wurde ein von allen Behörden unterzeichnetes und besiegeltes Dokument überreicht, das bewies und bekundete, daß ich den Riffelberg bestiegen habe. Dieses trage ich um den Hals, und es wird mit mir begraben werden, wenn ich nicht mehr bin.

Sechzehntes Kapitel

Jetzt bin ich auf dem Gebiet der Gletscherbewegung nicht
mehr so unkundig wie damals, als ich mich auf dem Gornergletscher einschiffte. Inzwischen habe ich »nachgelesen«.
Ich weiß, daß diese riesigen Eismassen nicht mit der gleichen
Geschwindigkeit wandern; während der Gornergletscher
weniger als einen Zoll täglich zurücklegt, schafft der Unteraargletscher sogar acht; und noch andere Gletscher sollen
zwölf, sechzehn und sogar zwanzig Zoll täglich machen.
Jemand schrieb, der langsamste Gletscher wandere fünfundzwanzig Fuß im Jahr und der schnellste vierhundert.

Was ist ein Gletscher? Es ist leicht zu sagen, daß er wie
ein gefrorener Fluß aussieht, der das Bett einer gewundenen
Schlucht oder Klamm zwischen Bergen ausfüllt. Aber das
vermittelt keinen Begriff von seiner ungeheuren Größe,
denn manchmal ist er sechshundert Fuß stark, und wir sind

sechshundert Fuß tiefe Flüsse nicht gewöhnt; nein, unsere Flüsse sind sechs Fuß, zwanzig Fuß und manchmal fünfzig Fuß tief; wir sind nicht ganz dazu imstande, uns eine Vorstellung von einem sechshundert Fuß tiefen Eisfluß zu machen.

Die Oberfläche des Gletschers ist nicht glatt und eben, sondern weist tiefe Löcher und wellige Erhebungen auf und sieht manchmal aus wie ein aufgewühltes Meer, dessen ungestüme Wogen im Augenblick ihrer heftigsten Bewegung steifgefroren sind; der Gletscher ist keine einheitlich dichte Masse, sondern ein Fluß mit Rissen und Spalten, manche eng, manche klaffend weit. Mancher Mann wurde Opfer eines Fehltritts oder Ausgleitens, stürzte hinab und fand den Tod. Man hat auch Leute lebend aus ihnen herausgeholt, aber nur, wenn sie nicht sehr tief hineingeraten waren; in den großen Tiefen läßt die Kälte den Menschen gewöhnlich schnell erstarren, ob er verletzt ist oder nicht. Diese Spalten verlaufen nicht senkrecht nach unten; selten kann man tiefer als zwanzig oder vierzig Fuß weit hinunterblicken; und so hat man Leute, die in ihnen verschwanden, in der Hoffnung gesucht, sie wären noch in Reichweite der Hilfe, während in Wirklichkeit für sie von vornherein keine Hoffnung bestand.

Im Jahre 1864 stieg eine Gruppe von Touristen vom Montblanc ab, und während sie – angeseilt, wie es sich gehörte – vorsichtig ihren Weg über einen der mächtigen Gletscher dieser hochgelegenen Region suchten, löste sich ein junger Träger von der Leine und wollte über eine Eisbrücke gehen, die eine Spalte überspannte. Sie brach mit einem Krach unter ihm zusammen, und er verschwand. Die anderen konnten nicht sehen, wie tief er gefallen war, also konnte sich der Versuch, ihn zu retten, vielleicht lohnen. Ein tapferer junger Bergführer namens Michel Payot stellte sich freiwillig zur Verfügung.

Zwei Seile wurden an seinem Ledergürtel befestigt, und er trug das Ende des dritten in der Hand, um den Verunglückten anzubinden, falls er ihn fände. Er wurde in die Spalte hinuntergelassen, tiefer und tiefer stieg er hinab zwischen den klarblauen Mauern aus festem Eis, kam an einen Knick in der Spalte und verschwand unter ihm. Tiefer und immer tiefer ging es hinab in dieses tiefe Grab; als er eine Tiefe von achtzig Fuß erreicht hatte, bog er um einen weiteren Knick in der Spalte und sank von dort zwischen senkrechten Steilhängen noch achtzig Fuß weiter. An dieser Stelle hundertsechzig Fuß unter der Oberfläche des Gletschers angekommen, spähte er durch die dämmerige Düsternis und stellte fest, daß die Kluft eine weitere Biegung machte und sich in steiler Schräge in unbekannte Tiefen erstreckte, denn ihr Verlauf verlor sich in der Dunkelheit. Welch ein Aufenthaltsort – besonders wenn der Ledergürtel reißen sollte! Der Druck des Gürtels drohte, den kühnen Burschen zu ersticken; er rief seinen Freunden zu, ihn hochzuziehen; sie konnten ihn aber nicht hören. Sie ließen ihn immer noch tiefer und tiefer hinab. Dann riß er an dem dritten Seil, so kräftig er nur konnte; seine Freunde begriffen und zogen ihn aus diesem eisigen Todesrachen heraus.

Dann banden sie eine Flasche an ein Seil und schickten sie zweihundert Fuß tief hinab, aber sie stieß nicht auf Grund. Völlig vereist kam sie herauf – Beweis genug, daß den armen Träger, selbst wenn er den Grund mit heilen Knochen erreicht hatte, auf jeden Fall ein rascher Kältetod erwartete.

Ein Gletscher ist ein ungeheurer, ständig vorrückender, unwiderstehlicher Pflug. Er schiebt zusammengeballte Geröllmassen vor sich her, und diese ziehen sich direkt vor ihm quer über die Schlucht wie ein langes Grab oder ein langes, steiles Dach. Das ist eine Moräne. Er schiebt auch zu beiden Seiten seines Laufes eine Moräne auf.

So eindrucksvoll die Gletscher unserer Zeit auch sind, erreichen sie doch nicht die gewaltigen Ausmaße derer, die es früher gab. Zum Beispiel schreibt Mr. Whymper:

»In einer sehr weit zurückliegenden Zeit füllte ein riesiger Gletscher das Aostatal aus, floß dessen ganze Länge vom Montblanc bis zur Piedmonter Ebene hinab, blieb an seiner Mündung viele Jahrhunderte lang beinahe unverändert stehen und lagerte dort ungeheure Schuttmassen ab. Die Länge dieses Gletschers betrug über *achtzig Meilen,* und er war der Abfluß eines Beckens, das fünfundzwanzig bis fünfunddreißig Meilen breit war und von den höchsten Bergen der Alpen begrenzt wurde. Die großen Gipfel ragten mehrere tausend Fuß über die Gletscher hinaus und schütteten, damals wie heute von Sonne und Frost zernagt, ihren Fels- und Steinhagel in die Tiefe, wovon die ungeheuren Haufen eckiger Felsstücke Zeugnis ablegen, welche die Moränen von Ivria bilden. Die Moränen von Ivria besitzen einen außergewöhnlichen Umfang. Diejenige, die am linken Ufer des Gletschers zurückblieb, ist etwa *dreizehn Meilen* lang und erhebt sich an manchen Stellen bis zu einer Höhe von 2130 Fuß über den Talboden! Die Endmoränen (diejenigen, die vor den Gletschern hergeschoben werden) bedecken an die zwanzig Quadratmeilen Land. An der Mündung des Aostatales muß die Höhe des Gletschers mindestens zweitausend Fuß und seine Breite an jener Stelle *fünfeinviertel Meilen* betragen haben.«

Es ist nicht leicht, sich eine derartige Eismasse vorzustellen. Wenn man das untere Ende eines solchen Gletschers abspaltete – einen rechteckigen Block von zwei oder drei Meilen Breite, fünfeinviertel Meilen Länge und zweitausend Fuß Höhe –, könnte man die ganze Stadt New York darunter verstecken, und der Turm der Trinity Church würde nur so weit hineinragen wie ein Nagel in den Boden eines Überseekoffers.

»Die Felsblöcke vom Montblanc auf der Ebene unterhalb Ivria beweisen uns, daß der Gletscher, der sie beförderte, eine ungeheuer lange Zeit existierte. Ihre gegenwärtige Entfernung von den Klippen, von denen sie herstammen, beträgt etwa 420 000 Fuß, und wenn wir annehmen, daß sie mit einer Geschwindigkeit von vierhundert Fuß jährlich gewandert sind, muß ihre Wanderung nicht weniger als 1055 Jahre gedauert haben! Aller Wahrscheinlichkeit nach sind sie nicht so schnell gewandert.«

Manchmal werden Gletscher aus ihrem charakteristischen Schneckentempo aufgescheucht. Dann bieten sie ein wundervolles Schauspiel. Mr. Whymper berichtet von einem Fall, der sich im Jahre 1721 auf Island abspielte:

»Es scheint, daß sich in der Umgebung des Berges Kotlugja unterirdisch oder innerhalb des Gletschers große Wassermassen ansammelten (entweder auf Grund der Hitze des Erdinneren oder aus anderen Gründen) und schließlich unwiderstehliche Kraft erlangten, die Gletscher aus ihrem Bett auf dem Lande rissen und sie über jedes Hindernis hinweg in das Meer fegten. Gewaltige Eismassen wurden auf diese

Weise binnen weniger Stunden etwa zehn Meilen weit über Land getragen; ihr Umfang war so ungeheuer groß, daß sie das Meer auf eine Entfernung von sieben Meilen von der Küste aus bedeckten und in sechshundert Fuß Wassertiefe auf Grund festsaßen! Ein großes Gebiet wurde überrollt. Alle Aufschüttungen wurden von der Oberfläche weggefegt, und der nackte Felsengrund trat zutage. Es wurde anschaulich beschrieben, wie alle Unregelmäßigkeiten und Senken beseitigt wurden, im Umkreis von mehreren Meilen eine glatte Oberfläche entstand und daß dieses Gebiet aussah, *als wäre es von einer Walze planiert worden.*«

Der aus dem Isländischen übersetzte Bericht sagt, daß die berghohen Ruinen des majestätischen Gletschers das Meer so bedeckten, daß man selbst von den höchsten Gipfeln aus, soweit das Auge reichte, kein offenes Wasser sehen konnte. Durch diesen seltsamen Ausbruch wurde auch eine riesige Eismauer oder -barriere quer über ein beträchtliches Stück Land hin aufgerichtet:

»Man kann sich eine gewisse Vorstellung von der Höhe dieser Eisbarriere machen, wenn man hört, daß man vom Hofdabrekka-Hof, der weit oben auf einem Fjeld liegt, nicht den gegenüberliegenden Hjorleifshofdi sehen konnte, einen sechshundertvierzig Fuß hohen Hügel, sondern dazu erst einen zwölfhundert Fuß hohen Berghang östlich von Hofdabrekka besteigen mußte.«

Diese Tatsachen werden dem Leser begreiflich machen, warum sich ein Mensch, der mit Gletschern verkehrt, mit der Zeit ziemlich unbedeutend fühlt. Die Alpen und die Gletscher gemeinsam können einem Menschen das letzte bißchen Dünkel austreiben und sein Selbstgefühl auf Null herabdrücken, wenn er nur lange genug im Einflußbereich ihrer erhabenen Gegenwart verbleibt, um ihnen eine faire und angemessene Chance zu geben, ihr Werk zu vollbringen.

Die Alpengletscher wandern – das gibt jetzt jeder zu. Aber es hat eine Zeit gegeben, als die Leute über diese Vorstellung spotteten; sie sagten, wenn man meine, daß meilenlange massive Felsen über den Boden kröchen, könne man das ebenso von meilenlangem massivem Eis erwarten. Aber es wurde Beweis auf Beweis dafür erbracht, und schließlich mußte es die Welt glauben.

Die gescheiten Leute sagten nicht nur, der Gletscher wandere, sondern sie maßen auch die Geschwindigkeit. Sie rechneten das Tempo eines Gletschers aus, und dann sagten sie zuversichtlich, er würde in soundso vielen Jahren genau soundso weit wandern. Es wird von einem verblüffenden und merkwürdigen Beispiel der Genauigkeit berichtet, die man bei diesen Berechnungen erzielen kann.

Im Jahre 1820 versuchten ein Russe und zwei Engländer mit sieben Bergführern die Besteigung des Montblanc. Sie hatten eine gewaltige Höhe erreicht und näherten sich dem Gipfel, als eine Lawine mehrere aus der Gruppe einen zweihundert Fuß tiefen, steilen Abhang hinabriß und fünf davon (alles Bergführer) in eine Gletscherspalte schleuderte. Einem der fünf rettete ein langes Barometer, das er auf den Rücken geschnallt trug, das Leben – es überbrückte die Spalte und hielt ihn, bis Hilfe kam. Der Alpenstock rettete einen anderen auf ähnliche Weise. Drei Leute waren verloren – Pierre Balmat, Pierre Carrier und Auguste Tairraz. Sie waren in die bodenlose Tiefe der Spalte hinabgeschleudert worden.

Der englische Geologe Dr. Forbes hatte dem Gebiet des Montblanc häufige Besuche abgestattet und der umstrittenen Frage der Gletscherwanderung viel Aufmerksamkeit gewidmet. Bei einem dieser Besuche brachte er seine Berechnungen der Geschwindigkeit desjenigen Gletschers zu Ende, der die drei Bergführer verschlungen hatte, und sagte voraus, daß der Gletscher seine Toten fünfunddreißig oder vielleicht auch vierzig Jahre nach dem Unfall am Fuße des Berges herausgeben würde.

Eine schwerfällige, langsame Reise, eine keinem Auge erkennbare Fortbewegung – aber er rückte dennoch vor, unaufhörlich. Es war eine Reise, die ein rollender Stein in wenigen Sekunden machen könnte – der hochgelegene Ausgangspunkt war vom Dorf im Tal aus zu sehen.

Die Voraussage erfüllte sich erstaunlich genau; einundvierzig Jahre nach der Katastrophe wurden die Überreste am Fuße des Gletschers abgesetzt.

Ich finde in der »Histoire du Mont Blanc« von Stephen d'Arve einen interessanten Bericht über den Vorfall. Ich werde diesen Bericht wie folgt abkürzen:

»Am 12. August 1861 kam um die Stunde, da die Messe zu Ende geht, ein Bergführer atemlos ins Gemeindeamt von Chamonix und trug auf dem Rücken eine sehr traurige Last. Es war ein Sack voll menschlicher Gebeine, die er aus der Mündung einer Spalte im Glacier des Bossons aufgesammelt hatte. Er vermutete, daß es die Überreste der Opfer der Katastrophe von 1820 wären, und eine eingehende Leichenschau, die sofort von den Ortsbehörden veranlaßt wurde, bestätigte bald seine Annahme. Der Inhalt des Sackes wurde auf einer langen Tafel ausgebreitet und wie folgt amtlich inventarisiert:

Teile dreier menschlicher Schädel. Mehrere Strähnen schwarzen und blonden Haares. Ein menschlicher Unterkiefer mit guten weißen Zähnen. Ein Unterarm mit Hand, deren Finger sämtlich unbeschädigt waren. Das Fleisch war weiß und frisch, und Arm wie Hand hatten in den Gelenken eine gewisse Biegsamkeit bewahrt.

Der Ringfinger hatte eine leichte Abschürfung erlitten, und der Blutfleck war nach einundvierzig Jahren noch sichtbar und unverändert. Ein linker Fuß, das Fleisch weiß und frisch.

Bei diesen Körperteilen befanden sich Teile von Westen, Hüten, Nagelschuhen und anderer Kleidung; ein Taubenflügel mit schwarzen Federn; ein Stück eines Alpenstockes; eine Blechlaterne; und endlich eine gekochte Hammelkeule, das einzige Fleisch von all den Überresten, das einen unangenehmen Geruch verbreitete. Der Führer sagte, das Hammelfleisch hätte nicht gerochen, als er es aus dem Gletscher holte; eine Stunde der Sonne ausgesetzt, hatte es schon angefangen, sich zu zersetzen.

Man rief Leute, die diese armen, ergreifenden Überreste identifizieren sollten, und es folgte eine rührende Szene. Es lebten noch zwei Männer, welche die schreckliche Katastrophe vor fast einem halben Jahrhundert miterlebt hatten – Marie Couttet (von seinem Alpenstock gerettet) und Julien Davouassoux (von dem Barometer gerettet). Diese bejahrten Männer traten ein und näherten sich dem Tisch. Davouassoux, über achtzig Jahre alt, betrachtete stumm und mit leerem Blick die traurigen Überreste, denn sein Geist und seine Erinnerung waren altersstumpf; aber Couttet war mit zweiundsiebzig noch sehr rege, und er zeigte starke Bewegung.

Couttet sagte: ›Pierre Balmat war blond; er trug einen Strohhut. Dieses Stück Schädel mit der blonden Haarsträhne war seiner; das ist sein Hut. Pierre Carrier war sehr dunkel; das war sein Schädel und das sein Filzhut. Das ist Balmats Hand, ich erinnere mich noch sehr gut an sie!‹ Und der alte Mann neigte sich und küßte sie ehrfürchtig, dann schloß er mit warmem Griff die Finger um sie und rief: ›Ich hätte niemals zu glauben gewagt, daß es mir vor meinem Dahinscheiden aus dieser Welt vergönnt sein würde, noch einmal die Hand eines dieser tapferen Kameraden zu drükken, die Hand meines guten Freundes Balmat.‹«

Es lag etwas unheimlich Ergreifendes in dem Bild, wie dieser weißhaarige Veteran mit seinem liebevollen Händedruck den Freund grüßte, der seit vierzig Jahren tot war. Als diese Hände sich zuletzt begegnet waren, waren sie sich gleich gewesen in der Weichheit und Frische der Jugend; jetzt war eine vor Alter braun, runzelig und schwielig, während die andere noch so jung, hell und rein war, als wären diese vierzig Jahre in einem einzigen Augenblick gekommen und gegangen, ohne eine Spur zu hinterlassen. In dem einen Fall war die Zeit weitergeschritten; in dem anderen war sie stehengeblieben. Ein Mann, der seinen Freund seit einem Menschenalter nicht gesehen hat, behält ihn immer so in der Erinnerung, wie er ihn zuletzt sah, und wenn er ihn wiedertrifft, überrascht und entsetzt ihn die Veränderung, welche die Jahre mit sich brachten. Marie Couttets Erlebnis, die Hand seines Freundes unverändert zu finden, wie er sie vierzig Jahre lang im Gedächtnis getragen hatte, ist ein Erlebnis, das vielleicht einzigartig in der Geschichte der Menschheit dasteht.

»Couttet identifizierte andere Überreste: ›Dieser Hut ge-hörte Auguste Tairraz. Er trug den Käfig mit den Tauben, die wir auf dem Gipfel freilassen wollten. Hier ist die Schwinge einer dieser Tauben. Und hier ist das Stück meines zerbro-chenen Alpenstockes; dieser Stock rettete mir das Leben. Wer hätte mir sagen können, daß mir eines Tages die Freude widerfahren würde, dieses Stück Holz wiederzusehen, das mich über jenem Grabe festhielt, welches meine unglück-lichen Gefährten verschlang!‹«

Von Tairraz waren keine Körperteile gefunden worden. Es wurde eifrig gesucht, aber ohne Erfolg. Ein Jahr später wurde jedoch eine weitere Suchaktion durchgeführt, und diese hatte mehr Erfolg. Man fand viele Teile der Kleidung, die den verlorenen Führern gehört hatte; auch ein Stück Laterne und einen grünen Schleier mit Blutflecken darauf. Aber die interessanteste Tatsache war folgende:

Einer der Suchenden stieß plötzlich auf einen bekleideten Arm, der mit ausgestreckter Hand aus einem Riß in der Eis-mauer herausragte, als entböte er einen Gruß! »Die Finger-nägel waren noch rosig, und die Haltung der gespreizten Finger schien das lang entbehrte Tageslicht beredt will-kommen zu heißen.«

Die Hand und der Arm waren allein; es war kein Rumpf da. Nachdem man sie aus dem Eis herausgeholt hatte, ver-blaßten die Fleischtöne schnell, und die rosigen Nägel nahmen den Alabasterschimmer des Todes an. Das war die dritte *rechte* Hand, die gefunden wurde; also war über alle drei vermißten Männer ohne Frage oder spitzfindige Zweifel Rechenschaft abgelegt.

Dr. Hamel war der russische Herr aus der Gruppe, die

damals die Besteigung unternahm. Er verließ Chamonix so schnell nach dem Abstieg, wie er nur konnte; und da er der Katastrophe gegenüber eisige Gleichgültigkeit gezeigt und den Witwen und Waisen weder Beileid noch Hilfe erwiesen hatte, nahm er die herzlichsten Verwünschungen der Gemeinde mit. Vier Monate, bevor die ersten Überreste gefunden wurden, weilte ein Bergführer aus Chamonix namens Balmat – ein Verwandter eines der Verunglückten – in London und traf eines Tages im Britischen Museum einen rüstigen alten Herrn, der sagte:

»Ich habe zufällig Ihren Namen gehört. Sind Sie aus Chamonix, Monsieur Balmat?«

»Ja.«

»Hat man die Leichen meiner drei Bergführer noch nicht gefunden? Ich bin Dr. Hamel.«

»Leider nein, Monsieur.«

»Na, ihr werdet sie früher oder später finden.«

»Ja, Dr. Forbes und Mr. Tyndall sind der Meinung, daß der Gletscher früher oder später die Überreste der unglücklichen Opfer zurückgeben wird.«

»Zweifellos, zweifellos. Und es wird für Chamonix eine große Sache sein, da dies Touristen anziehen wird. Ihr könnt mit diesen Überresten ein Museum aufmachen, das die Leute anlockt!«

Dieser brutale Einfall hat den Ruf Dr. Hamels in Chamonix keineswegs verbessert. Aber schließlich war der Mann ein gründlicher Kenner der menschlichen Natur. Seine Idee wurde an die Gemeinderatsmitglieder von Chamonix weitergeleitet, und diese diskutierten sie ernstlich auf einer offiziellen Ratssitzung. Nur die entschiedene Opposition der

Freunde und Nachkommen der verunglückten Bergführer hielt sie von der Ausführung ab, da diese darauf bestanden, den Gebeinen ein christliches Begräbnis zuteil werden zu lassen, und ihre Absicht durchsetzten.

Alle die armen Gebeine und Bruchstücke mußten scharf bewacht werden, um Unterschlagungen zu verhüten. Ein paar nebensächliche Kleinigkeiten verkaufte man. Fetzen und Lumpen der groben Bekleidung wurden zu einem Satz losgeschlagen, der etwa zwanzig Dollar pro Yard entspricht; ein Stück der Laterne und eine oder zwei andere Kleinigkeiten erbrachten fast ihr Gewicht in Gold; und ein Engländer bot für einen einzigen Hosenknopf ein Pfund Sterling.

Siebzehntes Kapitel

*Die Matterhorn-Katastrophe vom Jahre 1865 ·
Mr. Whympers Bericht · Besteigung des Matterhorns ·
Der Gipfel · Das Matterhorn bezwungen · Den Abstieg
begonnen · Ein furchtbares Unglück · Tod des Lord
Douglas und zweier anderer · Die Gräber der beiden*

Eine der denkwürdigsten aller alpinen Katastrophen war die vom Juli 1865 auf dem Matterhorn – auf die schon einige Seiten zuvor nebenbei hingewiesen wurde. Ihre Einzelheiten kennt man in Amerika kaum. Dem allergrößten Teil der Leser sind sie überhaupt nicht bekannt. Der Bericht Mr. Whympers ist der einzige authentische. Ich werde den größten Teil davon in dieses Buch aufnehmen, teils, weil er wirklich interessant ist, und teils, weil er eine so lebhafte Vorstellung davon vermittelt, was für ein gefährlicher Zeitvertreib die Alpinistik ist. Es war Mr. Whympers *neunter* Versuch im Laufe einer Reihe von Jahren, diese steile und hartnäckige Steinsäule zu bezwingen; er gelang, die anderen acht schlugen fehl. Kein Mensch hatte jemals vorher die Besteigung geschafft, obwohl man zahlreiche Versuche unternommen hatte.

Am 13. Juli um halb sechs brachen wir von Zermatt auf, an einem strahlenden und vollkommen wolkenlosen Morgen. Wir waren acht – Croz (Bergführer), der alte Peter Taugwalder (Bergführer) und seine beiden Söhne; Lord F. Douglas, Mr. Hadow, Hochwürden Mr. Hudson und ich. Um gleichmäßig voranzukommen, gingen jeweils ein Tourist und ein Einheimischer zusammen. Auf mich entfiel der jüngste Taugwalder. Es fiel mir auch zu, die Weinschläuche zu tragen, und den ganzen Tag lang füllte ich sie nach jedem Trunk heimlich mit Wasser auf, so daß sich beim nächsten Halt herausstellte, daß sie voller als vorher waren! Das wurde als gutes Omen und als beinahe übernatürlich angesehen.

Am ersten Tage hatten wir nicht die Absicht, eine besonders große Höhe zu erreichen, und deswegen stiegen wir sehr gemächlich bergan. Vor zwölf Uhr hatten wir in 11 000 Fuß Höhe einen guten Standort für das Zelt gefunden. Die restlichen Stunden des Tageslichts verbrachten wir, indem einige sich sonnten, einige zeichneten, einige sammelten; Hudson machte Tee, ich Kaffee, und schließlich zogen wir uns zurück, jeder in seinen Schlafsack.

Am 14. versammelten wir uns vor Tagesanbruch und brachen sofort auf, als es hell genug dazu war. Einer der jungen Taugwalder kehrte nach Zermatt zurück. In wenigen Minuten überstiegen wir den Grat, der von unserer Zeltplattform aus dem Blick auf den Osthang im Wege gestanden hatte. Nun lag dieser ganze mächtige Hang vor uns, der sich auf 3000 Fuß wie eine ungeheure natürliche Treppe erhebt. Einige Abschnitte waren leicht zu bewältigen, andere weniger, aber wir wurden nie durch ein ernstes Hindernis aufgehalten, denn wenn man geradeaus auf eine Schwierigkeit stieß, konnte man sie immer rechts oder links umgehen. Auf dem größten Teil des Weges gab es tatsächlich keine Gelegenheit, das Seil einzusetzen; manchmal führte Hudson, manchmal ich. Um 6.20 Uhr hatten wir eine Höhe von 12 800 Fuß erreicht und machten eine halbe Stunde Rast; dann setzten wir den Aufstieg ohne Unterbrechung bis 9.55 Uhr fort, als wir in 14 000 Fuß Höhe eine Pause von fünfzig Minuten machten.

Wir waren nun am Fuße desjenigen Teiles angelangt, der vom Riffelberg aus gesehen senkrecht oder überhängend aussieht. Auf dem Osthang konnten wir nicht mehr weitergehen. Eine kurze Strecke stiegen wir durch den Schnee auf dem Arête – das heißt, auf dem Grat – und wandten uns dann nach der rechten oder Nordseite. Die Arbeit wurde schwierig und erforderte Vorsicht. An einigen Stellen gab es kaum einen Halt; die durchschnittliche Neigung des Hanges betrug *weniger* als vierzig Grad, und in den Spalten der Felswand hatte sich Schnee festgesetzt und sie ausgefüllt, so daß nur hier und da gelegentlich ein Stück Fels hervorragte. Diese waren manchmal von einer dünnen Eisschicht überzogen. Es war eine Stelle, die jeder gute Bergsteiger wohlbehalten überwinden könnte. Etwa 400 Fuß weit zogen wir fast horizontal dahin, kletterten dann etwa 60 Fuß direkt auf den Gipfel zu, wandten uns dann zurück zu dem Grat, der nach Zermatt abfällt. Ein langer Schritt um eine ziemlich schwierige Ecke herum brachte uns wieder auf Schnee. Der letzte Zweifel schwand! Das Matterhorn war unser. Nur 200 Fuß leichten Schnees blieben zu bewältigen.

Je höher wir stiegen, um so stärker wurde die Erregung. Der Hang verlief flacher, endlich konnten wir uns losbinden, und Croz und ich stürmten davon, liefen ein Kopf-an-Kopf-Rennen, das unentschieden endete. Um 1.40 Uhr mittags lag die Welt zu unseren Füßen, und das Matterhorn war bezwungen.

Die anderen trafen ein. Croz nahm nun den Zeltstab und pflanzte ihn in den höchsten Schnee. »Ja«, sagten wir, »da ist die Fahnenstange, aber wo ist die Fahne?« – »Hier ist sie«, antwortete er, zog seine Bluse aus und befestigte sie an dem Stock. Sie gab eine unscheinbare Fahne ab, und es ging kein Wind, in dem sie hätte flattern können, aber man sah sie ringsumher. Man sah sie in Zermatt, auf dem Riffelberg – im Val Tournanche.

Eine Stunde lang blieben wir auf dem Gipfel – »eine herrliche Stunde erfüllten Lebens«.

Nur zu schnell verging sie, und wir begannen, uns auf den Abstieg vorzubereiten. Hudson und ich beratschlagten über die günstigste und sicherste Aufstellung der Gruppe. Wir kamen überein, daß es am besten wäre, wenn Croz als erster ginge und Hadow als zweiter; Hudson, der an Gewandtheit fast einem Bergführer gleichkam, wollte als dritter gehen; als nächster wurde Lord Douglas eingeordnet, und der alte Peter, der kräftigste der übrigen, hinter ihm. Ich schlug Hudson vor, wir sollten, wenn wir an die schwierige Stelle kämen, als zusätzliche Sicherung ein Seil am Felsen befestigen und uns beim Abstieg daran festhalten. Er stimmte dem Vorschlag zu, aber es wurde nicht endgültig entschieden, daß es so gemacht werden sollte. Während ich den Gipfel zeichnete, stellte sich die Gruppe in der oben angegebenen

Reihenfolge auf, und sie waren fertig und warteten darauf, daß ich mich in die Reihe einseilte, als einem einfiel, daß wir unsere Namen noch nicht in einer Flasche zurückgelassen hätten. Sie baten mich, sie aufzuschreiben, und brachen auf, während ich das erledigte.

Ein paar Minuten später seilte ich mich an dem jungen Peter an, lief hinab, den anderen nach, und erreichte sie gerade, als sie an der schwierigen Stelle den Abstieg begannen. Alle sahen sich sehr vor. Es bewegte sich nur jeweils ein Mann; wenn er festen Fuß gefaßt hatte, rückte der nächste nach, und so weiter. Sie hatten jedoch nicht das zusätzliche Seil am Felsen befestigt, und es wurde auch nichts davon gesagt. Ich hatte den Vorschlag nicht meinetwegen gemacht und bin nicht sicher, ob er mir damals überhaupt wieder einfiel. Eine kleine Strecke folgten wir den anderen, von ihnen losgelöst, und hätten so weitergemacht, wenn mich Lord Douglas nicht gegen drei Uhr nachmittags gebeten hätte, mich an den alten Peter anzuseilen, da er, wie er sagte, befürchtete, daß Taugwalder nicht standhalten könnte, wenn jemand ausglitte.

Ein paar Minuten später rannte ein scharfsichtiger Junge in das Monte-Rosa-Hotel in Zermatt und sagte, er hätte eine Lawine vom Gipfel des Matterhorns aus auf den Matterhorngletscher fallen sehen. Der Junge wurde ausgescholten, daß er dummes Zeug erzählte; er behielt jedoch recht, und das folgende hatte er gesehen:

Michel Croz hatte seinen Eispickel weggelegt, und um Mr. Hadow größere Sicherheit zu geben, hatte er buchstäblich dessen Beine gepackt und setzte ihm die Füße nacheinander auf die richtigen Stellen. Soweit ich weiß, stieg gerade niemand ab. Ich kann es nicht mit Gewißheit sagen, denn die beiden führenden Leute waren durch das dazwischenliegende Gestein teilweise meinem Blick entzogen, aber nach den Bewegungen ihrer Schultern zu schließen, glaube ich, daß Croz, nachdem er getan hatte, was ich eben beschrieb, gerade dabei war, sich umzudrehen, um selbst einen oder zwei Schritte hinabzusteigen. In diesem Augenblick glitt Mr. Hadow aus, fiel gegen ihn und warf ihn um. Ich hörte einen erschrockenen Ruf von Croz, dann sah ich ihn und Mr. Hadow abwärts fliegen; im nächsten Moment wurde Hudson aus seinen Trittstufen gerissen und unmittelbar nach ihm Lord Douglas. All das war das Werk eines Augenblicks. Sobald wir Croz' Ausruf hörten, stemmten der alte Peter und ich uns so fest, wie es die Felsen zuließen; das Seil zwischen uns war straff gespannt, und der Ruck zerrte an uns wie an einem Mann. Wir hielten stand; aber das Seil riß in der Mitte zwischen Taugwalder und Lord Francis Douglas. Ein paar Sekunden lang sahen wir noch unsere unglücklichen Gefährten auf dem Rücken abwärtsgleiten und die Arme ausbreiten, um einen Halt zu finden. Sie kamen uns unverletzt aus den Augen, verschwanden nacheinander und fielen von Abgrund zu Abgrund fast 4000 Fuß tief auf den Matterhorngletscher. Von dem Augenblick an, da das Seil riß, war es unmöglich, ihnen zu helfen. So kamen unsere Kameraden um!

Noch nach Stunden dachte ich jeden Augenblick, der nächste würde mein letzter sein, denn die Taugwalders hatten völlig die Nerven verloren und waren nicht nur unfähig, Beistand zu leisten, sondern in einem solchen Zustand, daß man von ihnen jeden Moment ein Abrutschen erwarten konnte. Nach einiger Zeit waren wir imstande, das zu tun, was von Anfang an hätte getan werden müssen; wir befestigten an sicherem Fels ein Seil, zusätzlich zu dem Seil, das uns miteinander verband. Diese Seile wurden von Zeit zu Zeit abgeschnitten und zurückgelassen. Selbst bei dieser Sicherung fürchteten sich die Männer, weiter abzusteigen, und mehrmals wandte sich der alte Peter mit aschfahlem Gesicht und versagenden Gliedern um und sagte mit furchtbarem Nachdruck: »*Ich kann nicht!*«

Gegen sechs Uhr nachmittags erreichten wir den Schnee auf dem Grat, der nach Zermatt hin abfällt, und alle Gefahr war vorüber. Häufig, aber vergeblich, schauten wir nach Spuren unserer unglücklichen Gefährten aus; wir beugten uns über den Grat und riefen sie, aber kein Laut antwortete. Schließlich waren wir überzeugt, daß sie sich weder in Sicht- noch in Hörweite befanden, und brachen unsere nutzlosen Bemühungen ab; zu niedergeschlagen, um sprechen zu können, nahmen wir unsere Sachen und die kleinen Habseligkeiten der Verlorenen auf und beendeten den Abstieg.

Das ist der anschauliche und packende Bericht Mr. Whympers. Der Zermatter Klatsch deutet dunkel an, der ältere Taugwalder hätte das Seil durchgeschnitten, als sich der Unfall ereignete, um nicht mit in den Abgrund hinabgerissen zu werden; aber Mr. Whymper sagt, die Enden des Seiles hätten keine Schnittspuren, sondern nur Rißspuren aufgewiesen. Er fügt hinzu, wenn Taugwalder auch geneigt gewesen wäre, das Seil zu durchschneiden, hätte er nicht genug Zeit dazu gehabt, so plötzlich und unerwartet geschah der Unfall.

Die Leiche Lord Douglas' ist niemals gefunden worden.

Er fiel wahrscheinlich auf einen unzugänglichen Sims an der Stirnwand des gewaltigen Abgrunds. Lord Douglas war ein neunzehnjähriger Jüngling. Die drei anderen Opfer fielen fast 4000 Fuß tief, und ihre Leichen lagen zusammen auf dem Gletscher, als Mr. Whymper und die anderen Suchenden sie am nächsten Morgen fanden. Ihre Gräber befinden sich neben der kleinen Kirche von Zermatt.

Achtzehntes Kapitel

Die Schweiz · Friedhof in Zermatt · Die Heirat
auslosen · Bauern als Helden · Aus dem Acker
gefallen · Von St. Niklaus nach Visp · Gefährliches
Reisen · Kinderspiel · Die Kinder des Pfarrers ·
Eine Wirtstochter · Eine einzigartige Kombination ·
Chillon · Vergeudetes Mitgefühl · Der Montblanc
und seine Nachbarn · Schönheit der Seifenblasen ·
Eine wahnsinnige Fahrt · Der König der Kutscher ·
Der Vorteil, sich zu betrinken

Die Schweiz ist einfach ein großer, buckliger, massiver Felsen mit einer dünnen Grashaut darüber. Deshalb schaufelt man hier keine Gräber, man sprengt sie mit Pulver und Lunte heraus. Man kann sich keine Friedhöfe leisten, die Grashaut ist allzu begrenzt und allzu kostbar. Sie wird gänzlich für den Unterhalt der Lebenden gebraucht.

Der Friedhof von Zermatt bedeckt nur etwa einen Achtel Morgen. Die Gräber sind in den gewachsenen Felsen eingelassen und sehr dauerhaft; aber die Besitznahme ist zeitlich beschränkt; der Inhaber kann nur bleiben, bis sein Grab von einem Späterkommenden benötigt wird; dann wird er herausgenommen, denn man beerdigt nicht einen über den anderen. So, wie ich es verstehe, besitzt eine Familie ein

Grab genauso, wie sie ein Haus besitzt. Ein Mann stirbt und hinterläßt sein Haus dem Sohn, und gleichzeitig wird dieser tote Vater in seines eigenen Vaters Grab beerdigt. Er zieht aus dem Haus in das Grab, und sein Vorgänger zieht aus dem Grab in den Keller der Kapelle. Ich sah auf dem Friedhof eine schwarze Kiste mit aufgemaltem Totenkopf und gekreuzten Knochen liegen und erfuhr, daß man sie benutze, um Gebeine in den Keller zu überführen.

In jenem Keller waren die Gebeine und Schädel mehrerer hundert früherer Bürger fest zusammengeschnürt. Sie bildeten einen achtzehn Fuß langen, sieben Fuß hohen und acht Fuß breiten Stapel. Man sagte mir, in einigen solchen Aufbewahrungsräumen schweizerischer Dörfer seien die Schädel alle gekennzeichnet, und wenn jemand die Schädel seiner Vorfahren bis auf mehrere Generationen wiederfinden wollte, könnte er das an Hand dieser Zeichen tun, die in den Familienurkunden überliefert würden. Ein englischer Herr, der seit mehreren Jahren in dieser Gegend wohnte, sagte, sie sei die Wiege der allgemeinen Schulpflicht. Aber er sagte, die englische Vorstellung, daß die allgemeine Schulpflicht uneheliche Geburten und Trunksucht einschränken würde, sei falsch – sie wirke sich nicht so aus. Er sagte, in den protestantischen Kantonen kämen mehr Verführungen vor als in den katholischen, weil das Beichten die Mädchen schütze. Ich frage mich nur, wieso es die verheirateten Frauen in Frankreich und Spanien nicht schützt?

Dieser Herr sagte, unter den ärmeren Leuten im Valais sei es üblich, daß die Brüder einer Familie durch das Los bestimmten, wer von ihnen das begehrte Vorrecht haben sollte, zu heiraten. Dann heirate der Glückliche, und seine

Brüder – zum Junggesellentum verurteilt – schlössen sich heroisch zusammen, um die neue Familie mit zu ernähren.

Eines Morgens gegen zehn Uhr verließen wir Zermatt in einem Fuhrwerk – und außerdem in einem Wolkenbruch – in Richtung St. Niklaus. Wieder ging es zwischen den grasbewachsenen, riesigen Klippen dahin, die mit winzigen Wohnhäuschen gesprenkelt waren, welche von samtigen, grünen, tausend und zwölfhundert Fuß hohen Wänden auf uns herabschauten. Es schien nicht möglich, daß auch nur die imaginäre Gemse diese Steilhänge erklettern könnte. Liebende auf gegenüberliegenden Klippen küssen sich wahrscheinlich durch den Feldstecher und korrespondieren mit einer Flinte.

In der Schweiz besteht der Pflug des Bauern aus einer breiten Schaufel, welche die dünne Erdhaut seines heimischen Felsens aufscharrt und umwendet – und der Mann des Pfluges ist dort ein Held. Hier nun, an unserem Weg nach St. Niklaus, lag ein Grab, und es war mit einer tragischen Geschichte verknüpft. Eines Morgens häutete ein Pflüger seinen Acker, nicht das steilste Stück, aber immerhin doch ein steiles Stück – das soll heißen, er häutete nicht die Vorderfront seines Ackers, sondern das Dach in der Nähe der Dachrinne. Als er geistesabwesend den Pflug losließ, um in üblicher Weise in die Hände zu spucken, verlor er das Gleichgewicht und fiel rücklings aus seinem Acker heraus. Armer Kerl, er berührte nichts bis er fünfzehnhundert Fuß weiter unten aufschlug.[*] Wir umgeben den Soldaten und den Seemann wegen der tödlichen Gefahren, denen sie ständig ins Auge blicken, mit dem Glorienschein des Heldenmuts.

[*] Das geschah an einem Sonntag.

Aber wir sind es nicht gewöhnt, die Landwirtschaft als heroische Beschäftigung anzusehen. Das kommt daher, daß wir nicht in der Schweiz wohnen.

Von St. Niklaus aus brachen wir zu Fuß nach Visp – der Vispach – auf. Mehrere Tage lang hatten Wolkenbrüche gehaust und in der Schweiz und in Savoyen großen Schaden angerichtet. Wir kamen an eine Stelle, wo ein Bach seinen Lauf geändert hatte und an einer neuen Stelle den Berg herabstürzte, wobei er alles fortfegte, was vor ihm lag. Zwei arme Bauernwirtschaften am Wege wurden vernichtet. Die eine wurde einfach weggespült und der nackte Felsen bloßgelegt; die andere wurde unter einem wirren Chaos von Steinbrocken, Kies, Schlamm und Schutt begraben. Hier erwies sich wieder die unwiderstehliche Gewalt des Wassers. Einige junge Bäume, die im Wege gestanden hatten, wurden zu Boden gebeugt, völlig kahlgeschält und unter Steinschutt begraben. Die Straße wurde ebenfalls fortgespült.

In einer anderen Gegend, wo die Straße weit oben am Berghang verlief und ihr Außenrand durch lockeres Mauerwerk gestützt wurde, kamen wir häufig an Stellen vorbei, wo dieses Mauerwerk abgerutscht war und Lücken zurückgelassen hatte, die zu passieren für Maultiere gefährlich war; und noch häufiger fanden wir das Mauerwerk leicht zerbröckelt und von Maultierhufen gezeichnet, woran man erkennen konnte, daß dort jemand in Gefahr geschwebt hatte. Als wir schließlich an eine arg mitgenommene Stelle gelangten, wo Hufabdrücke einen verzweifelten Kampf um den verlorenen Halt bezeugten, blickte ich recht hoffnungsvoll in den schwindelerregenden Abgrund hinab. Aber es war niemand unten.

In der Schweiz und anderen Teilen Europas achtet man überaus sorgfältig auf die Flüsse. Man befestigt beide Ufer mit schrägem, massivem Steinmauerwerk – so daß die Ufer von einem Ende dieser Flüsse zum anderen aussehen wie die Kais in St. Louis und anderen Städten am Mississippi.

Auf dieser Wanderung von St. Niklaus aus, im Schatten der majestätischen Alpen, stießen wir auf einige kleine Kinder, die in einer, wie es uns zuerst erschien, höchst seltsamen und originellen Weise spielten – aber es war nicht seltsam und originell, es war einfach natürlich und charakteristisch. Sie waren mit einer Schnur zusammengeseilt, trugen Spielzeug-Alpenstöcke und -Eispickel und bestiegen gerade mit einem haarsträubenden Ausmaß an Vorsicht und Achtsamkeit einen bescheidenen kleinen Dunghaufen. Der »Bergführer« an der Spitze der Reihe hackte eifrig und umsichtig imaginäre Stufen, und keines der Äffchen rührte sich, bis die Stufe über ihm frei wurde. Hätten wir gewartet, wären wir zweifellos Zeuge eines imaginären Unfalls geworden; und wir hätten die kühne Schar hurra rufen hören, wenn sie den Gipfel erreichte und die »großartige Aussicht« genoß, und hätten gesehen, wie sie sich an diesem beherrschenden Punkt erschöpft zur Rast hinwarf.

In Nevada habe ich die Kinder immer »Silberbergbau« spielen sehen. Natürlich war der Höhepunkt ein Unfall in der Grube, und es gab zwei Starrollen: die des Mannes, der in den angenommenen Schacht hinabstürzte, und die des wagemutigen Helden, der in die Tiefe hinabgelassen wurde, um ihn heraufzuholen. Ich kannte einen kleinen Kerl, der stets darauf bestand, *beide* Rollen zu spielen – und er setzte sich immer durch. Er stürzte in den Schacht hinab und starb, kam dann an die Oberfläche und stieg auf der Suche nach seiner eigenen Leiche wieder hinunter.

Überall übernimmt der pfiffigste Junge die Rolle des Helden: in der Schweiz ist er Oberbergführer, in Nevada Obersteiger, in Spanien Obertorero und so weiter, aber ich kannte einen Pfarrerssohn, sieben Jahre alt, der einmal eine Rolle für sich auswählte, gegen welche die soeben erwähnten nichtig und bedeutungslos sind. Jimmys Vater verbot ihm eines Sonntags, imaginäre Pferdewagen zu kutschieren – verbot ihm am nächsten Sonntag, den Kapitän eines imaginären Dampfers zu spielen – verbot ihm am folgenden Sonntag, eine imaginäre Armee in die Schlacht zu führen – und so weiter.

Schließlich sagte der kleine Kerl: »Ich habe alles versucht, und nichts darf ich machen. Was *darf* ich denn spielen?«

»Ich weiß es selbst nicht, Jimmy; aber du darfst *nur* Sachen spielen, die dem Sabbat angemessen sind.«

Am nächsten Sonntag schlich der Pfarrer zur Tür des Hinterzimmers, um nachzusehen, ob die Kinder nicht mit etwas Unrechtem beschäftigt wären. Er lugte hinein. Mitten im Zimmer stand ein Stuhl, und an seiner Rückenlehne hing Jimmys Mütze; eine der kleinen Schwestern nahm die Mütze herab, knabberte daran, gab sie dann an eine andere kleine Schwester weiter und sagte: »Nimm von dieser Frucht, denn sie ist gut.« Hochwürden erfaßte die Situation – o weh, sie spielten die Vertreibung aus dem Paradies! Aber ein Krümelchen Trost fand er dabei. Er sagte sich: ›Wenigstens hat Jimmy die Hauptrolle abgetreten – ich habe ihm Unrecht getan, ich hätte nicht geglaubt, daß so viel Bescheidenheit in ihm steckt; ich hätte erwartet, daß er entweder Adam oder Eva spielte.‹ Dieses Krümelchen Trost hielt nur sehr kurze Zeit vor; er schaute umher und sah Jimmy in achtunggebietender Pose, mit düsterer, unheilverkündender Miene, in der Ecke stehen. Es war sehr klar, was das bedeutete – *er stellte die Gottheit dar!* Man bedenke die arglose Erhabenheit dieses Einfalls!

Um acht Uhr abends kamen wir in Vispach an, nur sieben Stunden nach unserem Aufbruch von St. Niklaus. Also mußten wir volle anderthalb Meilen pro Stunde gemacht haben, und dazu ging die Strecke immer bergab und war auch sehr schlammig. Wir verbrachten die Nacht im Hôtel du Soleil; ich erinnere mich daran, weil die Wirtin, der Portier, die Kellnerin und das Zimmermädchen nicht verschiedene Personen, sondern alle zusammen in ein und demselben netten und adretten Kleid aus fleckenlosem Musselin steckten und sie das hübscheste junge Geschöpf war, das ich in dieser ganzen Gegend gesehen hatte. Es war die Tochter des Wirtes. Und ich erinnere mich, daß die einzige ebenbürtige Einheimische, der ich in ganz Europa begegnete, die junge Wirtstochter in einem Dorfgasthaus im Schwarzwald war. Warum heiraten in Europa nicht noch mehr Leute und führen ein Hotel?

Am nächsten Morgen brachen wir mit einer befreundeten englischen Familie auf und fuhren mit der Bahn nach Brevet und von dort aus mit dem Dampfer über den See nach Ouchy (Lausanne).

Ouchy bleibt mir nicht wegen seiner schönen Lage und lieblichen Umgebung – obwohl es schon dadurch lange genug im Gedächtnis haftenbliebe –, sondern als der Ort in Erinnerung, wo ich die Londoner »Times« dabei erwischte, daß sie in Humor verfiel. Sie hat es nicht mit Absicht getan. Ein englischer Freund machte mich auf diesen Fehltritt aufmerksam und schnitt den tadelnswerten Absatz auch für mich aus. Man stelle sich vor, einem solchen Grinsen auf dem Antlitz dieser tiefernsten Zeitung zu begegnen:

»BERICHTIGUNG. – Wir werden von Reuters Nachrichtenagentur ersucht, eine Falschmeldung zu berichtigen, die in ihrem Telegramm aus Brisbane von 2. d. M. mitgeteilt und in unserer Ausgabe vom 5. d. M. veröffentlicht wurde, wonach ›Lady Kennedy Zwillingen das Leben geschenkt hat, von denen der älteste ein Sohn ist‹. Die Agentur erklärt, die Botschaft, die sie erhalten habe, hätte folgenden Wortlaut gehabt: ›Gouverneur Queensland *Zwillinge erstes Junge*‹. Nachdem sie sich jedoch später informierte, daß Sir Arthur Kennedy unverheiratet sei und ein Irrtum vorliegen müsse, forderte sie sogleich eine telegraphische Wiederholung an. Diese ist heute (11. d. M.) eingetroffen und zeigt, daß die wirklich von Reuters Korrespondenten telegraphierten Worte lauteten: ›Gouverneur Queensland *macht ersten Spatenstich*‹, was sich auf die im Bau befindliche Maryborough-Gympie-Bahn bezieht. Die kursiv gedruckten Worte wurden bei der Übermittlung von Australien vom Telegraphen verstümmelt, und der Irrtum entstand, als sie die Agentur in der erwähnten Form erreichten.«

Ich hatte immer ein tiefes und ehrfürchtiges Mitleid mit den Leiden des »Gefangenen von Chillon« empfunden, dessen Geschichte Byron in so ergreifenden Versen erzählt hat; also bestieg ich den Dampfer und wallfahrte zu den Kerkern des Schlosses Chillon, um die Stelle zu besichtigen, wo der arme Bonivard vor dreihundert Jahren seine traurige Gefangenschaft erduldete. Ich bin froh, daß ich das getan habe, denn es beseitigte etwas von dem Kummer, den ich um den Gefangenen empfunden hatte. Sein Kerker war ein netter, kühler, weiter Raum, und ich begreife nicht, warum er so unzufrieden damit gewesen sein sollte. Wäre er in einer Privatwohnung von St. Niklaus gefangengehalten worden, wo der Dung vorherrscht, die Ziegen bei dem Gast schlafen, die Hühner auf ihm hocken und die Kuh hereinkommt und ihn ärgert, wenn er nachdenken will, dann wäre das etwas ganz anderes gewesen; aber in diesem hübschen Kerker kann er bestimmt kein allzu freudloses Dasein gehabt haben. Er besitzt romantische Fensterschlitze, die großzügig bemessene Lichtbündel einlassen, und hohe, stattliche Säulen, die offenbar aus dem gewachsenen Felsen gehauen sind; und überdies sind sie über und über mit Tausenden von Namen vollgeschrieben, von denen einige – wie Byron und Victor Hugo – hochberühmt sind. Warum hat er sich nicht damit unterhalten, diese Namen zu lesen? Dann sind da die Reiseleiter und Touristen – täglich ganze Schwärme –, was sollte ihn daran gehindert haben, sich mit ihnen zu amüsieren? Ich glaube, man hat die Leiden Bonivards überschätzt.

Dann stiegen wir in den Zug und fuhren nach Martigny, das auf dem Wege zum Montblanc liegt. Am nächsten Morgen brachen wir gegen acht Uhr zu Fuß auf. Wir hatten viel Gesellschaft, was Wagenladungen und Maultierladungen von Touristen – und Staub betrifft. Diese auseinandergezogene Prozession von Reisenden erstreckte sich vielleicht über eine Meile. Der Weg führte bergauf – unaufhörlich bergauf – und war mäßig steil. Es war glühend heiß, und der Mann oder die Frau, die auf einem schleichenden Maultier oder in einem kriechenden Wagen sitzen und in der stechenden Sonne schmoren mußten, waren zu bemitleiden. Wir konnten uns in die Büsche ducken und die Erleichterung genießen, die der Schatten bot, aber diese Leute nicht. Sie hatten für ein Beförderungsmittel gezahlt und ließen sich befördern, um auf ihre Kosten zu kommen.

Dann passierten wir den Tête Noire, und nachdem wir höheren Grund erreicht hatten, mangelte es nicht an schönen Landschaftsbildern. An einer Stelle führte die Straße in einem Tunnel durch eine Bergschulter; von dort aus blickte man in eine Schlucht mit einem reißenden Bergbach hinab, und in allen Richtungen boten sich bezaubernde Aussichten auf felsige Berggrate und bewaldete Höhen. Auf der Tête-Noire-Route gab es überdies noch eine großzügige Zuteilung an hübschen Wasserfällen.

Etwa eine halbe Stunde, bevor wir das Dorf Argentière erreichten, glitt ein mächtiger Schneegipfel, auf dem die Sonne flammte, ins Blickfeld, fügte sich in eine feste, V-förmige Bergpforte wie in einen Rahmen ein, und wir erkannten den Montblanc, den »Monarchen der Alpen«. Von nun an wuchs dieser erhabene Gipfel bei jedem Schritt höher und höher in den blauen Himmel hinein, bis er schließlich den Zenit auszufüllen schien.

Einige Nachbarn des Montblanc – kahle, hellbraune, turmähnliche Felsen – zeigten eine sehr merkwürdige Gestalt. Einige waren zu einer scharfen Spitze zurechtgeschnitzt und am oberen Ende leicht gebogen wie ein Damenfinger; ein ungeheurer Zuckerhut ähnelte einer Bischofsmütze: er war zu steil, um an den Hängen den Schnee festzuhalten, hatte aber einigen in der Kerbung.

Während wir uns noch vor dem Abstieg nach Argentière auf sehr hohem Grunde befanden, schauten wir zu einem benachbarten Gipfel empor und sahen um einige weiße Wolken, die fast so fein wie Spinnweben waren, köstliche Spektralfarben spielen. Die zarten Rosa- und Grüntöne waren eigenartig schön; keine Farbe war dunkel, es waren die hellsten Abstufungen. Sie verliefen ganz berückend ineinander. Wir setzten uns hin, um diesen ungewöhnlichen Anblick genau zu betrachten und zu genießen. Die Tönungen blieben einige Minuten lang bestehen – huschten vorüber, wechselten, verschmolzen ineinander; verblaßten einen Augenblick lang beinahe, traten dann wieder kräftiger hervor – eine bewegliche, rastlose, unbeständige Folge sanften, opalisierenden Glanzes, der jenes luftige Gebilde aus weißem Gewölk überhauchte und es in ein Gespinst verwandelte, fein genug, um einen Engel damit zu kleiden.

Allmählich fanden wir heraus, woran uns diese überzarten Farben und ihr ständiges Schillern und Wechselspiel erinnerten: an das, was man in einer fliegenden Seifenblase sieht, deren Farbe sich je nach den Gegenständen ändert, an denen sie vorüberschwebt. Eine Seifenblase ist das schönste und köstlichste Ding in der Natur: das liebliche Geistergespinst am Himmel ließ an eine aufgeplatzte und in der Sonne ausgebreitete Seifenblase denken. Ich möchte wohl wissen, was es kostete, eine Seifenblase zu erstehen, wenn es auf der ganzen Welt nur eine gäbe; mit demselben Geld könnte man zweifellos einen ganzen Hut voll Kohinoors kaufen.

Für die Wanderung von Martigny nach Argentière brauchten wir acht Stunden. Wir hatten alle Maultiere und Wagen geschlagen; gewöhnlich taten wir das nicht. Wir mieteten eine Art offenen Frachtwagen für die Fahrt nach Chamonix ins Tal und widmeten dann eine Stunde dem Essen. Das gab dem Kutscher Zeit, sich zu betrinken. Er hatte einen Freund bei sich, und dieser Freund hatte auch Zeit gehabt sich zu betrinken.

Als wir abfuhren, sagte der Kutscher, während wir beim Essen gesessen hätten, seien alle Touristen eingetroffen und weitergefahren; »aber«, sagte er nachdrücklich, »lassen Sie sich dadurch nicht stören – bleiben Sie ruhig – kein Grund zur Unruhe – ihr Staub erhebt sich weit vor uns. Sie werden ihn weit hinter uns verblassen und verschwinden sehen. Bleiben Sie ruhig, überlassen Sie alles mir – ich bin der König der Kutscher! Aufgepaßt!«

Seine Peitsche sauste herab, und wir ratterten los. In meinem ganzen Leben bin ich noch nicht so durchgeschüttelt worden. Die kürzlichen Wolkenbrüche hatten die Straße stellenweise völlig weggespült, aber aus keinem Grunde hielten wir an oder wurden wir langsamer. Wir rasten immerzu vorwärts, über Steine, Schutt, durch Bachrinnen, über freie Felder – manchmal berührten wir den Boden mit einem oder zwei Rädern, aber im allgemeinen mit keinem. Dann und wann warf uns dieser gelassene, gutmütige Irre über die Schulter einen majestätischen Blick zu und sagte: »Ah, sehen Sie? Es ist so, wie ich gesagt habe – ich bin der König der Kutscher!« Jedesmal, wenn wir knapp dem Tode entronnen waren, sagte er mit gelassener Heiterkeit: »Genießen Sie es, meine Herren, es ist sehr selten, es ist sehr ungewöhnlich – wenigen nur ist es vergönnt, mit dem König der Kutscher zu fahren, und beachten Sie wohl, es ist, wie ich gesagt habe – *ich* bin es.«

Er sprach französisch und interpunktierte mit Schluck-auf. Sein Freund war auch Franzose, sprach aber deutsch – benutzte jedoch das gleiche Interpunktionssystem. Der Freund nannte sich »Kapitän des Montblanc« und wollte, daß wir die Besteigung mit ihm machten. Er sagte, er hätte mehr Besteigungen durchgeführt als jeder andere Mensch – siebenundvierzig, und sein Bruder hätte siebenunddreißig gemacht. Sein Bruder sei der beste Bergführer der Welt, außer ihm selbst, aber er, ja, man beachte es wohl, er sei der »Kapitän des Montblanc« – dieser Titel gehöre keinem anderen.

Der »König« stand zu seinem Wort – er überholte die lange Touristenprozession und brauste daran vorbei wie ein Hurrikan. Die Folge war, daß wir im Hotel in Chamonix bessere Zimmer bekamen, als wenn Majestät nicht so schnell kutschiert wäre – oder vielmehr, als wenn er sich nicht dank einer glücklichen Fügung betrunken hätte, bevor er Argen-tière verließ.

Neunzehntes Kapitel

Chamonix · Kontraste · Großartiger Anblick ·
Die Bergführergilde · Der Oberbergführer ·
Der zurückgekehrte Tourist · Bekommt Diplom ·
Strenge Vorschriften · Erfolglose Versuche, ein Diplom
zu bekommen · Das Register · Der Bezwinger des
Montblanc · Berufsneid · Triumph der Wahrheit ·
Gebirgsmusik · Ihre Auswirkung · Jagd auf eine Störung

Jedermann war auf der Achse; jedermann war auf der Hauptstraße des Dorfes – nicht auf den Bürgersteigen, sondern über die ganze Straße hin verteilt; jedermann lungerte herum, schlenderte, schwatzte, wartete – wachsam, erwartungsvoll, interessiert, denn es war Ankunftszeit des Zuges. Das soll heißen, es war Ankunftszeit der Postkutschen – das halbe Dutzend großer Postkutschen würde bald aus Genf eintreffen, und das Dorf war in vieler Beziehung interessiert zu erfahren, wie viele Leute und was für Leute kämen. Alles in allem war es die lebendigste Straße, die wir je in irgendeinem Dorf des Kontinents gesehen hatten.

Das Hotel stand neben einem tosenden Wildwasser, dessen Musik laut und kräftig erschallte; wir konnten dieses Wildwasser nicht sehen, denn es war jetzt dunkel, aber man konnte es ohne Licht ausmachen. Vor dem Hotel lag ein großer, eingefriedeter Vorplatz, und diesen füllten Gruppen von Dörflern, die auf die Postkutsche warteten oder sich für den nächsten Tag an Ausflügler verdingen wollten. Im Hof stand ein Teleskop, dessen gewaltiges Rohr zum leuchtenden Abendstern emporwies. Die lange Veranda des Hotels war dicht besetzt mit Touristen, die in Schals und Mänteln unter dem ungeheuren, allesüberschattenden Massiv des Montblanc saßen und tratschten oder meditierten.

Noch nie erschien uns ein Berg so nahe; seine großen Hänge glaubte man mit dem Ellbogen berühren zu können; der majestätische Gipfel und der Kreis himmelstrebender, schlanker Minarette in seiner Nachbarschaft schienen fast unmittelbar über dem Kopf des Betrachters aufzuragen. Auf den Straßen herrschte Nacht, und überall glänzten die Lampen; die breiten Sockel und Schultern der Berge standen in tiefer Dunkelheit, aber ihre Gipfel schwammen in einer sonderbaren, satten Glut, die tatsächlich Tageslicht war, doch einen sehr milden Charakter besaß, der sich sehr von der harten, weißen Grelle jener Art Tageslicht unterschied, an die ich gewöhnt war. Ihr Glanz strahlte kräftig und hell, aber gleichzeitig auch eigenartig sanft, ätherisch und lieblich. Nein, es war nicht unser schroffes, aggressives, realistisches Tageslicht – es schien eher einem Zauberland zuzugehören oder dem Himmel.

Schon früher hatte ich Mondlicht und Tageslicht beisammen gesehen, aber noch nie zuvor hatte ich Tageslicht und schwarze Nacht Ellbogen an Ellbogen erblickt. Zumindest hatte ich das Tageslicht noch nicht auf einem Gegenstand ruhen sehen, der so nahe war, daß der Kontrast verblüffend und naturwidrig wirkte.

Das Tageslicht verlosch. Bald erhob sich der Mond hinter einigen dieser himmelragenden Finger oder Zinnen aus kahlem Felsengestein, von denen ich sprach – sie standen etwas links vom Gipfel des Montblanc und direkt über unseren Köpfen –, aber er schaffte es nicht, hoch genug am Firmament zu steigen, um ganz über sie hinauszugelangen. Gelegentlich zeigte er den glitzernden Bogen seines oberen Drittels und schabte damit an der kammähnlichen Reihe entlang; manchmal stand eine Zinne kerzengerade wie eine Ebenholzstatuette vor diesem glitzernden weißen Schild, schien dann aus eigenem Willen und Antrieb aus ihm herauszugleiten und eine verschwommene Geistererscheinung zu werden, während die nächste Zinne an ihre Stelle glitt und die makellose Scheibe mit dem schwarzen Ausrufungszeichen ihrer Anwesenheit bekleckste. Die Spitze der einen Zinne nahm im schwärzesten Schattenriß die wohlgeformte, scharfkantige Gestalt eines Hasenkopfes an, solange sie vor dem Monde stand. Die unbeleuchteten Gipfel und Minarette, die undeutlich und geisterhaft über uns schwebten, während die anderen in Schnee und Mondlicht schmerzhaft weiß und grell wirkten, gaben dem Ganzen einen seltsamen Effekt.

Aber als der Mond die Reihe der Zinnen passiert hatte und sich hinter dem ungeheuren weißen, hochgetürmten Massiv des Montblanc verbarg, erschien das Meisterwerk des Abends auf der Leinwand. Hinter dem Berg hervor schoß ein satter, grünlicher Schein in den Himmel, und darin schwebten einige luftige Dunstfetzen und -streifen, die, von jenem seltsamen Farbton überhaucht, wie blaßgrüne Flammen hin und her züngelten. Nach einer Weile wuchsen strahlenförmige Balken empor – gewaltige, sich verbreiternde, fächerförmige Schatten – und streckten sich hinter dem Berg hervor bis zum Zenit. Es war ein atemberaubendes Schauspiel, so erstaunlich und erhaben.

Wahrhaftig, diese mächtigen Bündel von abwechselndem Licht und Schatten, die hinter der finsteren und riesengroßen Gestalt hervorströmten und die Hälfte des sonst undurchdringlich dunklen Himmels einnahmen, waren das größte und eindrucksvollste Wunder, das ich je erblickt habe. Es gibt keinen Vergleich, weil ihm nichts gleichkommt. Wenn mich ein Kind gefragt hätte, was das sei, hätte ich gesagt: »Sei demütig in Gegenwart dieser Erscheinung, es ist der Glorienschein, der von dem verborgenen Haupte des Schöpfers ausgeht.« Manchmal kommt man der Wahrheit nicht so nahe wie in diesem Fall, wenn man versucht, Kindern Geheimnisse zu erklären.

Ich hätte mich nach dem Grund dieses ehrfurchtgebietenden Wunders erkundigen können, denn es ereignet sich am Montblanc nicht selten – aber ich wollte es nicht wissen. Wir haben einem Regenbogen gegenüber nicht das ehrfürchtige Gefühl, das ein Wilder hat, weil wir wissen, wie er entsteht. Wir haben ebensoviel verloren, wie wir gewannen, als wir diese Sache neugierig untersuchten.

Wir spazierten einen oder zwei Blocks die Straße hinunter, und an einer Stelle, wo sich vier Straßen trafen und sich die wichtigsten Geschäfte zusammendrängten, standen die Menschengruppen auf der Fahrbahn dichter denn je – denn hier befand sich die Börse von Chamonix. Die Männer trugen die Tracht der Bergführer und Träger und warten dort, um angeheuert zu werden.

In der Nähe lag das Büro jener bedeutenden Persönlichkeit, des Vorsitzenden der Bergführergilde von Chamonix. Diese Gilde ist eine geschlossene Organisation und wird nach strengen Vorschriften geleitet. Es gibt viele Ausflugsrouten, gefährliche und ungefährliche, einige, an die man sich gut ohne Bergführer machen kann, und einige, die das nicht gestatten. Über diese Dinge entscheidet das Büro. Wenn es beschließt, daß irgendwo ein Bergführer notwendig ist, darf man nicht ohne einen gehen. Es wird auch nicht zugelassen, daß man Opfer einer Erpressung wird; das Statut legt fest, was man zu bezahlen hat. Die Bergführer kommen nacheinander an die Reihe; man kann sich den Mann nicht aussuchen, dem man sein Leben anvertraut, man muß den schlechtesten aus der ganzen Schar nehmen, wenn er gerade dran ist.

Der Tarif für einen Bergführer staffelt sich von einem halben Dollar (für irgendeinen unbedeutenden Ausflug über ein paar Dutzend Yard) bis hinauf zu zwanzig Dollar, je nach der zurückgelegten Entfernung und der Bodenbeschaffenheit. Der Tarif für einen Bergführer, der eine Person auf den Gipfel des Montblanc und zurück bringt, beträgt zwanzig Dollar – und er verdient sein Geld. Man benötigt gewöhnlich drei Tage, und diese bieten so viel Gelegenheit zu frühem Aufstehen, daß man sehr viel »gesünder, wohlhabender und weiser« wird, als erlaubt ist. Der Tarif des Trägers für dieselbe Tour beträgt zehn Dollar. Gewöhnlich gehen mehrere Narren – nein, ich meine: mehrere Touristen zusammen, teilen sich die Kosten und senken sie dadurch; denn wenn nur ein N… – Tourist, meine ich, ginge, brauchte er mehrere Bergführer und Träger, und das würde die Sache zu kostspielig machen.

Wir betraten das Büro des Chefs. An den Wänden hingen Gebirgskarten, außerdem eine oder zwei Lithographien berühmter Bergführer und ein Porträt des Wissenschaftlers de Saussure.

In Glaskästen lagen einige etikettierte Stücke von Stiefeln und Alpenstöcken sowie andere vielsagende Überreste und Erinnerungsstücke von Unfällen auf dem Montblanc. Ein Buch enthielt das Register aller Besteigungen, die je durchgeführt worden sind, angefangen bei den Nummern 1 und 2 – diese gehörten Jacques Balmat und de Saussure im Jahre 1787 – bis zur Nummer 685, die noch nicht erkaltet war. Wirklich stand Nr. 685 am Kanzleitisch und wartete darauf, das kostbare amtliche Diplom zu erhalten, das seiner deutschen Familie und seinen Nachkommen beweisen sollte, daß er dereinst leichtfertig genug gewesen war, den Gipfel des Montblanc zu ersteigen. Er sah sehr glücklich aus, als er sein Dokument bekam; er ergriff auch tatsächlich das Wort und sagte, er *sei* glücklich.

Ich versuchte, ein Diplom für einen invaliden Freund zu Hause zu erstehen, der niemals gereist war und der sich sein Leben lang gewünscht hatte, den Montblanc zu besteigen, aber der Oberbergführer weigerte sich in ziemlich unverschämter Weise, mir eines zu verkaufen. Ich ärgerte mich wirklich sehr. Ich sagte, ich hätte nicht die Absicht, mich auf Grund meiner Staatsangehörigkeit diskriminieren zu lassen; er hätte soeben einem deutschen Herrn ein Diplom verkauft, und mein Geld wäre genauso gut wie seines; ich würde dafür sorgen, daß er sein Geschäft nicht Deutschen offenhalten und Amerikanern seine Ware verweigern könne; ich würde ihm im Handumdrehen die Lizenz entziehen lassen; wenn

Frankreich sich weigerte, ihn abzusägen, würde ich eine internationale Angelegenheit daraus machen und einen Krieg anzetteln; die Erde sollte mit Blut getränkt werden; und nicht nur das, sondern ich würde einen Konkurrenzladen aufmachen und Diplome zum halben Preis verkaufen.

Für zwei Cent hätte ich das alles auch gemacht; aber niemand bot mir die zwei Cent an. Ich versuchte, diesen Deutschen zu rühren, aber das ging nicht; er wollte mir sein Diplom nicht geben, er wollte es mir auch nicht verkaufen. Ich *sagte* ihm, mein Freund sei krank und könnte nicht selbst kommen, aber er sagte, das ginge ihn keinen *verdammten Pfennig an,* er wolle sein Diplom für sich selbst haben – ob ich annähme, daß er für dieses Ding den Hals riskierte, um es dann einem kranken Fremden zu geben? Wahrhaftig nicht, also wolle er nicht. Daraufhin beschloß ich zu tun, was ich nur konnte, um dem Montblanc zu schaden.

In dem Register befand sich auch eine Liste aller tödlichen Unfälle, die sich auf dem Berg ereignet hatten. Sie begann mit dem Unglück im Jahre 1820, als die drei Bergführer des Russen Dr. Hamel in einer Gletscherspalte umkamen, und sie hielt auch fest, daß der langsame Gletscher einundvierzig Jahre später im Tal die Überreste herausgegeben hatte. Die jüngste Katastrophe trug das Datum 1877.

Wir gingen hinaus und bummelten eine Weile im Städtchen umher. Vor der kleinen Kirche stand ein Denkmal zur Erinnerung an den kühnen Bergführer Jacques Balmat, den ersten Menschen, der jemals auf dem Gipfel des Montblanc stand. Einsam und allein machte er diese abenteuerliche Tour. Danach führte er die Besteigung noch mehrere Male durch. Zwischen seiner ersten Besteigung und seiner letzten lag eine Zeitspanne von fast einem halben Jahrhundert. Im hohen Alter von zweiundsiebzig kletterte er gerade um die Ecke einer hohen Steilwand des Pic du Midi – niemand war bei ihm –, als er ausrutschte und abstürzte. So starb er in den Sielen.

Er war im Alter sehr geizig geworden und ging oft heimlich los, um zwischen diesen gefährlichen Gipfeln und Abgründen nach nicht vorhandenem Golde zu suchen. Er befand sich gerade auf einer solchen Suchaktion, als er ums Leben kam. In der Halle unseres Hotels stand eine Bildsäule, die ihm gewidmet war, eine andere für de Saussure, und eine Metalltafel an der Tür eines der oberen Zimmer trug eine Inschrift, wonach Albert Smith jenen Raum bewohnt hatte. Balmat und de Saussure entdeckten den Montblanc sozusagen, aber Smith hat daraus ein rentables Besitztum gemacht. Seine Artikel in »Blackwood's« und seine Vorträge über den Montblanc in London machten für den Berg Reklame und erweckten bei den Leuten einen solchen Eifer, ihn zu sehen, als schuldete er ihnen Geld.

Als wir die Straße entlangbummelten, blickten wir auf und sahen in der Dunkelheit des Berghanges ein rotes Signallicht glühen. Es schien nur ein ganz kurzes Stückchen weit zu sein, vielleicht hundert Yard, ein Aufstieg von zehn Minuten. Eine glückliche Portion Scharfsinn veranlaßte uns, einen entgegenkommenden Mann anzuhalten, um uns von ihm Feuer für unsere Pfeifen geben zu lassen, statt, wie wir es vorgehabt hatten, den Aufstieg zu der Laterne fortzusetzen, um uns Feuer zu holen. Der Mann sagte, die Laterne stünde auf den Grands Mulets, an die sechseinhalbtausend Fuß über dem Tal! Von unseren Erfahrungen am Riffelberg her weiß ich, daß wir den reichlichen Teil einer Woche gebraucht hätten, um dort hinaufzukommen. Ich würde lieber überhaupt nicht rauchen, als wegen Feuer so viel Mühe auf mich zu nehmen.

Sogar bei Tage ruft die verkürzende Wirkung der Nähe des Berges merkwürdige Täuschungen hervor. Zum Beispiel sieht man mit bloßem Auge dort oben neben dem Gletscher eine Hütte stehen, und ein bißchen darüber und dahinter sieht man die Stelle, wo jenes rote Licht lag; man denkt, man könnte von der Hütte zu der anderen Stelle einen Stein werfen. Aber das ginge nicht, denn der Höhenunterschied beträgt mehr als dreitausend Fuß. Von unten sieht es so aus, als könnte das unmöglich stimmen, aber es stimmt dennoch.

Während wir umherbummelten, beobachteten wir die ganze Zeit den Lauf des Mondes und behielten ihn noch im Auge, nachdem wir zur Vorhalle des Hotels zurückgekehrt waren. Ich hatte eine Theorie, wonach, während die Gravitation der Refraktion bei der atmosphärischen Kompensation mitwirke, die Refrangibilität der Erdoberfläche diesen Effekt in Gegenden verstärke, wo große Bergketten vorkommen, und möglicherweise die odischen und idyllischen Kräfte gemeinsam so gleichmäßig aufeinander einwirken lasse, daß der Mond daran gehindert werde, höher als 12 200 Fuß über den Meeresspiegel aufzusteigen. Diese gewagte Theorie hatten einige meiner Kollegen Wissenschaftler mit rasender Verachtung und andere mit eifrigem Schweigen aufgenommen. Unter den ersteren darf ich Professor H…y erwähnen und unter den letzteren Professor T…l. So ist der Berufsneid; niemals wird ein Wissenschaftler einer Theorie Sympathie entgegenbringen, die er nicht selbst aufgebracht hat. Unter diesen Leuten gibt es kein Gefühl der Brüderlichkeit. Tatsächlich nehmen sie es jedesmal übel, wenn ich sie Kollege nenne. Um zu zeigen, wie weit ihre Engherzigkeit gehen kann, möchte ich bekanntgeben, daß ich Professor H…y anbot, er könne meine große Theorie als seine eigene Entdeckung veröffentlichen; ich bat ihn sogar darum; ich machte sogar den Vorschlag, ich selbst würde sie als seine Theorie drucken lassen. Statt mir zu danken, sagte er, wenn ich versuchte, diese Theorie ihm anzuhängen, würde er mich wegen Verleumdung verklagen. Ich wollte sie schon Mr. Darwin anbieten, den ich für einen Menschen ohne Vorurteile hielt, aber mir fiel dann ein, daß er vielleicht kein Interesse daran hätte, da sie nichts mit Heraldik zu tun hat.

Aber jetzt bin ich froh, daß ich gezwungen worden bin, selbst als Vater meiner kühnen Theorie aufzutreten, denn an dem Abend, von dem ich schreibe, wurde sie glorreich bewiesen und fest begründet. Der Montblanc ist fast 16 000 Fuß hoch; er verbarg den Mond vollkommen; in seiner Nähe steht ein Gipfel, der 12 216 Fuß hoch ist; der Mond glitt hinter den Zinnen entlang, und als er sich diesem näherte, beobachtete ich ihn mit gespanntem Interesse, denn mit seiner Entscheidung stand oder fiel mein Ruf als Wissenschaftler. Ich kann die Empfindungen nicht beschreiben, die wie Flutwellen meine Brust durchströmten, als ich den Mond hinter die hohe Nadel gleiten und sie passieren sah, ohne mehr als zwei Fuß vier Zoll seines oberen Randes darüber hinweg blicken zu lassen! Da war ich sicher. Ich wußte, daß er nicht höher steigen konnte, und ich hatte recht. Er segelte hinter allen Gipfeln entlang und vermochte seine Scheibe über keinen einzigen von ihnen hinauszuschwingen.

Während der Mond hinter einem dieser spitzen Finger stand, wurde dessen Schatten quer über den leeren Himmel geworfen – ein langer, schräger, scharfgezeichneter, dunkler Strahl, der einen lebendigen und energischen Ausdruck von Kraft besaß wie etwa der aufsteigende Wasserstrahl einer starken Feuerspritze. Es war merkwürdig, einen gediegenen, kräftigen Schatten von einem irdischen Objekt auf ein so ungreifbares Feld wie die Atmosphäre geworfen zu sehen.

Schließlich gingen wir zu Bett und schliefen schnell ein, aber nach drei Stunden erwachte ich mit klopfenden Schläfen und einem Kopf, der mir außen und innen weh tat. Ich war betäubt, verschlafen, unglücklich, elend, unerfrischt. Ich erkannte die Ursache all dessen wieder; es war das Wildwasser. In den Bergdörfern und entlang den Straßen der Schweiz hat man immer das Brausen des Wildwassers in den Ohren. Man bildet sich ein, es sei Musik, und man denkt poetische Sachen darüber; man liegt in seinem behaglichen Bett und wird davon in Schlaf gelullt. Aber allmählich beginnt man festzustellen, daß man große Kopfschmerzen hat – man kann es sich nicht erklären; in Einöden, wo die tiefste Stille herrscht, bemerkt man in den Ohren ein dumpfes, fernes, stetiges Tosen, ähnlich, wie wenn man Muscheln ans Ohr preßt – man kann es sich nicht erklären; man ist schläfrig und geistesabwesend; man besitzt keine Konzentrationsfähigkeit mehr, man kann keinen Gedanken fassen und zu Ende führen; wenn man sich zum Schreiben hinsetzt, ist der Wortschatz erschöpft, es wollen sich keine passenden Worte einstellen, man vergißt, was man beginnen wollte, und bleibt so sitzen, Feder in der Hand, den Kopf zurückgeneigt, die Augen geschlossen, und lauscht schmerzvoll dem dumpfen Tosen eines fernen Zuges, das man in den Ohren hat. Im tiefsten Schlaf setzt sich die Anspannung fort, man horcht weiter, horcht immerzu, gespannt, begierig, und erwacht schließlich gequält, reizbar, unerfrischt. Man kann sich diese Dinge einfach nicht erklären. Tag für Tag fühlt man sich so, als hätte man seine Nächte in einem Schlafwagen verbracht. Man braucht tatsächlich Wochen, um herauszufinden, daß es diese hartnäckigen Bergbäche sind, die den ganzen Ärger heraufbeschwören. Dann ist es Zeit, aus der Schweiz zu verschwinden, denn sobald man den Grund entdeckt hat, wird der Jammer noch um ein Vielfaches größer. Dann macht einen das Tosen des Gebirgsbaches verrückt, denn die Einbildungskraft hilft mit; der physische Schmerz, den er verursacht, ist grausam. Wenn man bemerkt, daß man sich einem dieser Bäche nähert, empfindet man eine so lebhafte Furcht, daß man am liebsten ausrücken und dem unbarmherzigen Feind aus dem Wege gehen möchte.

Acht oder neun Monate, nachdem die Wildwasserqual mich verlassen hatte, brachte das Tosen und Donnern der Pariser Straßen sie wieder. Ich zog in den sechsten Stock eines Hotels, um Frieden zu finden. Gegen Mitternacht verebbten die Geräusche, und ich war gerade am Einschlafen, als ich ein neues und merkwürdiges Geräusch hörte. Ich horchte: offenbar tanzte ein fröhlicher Verrückter im Zimmer über mir leise einen »Doppelschleifer«. Ich mußte natürlich warten, bis er damit fertig war. Fünf lange, lange Minuten hindurch schlurrte es geschmeidig dahin – es folgte eine Pause, dann fiel etwas mit schwerem Plumps zu Boden.

Ich sagte mir: ›Da – jetzt zieht er die Stiefel aus – Gott sei Dank, er ist fertig.‹ Noch eine kleine Pause – er fing wieder an zu schlurren! Ich sagte mir: ›Will er herauskriegen, was er mit nur einem Stiefel machen kann?‹ Dann kam noch eine Pause und noch ein Plumps auf den Boden. Ich sagte: ›Gut, er hat den anderen Stiefel ausgezogen – *jetzt* ist er fertig.‹ Aber mitnichten. Im nächsten Augenblick schlurrte er schon wieder. Ich sagte: ›Hol ihn der Kuckuck, er macht in Pantoffeln weiter!‹ Nach einer kleinen Weile kam die gleiche alte Pause, und unmittelbar darauf wieder der Plumps auf den Boden. Ich sagte: ›Zum Teufel, er hatte *zwei* Paar Stiefel an!‹ Eine Stunde lang machte der Zauberer weiter, schlurrte und zog Stiefel aus, bis er ganze fünfundzwanzig Paar abgeworfen hatte und ich am Rande des Wahnsinns schwebte. Ich nahm mein Gewehr und stahl mich hinauf. Der Kerl saß mitten in einem Feld herumliegender Schuhe, und er hatte einen Stiefel in der Hand, den er schlurrte – nein, ich meine, den er *blankbürstete*. Das Rätsel war gelöst. Er hatte nicht getanzt. Er war der Stiefelputzer des Hotels und ging seinem Geschäft nach.

Zwanzigstes Kapitel

Betrachtung des Montblanc · Teleskopische Wirkung ·
Eine geplante Tour · Entschluß und Mut · Die Kosten
zusammengerechnet · Besteigung des Montblanc
per Teleskop · Sichere und schnelle Rückkehr ·
Diplome beantragt und verweigert · Katastrophe vom
Jahre 1866 · Die tapferen Brüder · Wunderbare Ausdauer
und Courage · Liebesgeflüster auf dem Montblanc ·
Erste Besteigung durch eine Frau · Vernünftige Kleidung

Am nächsten Morgen in Chamonix gingen wir nach dem
Frühstück auf den Hof hinaus und sahen uns die Gruppen
von Ausflüglern an, die mit ihren Maultieren, Bergführern
und Trägern eintrafen und aufbrachen; dann warfen wir
durch das Teleskop einen Blick auf den schneeigen Höcker
des Montblanc. Er strahlte im Sonnenlicht, und der riesen-
hafte glatte Buckel schien kaum fünfhundert Yard entfernt
zu sein. Mit dem bloßen Auge konnten wir das Haus an der
Pierre Pointue, das neben dem großen Gletscher und mehr
als dreitausend Fuß über dem Talgrund steht, nur undeutlich ausmachen, aber mit dem Teleskop ließen sich alle Einzelheiten erkennen. Während ich hindurchblickte, ritt eine
Frau auf einem Maultier an jenem Haus vorbei, und ich sah
sie klar und deutlich; ich hätte ihre Kleidung beschreiben

können. Ich sah, wie sie den Leuten des Hauses zunickte, ihr Maultier zügelte und die Hand erhob, um die Augen vor der Sonne zu beschirmen. Ich war Teleskope nicht gewöhnt; tatsächlich hatte ich überhaupt noch nie durch ein gutes geschaut; es schien mir unglaublich, daß diese Frau so weit entfernt sein sollte. Ich war überzeugt, daß ich alle diese Einzelheiten mit bloßem Auge sehen könnte; aber als ich es versuchte, waren das Maultier und diese lebendigen Leute völlig verschwunden, und das Haus selbst war klein und undeutlich geworden. Ich probierte es wieder mit dem Teleskop, und wieder war alles lebendig. Das Maultier und die Frau warfen kräftige schwarze Schatten an die Hauswand, und ich sah, wie die Silhouette des Maultieres mit den Ohren wackelte.

Der Teleskopulist oder der Teleskopulariat – ich weiß nicht, was richtig ist – sagte, eine Gruppe befinde sich gerade beim großen Aufstieg und komme bald in den fernen oberen Regionen in Sicht; so warteten wir, um dieses Schauspiel zu beobachten.

Plötzlich hatte ich einen großartigen Einfall. Ich wollte mit einer Gruppe auf dem Gipfel des Montblanc stehen, nur um sagen zu können, daß ich oben gewesen wäre, und ich nahm an, das Teleskop könnte mich sieben Fuß von dem obersten Mann entfernt absetzen. Der Teleskoper versicherte mir, daß das ginge. Ich fragte ihn dann, wieviel ich ihm für die Strecke, die ich bisher zurückgelegt hatte, schuldig sei. Einen Franken, sagte er. Ich fragte ihn, wieviel es mich kosten würde, die ganze Besteigung zu machen? Drei Franken. Ich beschloß sofort, die ganze Besteigung zu machen. Aber erst erkundigte ich mich, ob es gefährlich sei.

Er sagte nein – per Teleskop nicht; sagte; er habe eine ganze Menge Gruppen auf den Gipfel geführt und noch keinen Mann dabei verloren. Ich fragte, was er dafür verlangte, meinen Agenten mitgehen zu lassen sowie so viele Bergführer und Träger, wie ich brauchte. Er sagte, daß er Harris für zwei Franken mitgehen lasse und daß er, wenn wir nicht ungewöhnlich ängstlich seien, Bergführer und Träger für unnötig halte; es sei nicht üblich, sie mitzunehmen, wenn man per Teleskop ginge, denn sie wären eher eine Behinderung als eine Hilfe. Er sagte, die Gruppe, die jetzt am Berg stünde, nähere sich dem schwierigsten Teil, und wenn wir uns beeilten, könnten wir sie in zehn Minuten einholen, uns dann ihnen anschließen und ihre Bergführer und Träger mitbenutzen, ohne daß sie es bemerkten und ohne daß es uns etwas kostete.

Daraufhin sagte ich, wir wollten sogleich aufbrechen. Ich glaube es ruhig gesagt zu haben, obwohl ich spürte, wie ich angesichts des Wagnisses erschauerte, auf das ich mich so gedankenlos einließ, und wie meine Wangen erbleichten. Aber die alte Waghalsigkeit hatte mich wieder gepackt, und ich sagte, da ich mich einmal festgelegt habe, wolle ich nicht kneifen: ich würde den Montblanc besteigen, und wenn es mein Leben kosten sollte. Ich wies den Mann an, sein Instrument in die richtige Richtung zu kippen und mit uns aufzubrechen.

Harris hatte Angst und wollte nicht mit, aber ich redete ihm zu und sagte, ich würde ihn den ganzen Weg über an der Hand halten; so willigte er ein, obwohl er zuerst ein bißchen zitterte. Ich warf einen letzten pathetischen Blick auf das liebliche, sommerliche Bild um mich her, dann hielt ich kühn das Auge an das Glas und machte mich bereit, zu den grimmigen Gletschern und dem ewigen Schnee aufzusteigen.

Vorsichtig und behutsam überschritten wir den großen Glacier des Bossons, über gähnende und furchtbare Spalten hinweg und zwischen eindrucksvollen Felsgipfeln und Eissäulen hindurch, die von Eiszapfen gigantischer Größe umsäumt waren. Um uns dehnte sich weit und breit eine so unbeschreiblich wilde und öde Eiswüste aus und uns bedrängten so große Gefahren, daß ich manchmal am liebsten umgekehrt wäre. Aber ich riß mich zusammen und schritt voran.

Wir kamen glücklich über den Gletscher und begannen, sehr rasch die jenseitigen steilen Hänge hinaufzuklettern. Als wir sieben Minuten unterwegs waren, erreichten wir eine Höhenlage, wo die Umgebung ein neues Aussehen annahm; ein offenbar grenzenloser Kontinent aus schimmerndem Schnee ragte vor uns schräg gen Himmel. Als mein Blick dieser furchtbaren Steigung weit hinauf in fernsten Höhen folgte, schien mir, daß alles, was ich jemals an Erhabenheit und Größe gesehen hatte, im Vergleich dazu klein und unbedeutend gewesen war.

Einen Augenblick lang rasteten wir und kletterten dann mit großer Geschwindigkeit weiter. Innerhalb von drei Minuten sichteten wir die Gruppe vor uns und hielten an, um sie zu beobachten. Sie mühten sich einen langen, schrägen Schneegrat hinauf – zwölf Personen, die, in etwa fünfzehn Fuß Abstand voneinander angeseilt, einer hinter dem anderen gingen und sich deutlich gegen den klarblauen Himmel abhoben. Eine Frau war dabei. Wir konnten erkennen, wie sie die Füße hoben und aufsetzten; wir sahen, wie sie alle gleichzeitig die Alpenstöcke wie Pendel nach vorn schwangen und dann ihr Gewicht darauf verlegten; wir sahen, wie die Dame mit ihrem Taschentuch winkte. Sie schleppten sich erschöpft und mühselig bergan, denn seit drei Uhr morgens waren sie von den Grands Mulets auf dem Glacier des Bossons ab ständig bergauf gestiegen, und jetzt war es elf. Wir erkannten, wie sie in den Schnee sanken, ausruhten und etwas aus der Flasche tranken. Nach einer Weile gingen sie weiter, und als sie sich dem Endspurt näherten, rückten wir zu ihnen auf und schlossen uns an.

Bald darauf standen wir alle zusammen auf dem Gipfel! Welch eine Aussicht breitete sich unter uns aus! Weit drüben unter dem nordwestlichen Horizont rollten die stillen Wogen des Farneser Oberlandes, deren schneeige Kronen sanft im gedämpften Licht der Ferne schimmerten; im Norden ragte die Riesengestalt des Schlotterhorns auf, vom Gipfel bis zur Schulter in schwarze Gewitterwolken gehüllt; rechts hinter ihm schwamm in sattem Dunst die prachtvolle Prozession der Gipfel der zisalpinen Kordilleren; im Osten war das kolossale Massiv des Jodelhorns, des Kneiphorns und des Schmaushorns sichtbar, deren wolkenlose Gipfel weiß und kalt in der Sonne blitzten; hinter diesen schimmerte die schwache, ferne Linie des Ghauts von Jubbulpor und der Aiguilles des Alleghanics; im Süden türmten sich der rauchende Gipfel des Popocatepetl und die unzugänglichen Höhen des unvergleichlichen Krabbelhorns auf, westsüdwestlich träumte die erhabene Kette des Himalaja in purpurnem Düster; und von da aus schweifte der Blick rings um den gewölbten Horizont über ein bewegtes Meer sonnengeküßter Alpen und bemerkte hier und da die edle Gestalt, die aufragenden Kuppeln des Trinkhorns, des Sattelhorns, des Füllhorns und des Pulverhorns, alle in den Glanz der Mittagssonne getaucht und gesprenkelt mit sanft dahingleitenden Flecken, den Schatten der treibenden Wolken.

Von dem Anblick überwältigt, erhoben wir alle einstimmig einen triumphierenden, gewaltigen Jubelschrei. Dicht neben mir sagte ein verblüffter Mann.

»Zum Teufel, warum brüllen Sie denn so, hier mitten auf der Straße?«

Das brachte mich mit einem Ruck nach Chamonix herunter. Jenem Manne erteilte ich etwas geistlichen Zuspruch und machte ihn auf diese Weise fertig; dann zahlte ich dem Teleskopmann das volle Honorar aus und sagte, wir seien von dem Ausflug entzückt und würden nun unten bleiben und nicht wieder hinaufsteigen, also nicht von ihm verlangen, uns per Teleskop herunterzuholen. Das freute ihn sehr, denn natürlich hätten wir auf den Gipfel zurücktreten und ihm die Mühe machen können, uns nach Hause zu bringen, wenn wir gewollt hätten.

Ich dachte, wir könnten jedenfalls jetzt die Diplome bekommen; so gingen wir hin, aber solange wir in Chamonix blieben, hielt uns der Oberbergführer mit diesem und jenem Vorwand hin, und schließlich haben wir sie überhaupt nicht erhalten. Soviel über sein Vorurteil gegenüber der Staatsangehörigkeit der Leute. Wir haben ihn jedoch ausreichend geplagt, damit er noch einige Zeit an uns und unsere Besteigung denken solle. Einmal sagte er sogar, er wünschte, es gäbe in Chamonix eine Irrenanstalt. Das beweist, daß er tatsächlich Befürchtungen hegte, wir würden ihn verrückt machen. Das war auch unsere Absicht, aber Zeitmangel vereitelte das.

Ich kann mich nicht darauf einlassen, dem Leser diesen oder jenen Weg zur Besteigung des Montblanc zu empfehlen. Ich sage nur folgendes: wenn er auch nur die geringste Angst hat, werden ihn die Freuden der Tour kaum für die Entbehrungen und Leiden entschädigen, die er durchzumachen hat. Aber wenn er guten Mut, Jugend, Gesundheit und einen kühnen, festen Willen besitzt und, wenn es zum Schlimmsten käme, seine Familie gut versorgt zurückließe, dann wird ihm die Besteigung ein wundervolles Erlebnis werden, und er wird von der Aussicht vom Gipfel jeden Tag seines Lebens träumen, von ihr erzählen und sich ihrer frohlockend erinnern.

Während ich einem solchen Menschen zwar nicht rate, die Besteigung zu versuchen, rate ich ihm aber auch nicht davon ab. Aber wenn er hinaufzusteigen beschließt, möge er zwei Dinge sorgfältig beachten: Er muß sich einen ruhigen, klaren Tag auswählen und darf den Teleskopmann nicht im voraus bezahlen. Es kursieren dunkle Gerüchte, daß er Vorausbezahler auf den Gipfel gebracht und sie dann dort habe verrotten lassen.

Einmal war man in Chamonix am Teleskop Zeuge einer furchtbaren Tragödie. Stellen Sie sich bei einer Totenschau die folgenden Fragen vor:

LEICHENBESCHAUER »Sie haben gesehen, wie der Verstorbene ums Leben kam?«

ZEUGE »Ja.«

L. »Wo befand er sich zu der Zeit?«

z. »Dicht unterhalb des Gipfels des Montblanc.«

l. »Wo befanden Sie sich?«

z. »In der Hauptstraße von Chamonix.«

l. »Wie groß war die Entfernung zwischen Ihnen?«

z. »Luftlinie *etwas über fünf Meilen.*«

Dieses Unglück geschah im Jahre 1866, ein Jahr und einen Monat nach der Katastrophe am Matterhorn. Drei wagehalsige englische Herren* mit großer alpiner Erfahrung beschlossen, ohne Bergführer oder Träger den Montblanc zu besteigen. Alle Bemühungen, sie von ihrem Vorhaben abzubringen, schlugen fehl. In Chamonix gibt es zahlreiche starke Teleskope. Diese gewaltigen Messingrohre, auf Stative aufgebaut und von jeder günstigen Stelle aus himmelwärts gerichtet, erinnern in furchterregender Weise an Artillerie und verleihen dem Städtchen allgemein das Aussehen, als bereite es sich vor, einen Angriff der Engel abzuwehren. Der Leser kann sich wohl denken, daß an jenem Augustmorgen 1866 die Teleskope mächtigen Zulauf hatten, denn jeder wußte von dem gefährlichen Unternehmen, das im Gange war, und alle befürchteten, es könne ein Unglück geschehen. Den ganzen Vormittag hindurch blieben die Rohre auf die Bergeshöhen gerichtet, jedes von einer besorgten Gruppe umringt, aber die weißen Wüsten blieben leer.

Endlich, gegen elf Uhr, riefen die Leute, die gerade durch die Teleskope schauten: »Dort sind sie!« Und wirklich, weit oben auf den höchsten Terrassen des Grand Plateau wurden die drei Pygmäen sichtbar, wie sie mit außerordentli-

* Sir George Young und seine Brüder James und Albert.

cher Kraft und Tapferkeit aufstiegen. Sie verschwanden im
»Korridor« und waren eine Stunde lang außer Sicht. Dann
erschienen sie wieder, und bald darauf sah man sie zusammen auf dem äußersten Gipfel des Montblanc stehen. Bis
hierher ging alles glatt. Ein paar Minuten lang blieben sie
auf jener höchsten Bergspitze Europas stehen, als Ziel aller
Teleskope, und dann sah man, wie sie den Abstieg begannen.
Plötzlich verschwanden alle drei. Einen Augenblick später
erschienen sie wieder, *zweitausend Fuß tiefer*!

Offensichtlich waren sie gestrauchelt und einen fast senkrechten Eishang hinabgeschleudert worden, bis zu einer
Stelle, wo er an den Rand des oberen Gletschers stieß. Natürlich nahmen die fernen Zeugen an, daß sie nun auf drei
Leichen blickten; deshalb konnten sie ihren Augen kaum
trauen, als sie plötzlich zwei der Männer auf die Füße kommen und sich über den dritten beugen sahen. Zweieinhalb
Stunden lang beobachteten sie, wie sich die beiden mit der
hingestreckten Gestalt ihres Bruders beschäftigten, der ganz
leblos zu sein schien. In Chamonix ruhte alle Arbeit; das
ganze Interesse konzentrierte sich darauf, was auf jener hohen und einsamen, fünf Meilen entfernten Bühne vor sich
ging. Schließlich sah man, daß die beiden – von denen einer
nur sehr mühsam gehen konnte – den Abstieg begannen
und den dritten, der zweifellos tot war, zurückließen. Ihre
Bewegungen wurden Schritt für Schritt verfolgt, bis sie den
»Korridor« erreichten und hinter seiner Kuppe verschwanden. Bevor sie Zeit hatten, den »Korridor« zu durchqueren
und wieder zu erscheinen, brach die Dämmerung herein,
und die Teleskope waren mit ihrer Macht am Ende. Die
Überlebenden hatten in der zunehmenden Dunkelheit eine

höchst gefährliche Strecke vor sich, denn sie mußten bis zu den Grands Mulets hinabkommen, um einen sicheren Rastplatz zu erreichen – ein langer, mühevoller Abstieg, schon bei gutem Tageslicht gefährlich genug. Die ältesten Bergführer hegten die Ansicht, das könnte ihnen nicht gelingen; alles sprach dafür, daß sie ums Leben kämen.

Doch diese tapferen Männer schafften es. Sicher erreichten sie die Grands Mulets. Selbst der furchtbare Schock, den ihre Nerven erlitten hatten, war nicht imstande gewesen, ihre Kaltblütigkeit und ihren Mut zu erschüttern. Aus dem offiziellen Bericht geht hervor, daß sie sich vom Einbruch der Dämmerung an bis zwei Uhr morgens oder später durch diese Gefahren hindurch nach unten mühten; denn die Rettungsmannschaft aus Chamonix erreichte die Grands Mulets gegen drei Uhr morgens und zog von dort aus unter der Führung von Sir George Young, »der eben erst eingetroffen war«, zum Schauplatz des Unglücks.

Nachdem Sir George vierundzwanzig Stunden lang auf den Beinen gewesen und angestrengt geklettert war, machte er sich an der Spitze der Rettungsmannschaft von sechs Bergführern erneut an den Aufstieg, um die Leiche seines Bruders zu bergen. Das sah man als eine weitere Unvorsichtigkeit an, da es zu wenige Leute für diesen Dienst waren. Bald darauf traf eine weitere Rettungsmannschaft an der Hütte bei den Grands Mulets ein und quartierte sich dort ein, um die Ereignisse abzuwarten. Zehn Stunden, nachdem Sir George in Richtung auf den Gipfel aufgebrochen war, spähte diese neue Rettungsmannschaft von ihrer eigenen hohen Position zwischen den Eiswüsten, zehntausend Fuß über dem Meeresspiegel, aus noch immer auf die schneebedeckten Höhen über sich; aber der ganze Vormittag war verstrichen, ohne daß auch nur der Schimmer eines Lebewesens dort oben zu sehen gewesen wäre.

Das war beängstigend. Ein halbes Dutzend aus der Schar machte sich daraufhin am frühen Nachmittag auf, um Sir George und seine Bergführer zu suchen und ihnen beizustehen. Die Leute, die in der Hütte zurückblieben, sahen sie verschwinden, und dann folgte eine weitere qualvolle Wartezeit. Vier Stunden verstrichen ohne Nachricht. Um fünf Uhr brach dann eine weitere Rettungsmannschaft von drei Bergführern von der Hütte aus auf. Sie trugen Lebensmittel und anregende Getränke zur Erquickung ihrer Vorgänger bei sich; sie nahmen auch Laternen mit. Die Nacht nahte; und um die Lage noch zu verschlimmern, hatte ein feiner, kalter Regen eingesetzt.

Zur gleichen Stunde, da diese drei ihren gefahrvollen Aufstieg begannen, unternahm der offizielle Oberbergführer der Montblanc-Region ganz allein den gefährlichen Abstieg nach Chamonix, um Verstärkung zu holen. Ein paar Stunden später jedoch, um sieben Uhr abends, fand die ängstliche Besorgnis ein glückliches Ende. Man vernahm den Ton eines Signalhorns, und vor dem Hintergrund der Schneefelder der oberen Regionen war eine Gruppe schwarzer Flecken zu erkennen. Hastig zählten die Beobachter diese Flecken – vierzehn. Niemand fehlte. Anderthalb Stunden später waren sie alle unter dem Dach der Hütte in Sicherheit. Sie hatten die Leiche mitgebracht. George Young verweilte dort nur wenige Minuten und begann dann den langen, mühsamen Abstieg von der Hütte nach Chamonix. Wahrscheinlich traf er dort gegen zwei oder drei Uhr morgens ein, nachdem er zwei Tage und zwei Nächte lang zwischen Felsen und Gletschern auf den Beinen gewesen war. Seine Ausdauer kam seinem Wagemut gleich.

Die Ursache dafür, daß Sir George und die Rettungsmannschaften in den Höhen, wo sich das Unglück zugetragen hatte, so unerklärlich lange aufgehalten worden waren, bildete ein dichter Nebel, oder teils dieser und teils die langwierige und mühselige Arbeit, den Leichnam die gefährlichen Steilwände hinabzutransportieren.

Bei der Totenschau wies die Leiche keinerlei Quetschungen auf, und es dauerte eine Zeitlang, bis die Ärzte entdeckten, daß das Genick gebrochen war. Einer der überlebenden Brüder hatte einige unbedeutende Verletzungen davongetragen, aber der andere hatte überhaupt keinen Schaden erlitten. Wie diese Männer es überleben konnten, beinahe senkrecht zweitausend Fuß hinabzustürzen, ist höchst merkwürdig und unerklärlich.

Sehr viele Frauen haben den Montblanc bestiegen. Eine Engländerin, Miss Stratton, kam vor zwei oder drei Jahren auf den gewagten Gedanken, ihn mitten im Winter zu besteigen. Sie versuchte es, und es gelang ihr. Außerdem erfroren ihr bei der Besteigung zwei Finger; auf dem Gipfel verliebte sie sich in ihren Bergführer, und als sie wieder hinabkam, heiratete sie ihn. In der ganzen Romanliteratur gibt es keine eindrucksvolle Situation, die sich mit dieser Liebesszene mitten im Himmel auf einem einsamen Eisgipfel messen könnte, bei der das Thermometer unter Null stand und ein arktischer Sturm wehte.

Die erste Frau, die den Montblanc bestieg, war ein zweiundzwanzigjähriges Mädchen, Mlle. Maria Paradis, im

Jahre 1809. Nur ihr Liebster begleitete sie, und der war kein Bergführer. Dann pausierte das weibliche Geschlecht etwa dreißig Jahre lang, bis eine Mlle. d'Angeville im Jahre 1838 den Berg bestieg. In Chamonix stieß ich auf eine kunstlose alte Lithographie aus jener Zeit, welche sie »bei der Ausführung« abbildet. Ich schätze sie jedoch weniger als Kunstwerk denn als Modezeichnung. Fräulein d'Angeville hatte sich zum Klettern ein Paar Männerhosen angezogen, was klug war; aber sie hatte deren Nützlichkeit dadurch eingeschränkt, daß sie ihren Rock darüberzog, was idiotisch war.

Eine der beklagenswertesten Katastrophen, die der menschliche Hang zur Besteigung gefährlicher Berge zur Folge hatte, ereignete sich im September 1870 auf dem Montblanc. Mr. d'Arve erzählt die Geschichte kurz in seiner »Histoire du Mont Blanc«. Im nächsten Kapitel werde ich sie in den Hauptzügen wiedergeben.

Einundzwanzigstes Kapitel

Eine Katastrophe, die elf Menschenleben kostete ·
Katastrophe vom Jahre 1870 · Eine Gruppe von elf
Personen · Ein furchtbarer Sturm · Die Notizbücher
der Opfer · Dem Tode ergeben entgegensehen

Am 5. September 1870 brach eine Karawane von elf Personen von Chamonix auf, um den Montblanc zu besteigen. Drei davon waren Touristen: die Herren Randall und Bean, Amerikaner, und Mr. George Corkindale, ein Schotte; dazu kamen drei Bergführer und fünf Träger. An jenem Tage erreichten sie die Hütte an den Grands Mulets. Früh am nächsten Morgen, dem 6. September, wurde der Aufstieg fortgesetzt. Es war ein schöner, klarer Tag, die Bewegungen der Gruppe wurden von Chamonix aus mit dem Teleskop beobachtet; um zwei Uhr nachmittags sah man sie den Gipfel erreichen. Einige Minuten später sah man, wie sie die ersten Schritte des Abstiegs taten; dann umschloß sie eine Wolke und entzog sie den Blicken.

Acht Stunden verstrichen, die Wolke verharrte noch, die Nacht kam, niemand war zu den Grands Mulets zurückgekehrt. Sylvain Couttet, der dortige Hüttenwart, befürchtete ein Unglück und schickte ins Tal hinunter nach Hilfe. Ein Trupp Bergführer stieg hinauf, und als sie den mühsamen Weg zurücklegten und die Hütte erreichten, brach ein wütender Sturm los. Sie mußten warten; in einem solchen Sturm konnte man nichts unternehmen.

Der Schneesturm tobte *länger als eine Woche,* ohne nachzulassen; aber am 17. verließ Couttet mit mehreren Bergführern die Hütte und schaffte den Aufstieg. In den Schneewüsten nahe dem Gipfel stießen sie auf fünf Leichen, die in ruhender Haltung auf der Seite lagen, was darauf schließen ließ, daß sie wahrscheinlich dort, vor Müdigkeit und Hunger erschöpft und vor Kälte erstarrt, eingeschlafen waren und es nicht gemerkt hatten, als der Tod über sie kam. Couttet ging ein paar Schritte weiter und entdeckte noch fünf Leichen. Der elfte Tote – ein Träger – wurde nicht gefunden, obwohl man eifrig nach ihm suchte.

In der Tasche Mr. Beans, eines der Amerikaner, wurde ein Notizbuch gefunden, in das er einige Sätze geschrieben hatte, und diese versetzten uns mit Leib und Seele in die Lage jener Männer während der letzten Stunden ihres Lebens und in die grausigen Schrecken, die ihr verschwimmender Blick vor sich sah und ihr schwindendes Bewußtsein wahrnahm.

»*Dienstag, 6. Sept.* – Ich habe mit zehn Personen die Besteigung des Montblanc geschafft – acht Bergführer, Mr. Corkindale und Mr. Randall. Um halb drei erreichten wir den Gipfel. Gleich nachdem wir ihn verlassen hatten, wurden wir in Schneewolken gehüllt. Wir verbrachten die Nacht in einer natürlichen Schneegrotte, die nur armseligen Schutz gewährte, und ich war die ganze Nacht krank.

7. Sept. morgens. – Es ist grimmig kalt. Der Schnee fällt dicht und unaufhörlich. Die Bergführer halten keine Rast.

Abends. – Meine liebe Hessie, wir befinden uns seit zwei

Tagen mitten in einem furchtbaren Schneesturm auf dem Montblanc, wir haben uns verirrt und hocken in einem Schneeloch, in einer Höhe von 15 000 Fuß. Ich habe keine Hoffnung mehr, hinunterzukommen.«

Sie waren in jenem blendenden Schneesturm auf einer nur hundert Quadratyard großen Fläche immer im Kreise gewandert, hoffnungslos verirrt; und als Kälte und Erschöpfung sie schließlich bezwangen, gruben sie die Höhle aus und legten sich hinein, um zollweise zu sterben, *ohne zu wissen, daß sie fünf Schritte weiter auf den richtigen Weg gekommen wären.* So nahe waren sie dem Leben und der Sicherheit und ahnten es nicht! Das ist der allerschmerzlichste Gedanke, den diese tragische Geschichte hervorruft.

Der Autor der »Histoire du Mont Blanc« leitet die letzten Sätze von Mr. Beans pathetischem Bericht so ein:

»Hier sind die Schriftzüge groß und unsicher; die Hand, die sie bildete, war kalt und erstarrt; aber der Geist lebte noch, und der Glaube und die Ergebung des sterbenden Mannes werden mit erhabener Schlichtheit zum Ausdruck gebracht:

›Vielleicht wird man dieses Notizbuch finden und es dir schicken. Wir haben nichts zu essen, meine Füße sind schon erfroren und ich bin erschöpft; ich habe nur noch Kraft für wenige Worte. Ich habe Mittel für C.s Ausbildung hinterlassen; ich weiß, daß du sie klug verwenden wirst. Ich sterbe im Glauben an Gott und mit liebenden Gedanken an dich. Lebt alle wohl. Wir werden uns im Himmel wiedersehen … Ich denke immer an euch.‹«

Es ist die Art der Alpen, ihren Opfern mit barmherziger

Schnelligkeit den Tod zu bringen, aber hier versagte die Regel. Diese Männer erlitten den bittersten Tod, den die Geschichte dieser Berge verzeichnet, so sehr sie auch mit grauenhaften Tragödien belastet ist.

Zweiundzwanzigstes Kapitel

Das Hôtel des Pyramides · Der Glacier des Bossons · Eine der Sehenswürdigkeiten · Vorsätzliches Verbrechen · Wieder gerettet · Touristen gewarnt · Rat an die Touristen · Die beiden Kaiserinnen · Der Gletscherwegezolleinnehmer · Reines Eiswasser · Sterblichkeitsziffer der Welt · Von verschiedenen Städten · Ein Vergnügungsreisender · Eine Fahrt mit der Postkutsche · Ein befriedigter Engländer

Mr. Harris und ich nahmen einige Bergführer und Träger und stiegen zum Hôtel des Pyramides auf, das auf der hohen Moräne am Rande des Glacier des Bossons hockt. Der Weg führte ständig steil bergauf, durch Gras und Blumen und Wälder, und es war ein angenehmer Spaziergang, abgesehen von der Anstrengung des Steigens.

Vom Hotel aus konnten wir den gewaltigen Gletscher aus sehr großer Nähe betrachten. Nach einer Rast gingen wir einen Pfad hinab, der an der steilen Innenwand der Moräne angelegt worden war, und betraten den Gletscher selbst. Eines der Glanzstücke der Umgebung bildete eine tunnelartige Grotte, die in den Gletscher gehauen worden war. Der Besitzer dieser Grotte nahm Kerzen und führte uns hinein. Sie war drei oder vier Fuß breit und etwa sechs Fuß hoch.

Ihre Wände aus reinem und festem Eis strahlten ein sanftes, sattes blaues Licht aus, das eine schöne Wirkung hervorbrachte und an Zauberhöhlen und solche Sachen denken ließ. Als wir einige Yards weit gegangen waren und in die Dunkelheit gelangten, drehten wir uns um und hatten ein reizendes, von der Sonne beleuchtetes Bild der fernen Wälder und Höhen vor uns, eingerahmt in die feste Wölbung des Tunnels und gesehen durch das zartblaue Leuchten der Tunnelatmosphäre.

Die Höhle war fast hundert Yard lang, und als wir ihr inneres Ende erreicht hatten, trat der Besitzer mit seinen Kerzen in einen Seitengang und ließ uns im stockdunklen Innern des Gletschers begraben zurück. Nach unserer Meinung beabsichtigte er Mord und Raub; also holten wir unsere Streichhölzer heraus und machten uns bereit, unser Leben so teuer wie möglich zu verkaufen, indem wir den Gletscher in Brand steckten, wenn es zum Schlimmsten kommen sollte – aber bald merkten wir, daß dieser Mann sich anders besonnen hatte; er fing mit tiefer, wohlklingender Stimme zu singen an und weckte ein merkwürdiges und angenehmes Echo. Dann kam er zurück und gab vor, deswegen nach hinten gegangen zu sein. Wir glaubten davon nur gerade so viel, wie wir für richtig hielten.

So hatten wir wieder einmal in drohender Gefahr geschwebt, aber unter Anwendung schnell reagierenden Scharfsinns und kühlen Mutes, die uns so oft beschützten, hatten wir der langen Liste unserer Lebensrettungen eine weitere hinzugefügt. Der Tourist sollte jedenfalls diese Eisgrotte besuchen, denn sie lohnt die Mühe durchaus; aber ich würde ihm raten, nur mit einer starken, wohlbewaffneten Truppe hineinzugehen. Artillerie halte ich nicht für erforderlich, jedoch möchte ich nicht davon abraten, sie mitzunehmen, wenn es sich einrichten läßt. Der Weg hin und zurück ist etwa dreieinhalb Meilen lang, von denen drei auf ebenen Grund entfallen. Wir schafften es in weniger als einem Tag, aber ich würde Ungeübten, die nicht unter Zeitdruck stehen, raten, zwei Tage dafür vorzusehen. Durch Überanstrengung erreicht man in den Alpen nichts; man erreicht nichts dadurch, daß man zwei Tagewerke in eines zusammendrängt, nur aus dem armseligen Grund, später mit der Heldentat prahlen zu können. Man wird feststellen, daß es auf die Dauer viel besser ist, die Sache in zwei Tagen zu machen und dann im Bericht einen abzuziehen. Das erspart Mühe und schadet dem Bericht nicht. Die umsichtigeren unter den Alpenreisenden tun das alle.

Jetzt suchten wir den Oberbergführer auf und baten um eine Schwadron Bergführer und Träger für die Besteigung des Montanvert. Dieser Idiot funkelte uns an und sagte:

»Um auf den Montanvert zu gehen, brauchen Sie keine Bergführer und Träger.«

»Was brauchen wir dann?«

»So was wie *Sie*? Einen Krankenwagen!«

Diese brutale Bemerkung verletzte mich so sehr, daß ich ihm meine Kundschaft entzog.

Zeitig am nächsten Morgen hatten wir eine Höhe von fünftausend Fuß überm Meeresspiegel erreicht. Hier kampierten und frühstückten wir. Eine Hütte war da – der Ort heißt *Caillet* – und eine Quelle eiskalten Wassers. An der Tür der Hütte hing ein Schild in französischer Sprache, das besagte: »Hier kann man für 50 Centimes eine lebende

Gemse sehen.« Wir legten kein Geld an; was wir sehen wollten, war eine tote.

Kurz nach Mittag beendeten wir den Aufstieg und trafen in dem neuen Hotel auf dem Montanvert ein; wir blickten sechs Meilen weit den großen Gletscher hinauf, das berühmte Mer de Glace. An dieser Stelle wirkt er wie ein Meer, dessen tiefe Wellentäler und lange, rollende Dünung mitten in der Bewegung aufgehalten wurden und erstarrten; aber weiter oben ist er in wildbewegte Eiswogen aufgelöst.

Wir stiegen an der steilen Seite der Moräne einen heiklen Pfad hinab und überfielen den Gletscher. Touristen beiderlei Geschlechts waren weit und breit überall auf ihm verstreut, und er bot den festlichen Anblick einer Eisbahn.

Die Kaiserin Josephine ist einmal bis hierher gekommen. Im Jahre 1810 bestieg sie den Montanvert, aber nicht allein; eine kleine Armee Leute ging vor ihr her, um den Weg frei zu machen – und ihn womöglich mit Läufern auszulegen – und sie folgte unter dem Schutz von *achtundsechzig* Bergführern.

Später besuchte ihre Nachfolgerin Chamonix, aber in ganz anderem Stil. Es war sieben Wochen nach dem ersten Sturz des Kaiserreiches, und die arme Marie-Luise, Exkaiserin, war Flüchtling. Bei Nacht und Sturm kam sie mit nur zwei Begleitern an und stand vor einer Bauernhütte, müde, beschmutzt, vom Regen durchnäßt, »den roten Abdruck der verlorenen Krone noch auf der Stirn«, flehte um Einlaß – und wurde abgewiesen! Einige Tage vorher hatten ihr die Schmeicheleien und der Beifall eines Volkes in den Ohren geklungen, und nun das!

Wir überquerten sicher das Mer de Glace, aber wir hegten

Befürchtungen. Die Spalten im Eis gähnten tief, blau und geheimnisvoll, und es machte einen nervös, sie zu überschreiten. Die riesigen runden Eiswogen waren glatt und deshalb schwer zu erklettern, und es gab mehr Gelegenheit, zu stolpern, an ihnen abzurutschen und in eine Spalte zu stürzen, als daß es gemütlich gewesen wäre.

Auf dem Grund eines tiefen Wellentals zwischen zwei der größten Eiswogen entdeckten wir einen Betrüger, der vorgab, zur Sicherheit der Touristen Stufen zu hacken. Als wir auf ihn stießen, machte er es sich gerade bequem, sprang aber auf und haute ein paar Stufen aus, die ungefähr für eine Katze paßten, und nahm uns einen oder zwei Franken dafür ab. Dann setzte er sich wieder hin, um zu dösen, bis die nächste Gruppe daherkäme. An dem Tag hatte er schon von zwei- oder dreihundert Leuten Geld erpreßt, hatte aber nicht genug Eis herausgehackt, um dem Gletscher merklich zu schaden. Ich habe schon von einer ganzen Menge fauler Druckposten gehört, aber mir scheint, auf einem Gletscher Wegezoll zu erheben, ist der faulste, der mir bisher begegnet ist.

Es war ein glühendheißer Tag und brachte einen hartnäckigen, quälenden Durst mit sich. Welch ein unbeschreiblicher Genuß war es, diesen Durst mit dem reinen und klaren Eiswasser des Gletschers zu stillen! An den Flanken jeder großen Eiswoge flossen klare Bächlein in Rinnen hinab, die sie sich selbst genagt hatten; und noch besser, überall wo ein Stein gelegen hatte, war jetzt ein schüsselförmiges Loch mit glatten weißen Wänden und einem Boden aus Eis, und diese Schüssel war randvoll mit so absolut klarem Wasser, daß der flüchtige Beobachter es überhaupt nicht sah, sondern dachte, die Schüssel wäre leer. Diese Brunnen sahen so verführerisch aus, daß ich mich oft ausstreckte, wenn ich gar keinen Durst hatte, und das Gesicht eintauchte und trank, bis mir die Zähne schmerzten. Überall in den schweizerischen Bergen hatten wir den Segen in Reichweite – in Europa *nur* im Gebirge zu finden – nämlich Wasser, das imstande war, den Durst zu löschen. Überall im schweizerischen Hochland tanzten glänzende kleine Bäche köstlich kalten Wassers am Straßenrand dahin, und mein Gefährte und ich tranken und äußerten ständig unseren tiefen Dank.

Aber überall in Europa, ausgenommen in den Bergen, ist das Wasser so schal und fad, daß Worte es gar nicht beschreiben können. Es wird lauwarm serviert; aber gleichviel, Eis könnte ihm nicht helfen; es ist hoffnungslos schal, hoffnungslos fad. Es taugt nur zum Waschen; ich wundere mich, daß es dem Durchschnittsbewohner nicht einfällt, es versuchsweise dafür zu verwenden. In Europa sagen die Leute verachtungsvoll: »Hier trinkt niemand Wasser.« Sie haben wahrhaftig einen guten und ausreichenden Grund dafür. An vielen Orten haben sie sogar einen Grund, den man Vorbeugung nennen könnte. In Paris und München zum Beispiel sagt man: »Trinken Sie das Wasser nicht, es ist einfach Gift.«

Entweder ist Amerika gesünder als Europa, trotz seiner »tödlichen« Schwelgerei in Eiswasser, oder es führt über seine Sterblichkeitsziffer nicht so genau Buch wie Europa. Ich glaube, wir führen die Sterbestatistik genau; und wenn es so ist, sind unsere Städte gesünder als die Städte Europas. Allmonatlich stellt die deutsche Regierung eine Tabelle über die Sterblichkeitsziffern der Welt auf und veröffentlicht sie. Ich habe mir diese Ziffern mehrere Monate hindurch notiert, und es war ganz merkwürdig, wie regelmäßig und hartnäckig jede Stadt die gleiche Sterblichkeitsquote Monat für Monat wiederholte. Die Tabellen hätten ebensogut wiederbenutzt werden können, so wenig änderten sie sich. Sie basieren auf wöchentlichen Meldungen, welche die durchschnittliche Zahl der Sterbefälle je Tausend der Bevölkerung in einem Jahr angeben. München war stets mit seinen 33 Todesfällen je Tausend seiner Bevölkerung (Jahresdurchschnitt) vertreten, Chicago ebenso konstant mit seinen 15 oder 17, Dublin mit seinen 48 und so weiter. Nur wenige amerikanische Städte erscheinen in diesen Tabellen, aber sie sind so weit über das Land verteilt, daß sie einen guten allgemeinen Durchschnitt des Gesundheitszustandes in den *Großstädten* der Vereinigten Staaten wiedergeben; und ich glaube, man wird zugeben, daß unsere Kleinstädte und Dörfer gesünder sind als unsere Großstädte.

Hier folgt der Durchschnitt der amerikanischen Städte, die in den deutschen Tabellen erscheinen:

Chicago, 16 Todesfälle jährlich auf tausend Einwohner; Philadelphia 18; St. Louis 18; San Francisco 19; New York (das Dublin Amerikas) 23.

Sehen Sie nun, wie die Zahlen hinaufschnellen, sobald man die transatlantische Liste erreicht:

Paris 27; Glasgow 27; London 28; Wien 28; Augsburg 28; Braunschweig 28; Königsberg 29; Köln 29; Dresden 29; Hamburg 29; Berlin 30; Bombay 30; Warschau 31; Breslau 31; Odessa 32; München 33; Straßburg 33; Pest 35; Kassel 35; Lissabon 36; Liverpool 36; Prag 37; Madras 37; Bukarest 39; St. Petersburg 40; Triest 40; Alexandria (Ägypten) 43; Dublin 48; Kalkutta 55.

Edinburgh ist genau so gesund wie New York – 23; aber in der ganzen Liste ist keine *Großstadt* enthalten, die gesünder wäre, ausgenommen Frankfurt am Main – 20. Aber Frankfurt ist nicht so gesund wie Chicago, San Francisco, St. Louis oder Philadelphia.

Vielleicht würde eine genaue Ermittlung des Weltdurchschnitts ergeben, daß auf einen Sterbefall von Tausend der amerikanischen Bevölkerung zwei von Tausend der anderen Völker kommen.

Ich möchte nichts unterstellen, aber ich glaube, die oben angeführten Statistiken deuten dunkel an, daß die Leute hier drüben »heimlich« dieses abscheuliche Wasser trinken.

Wir bestiegen die Moräne an der gegenüberliegenden Seite des Gletschers und krochen dann auf ihrem scharfen Grat etwa hundert Yard dahin, in ständiger Gefahr, auf den darunterliegenden Gletscher zu stürzen. Der Sturz wäre nur hundert Fuß tief gewesen, aber er hätte mich ebenso erledigt wie tausend Fuß, weshalb ich die Höhe dementsprechend respektierte und froh war, als wir die Strecke bewältigt hatten. Eine Moräne ist ein scheußliches Ding, wenn man sie kopfüber angeht. In einiger Entfernung sieht sie wie ein endloses Grab aus feinem Sand aus, sauber geformt und hübsch glattgestrichen; aber in der Nähe stellt sich heraus, daß sie hauptsächlich aus rauhen Felsblöcken aller Größen besteht, von der Größe eines Männerkopfes bis zu der einer Hütte. Dann kamen wir zum Mauvais Pas oder dem Niederträchtigen Weg, um es mit Gefühl zu übersetzen. Es war ein halsbrecherischer Pfad, der an der Stirnwand eines vierzig oder fünfzig Fuß hohen Steilhanges entlangführte und zum Festhalten nur ein paar Eisengeländer aufwies. Ich kam langsam, bedächtig und mühsam vorwärts und erreichte schließlich die Mitte. Meine Hoffnungen begannen etwas zu steigen, aber sie wurden schnell vernichtet; denn dort begegnete ich einem Schwein – einem langnasigen, borstigen Kerl, der die Schnauze emporstreckte und fragend an mir hinaufschnupperte. Ein Schwein auf einem Vergnügungsausflug in der Schweiz – man stelle sich das vor! Es ist verblüffend und ungewöhnlich; man könnte ein Gedicht darüber schreiben. Das Schwein konnte nicht zurück, auch wenn es dazu bereit gewesen wäre. An einer Stelle auf unserer Würde zu bestehen, wo kaum Platz genug war, um auf den Füßen zu stehen, wäre töricht gewesen, und so taten wir nichts dergleichen. Hinter uns standen zwanzig oder dreißig Damen und Herren; wir alle drehten uns um und gingen zurück, und das Schwein folgte. Das Tier schien durch das, was es angerichtet hatte, nicht die Fassung verloren zu haben; wahrscheinlich hatte es das schon einmal gemacht.

Um vier Uhr nachmittags erreichten wir das Restaurant auf der Höhe »Chapeau«. Es war eine Andenkenfabrik, und der Warenvorrat war umfangreich, billig und mannigfaltig. Ich kaufte den üblichen Brieföffner, um mich von ihm an den Ort erinnern zu lassen, und ließ den Montblanc, den Mauvais Pas und andere Namen auf meinem Alpenstock einbrennen; dann stiegen wir ins Tal hinab und wanderten nach Hause, ohne uns anzuseilen. Das war nicht gefährlich, denn das Tal war fünf Meilen breit und ganz eben.

Vor neun Uhr kamen wir im Hotel an. Am nächsten Morgen fuhren wir auf dem Dach der Postkutsche in Richtung Genf ab, unter dem Schutz eines bunten Sonnendachs. Wenn ich mich recht erinnere, saßen dort oben mehr als zwanzig Personen. Es war so hoch, daß der Aufstieg mit einer Leiter vorgenommen wurde. Das gewaltige Gefährt war übervoll, innen und außen. Fünf andere Postkutschen fuhren zur gleichen Zeit ab, alle voll. Um sicherzugehen, hatten wir unsere Plätze zwei Tage im voraus bestellt und den regulären Preis bezahlt, fünf Dollar pro Person; aber die anderen waren klüger; sie hatten sich auf den Baedeker verlassen und abgewartet; infolgedessen bekamen einige ihre Plätze für einen oder zwei Dollar. Baedeker weiß alles über Hotels, Eisenbahn- und Postkutschenfahrten und spricht sich offen aus. Er ist ein zuverlässiger Freund des Reisenden.

Wir sahen den Montblanc erst in seiner schönsten Erscheinung, als wir viele Meilen weit fort waren; da hob sich seine majestätische Gestalt hoch in den Himmel empor, ganz weiß, kalt und ernst, und ließ die übrige Welt klein und gemein, billig und unbedeutend wirken.

Als er schließlich aus dem Blickfeld schwand, machte ein alter Engländer es sich auf seinem Platz bequem und sagte: »Na, ich bin zufrieden. Ich habe die Hauptmerkmale der schweizerischen Landschaft gesehen – den Montblanc und den Kropf – auf, nach Hause!«

Dreiundzwanzigstes Kapitel

*Genf · Läden in Genf · Elastizität der Preise ·
Hartnäckigkeit der Verkäuferinnen ·
Das Hochdrucksystem · Wie ein Dandy zu Schaden kam ·
Amerikanisches Benehmen · Ritterlichkeit · Oberst
Baker aus London · Gerichtswesen in Arkansas ·
Sicherheit der Frauen in Amerika*

Ein paar frohe, erholsame Tage verbrachten wir in Genf, jener reizenden Stadt, wo für die ganze übrige Welt exakte Zeitmesser hergestellt werden, die eigenen Uhren jedoch niemals auch nur zufällig die genaue Tageszeit angeben.

In Genf gibt es eine Fülle hübscher, kleiner Geschäfte, und in den Geschäften gibt es eine Fülle ungemein verlockenden Tandes; aber wenn man einen solchen Laden betritt, wird man im Nu aufs Korn genommen und verfolgt und so sehr drangsaliert, dies, das und jenes zu kaufen, daß man heilfroh ist, wieder herauszukommen, und keinerlei Neigung mehr verspürt, das Experiment zu wiederholen. Die kleineren Ladenbesitzer in Genf sind genauso lästig und hartnäckig wie die Verkäufer jenes ungeheuren Pariser Bienenstocks, des Grand Magasin du Louvre – eines Unternehmens, wo ungezogene Belästigung, Drangsalierung und Aufdringlichkeit zur Wissenschaft erhoben wurden.

In Genf sind die Preise in den kleineren Geschäften sehr elastisch – das ist eine weitere schlechte Eigenschaft. In einem Fenster sah ich mir eine sehr hübsche Glasperlenkette an, die für ein Kind gepaßt hätte. Ich bewunderte sie nur; ich hatte keine Verwendung dafür; ich trage kaum jemals Glasperlen. Die Verkäuferin kam heraus und bot sie mir für fünfunddreißig Franken an. Ich sagte, das sei billig, aber ich brauchte sie nicht.

»Ach, aber Monsieur, sie ist so schön!«

Das gab ich zu, sagte aber, sie paßten nicht für jemanden meines Alters und meiner schlichten Wesensart. Sie raste hinein und holte sie heraus, versuchte, sie mir in die Hand zu zwängen, und sagte: »Ach, aber sehen Sie doch nur, wie entzückend sie ist! Sicher wird Monsieur sie nehmen; Monsieur soll sie für dreißig Franken bekommen. Da, ich habe es gesagt – es ist ein Verlust, aber man muß ja schließlich leben!«

Ich ließ die Hände sinken und versuchte, sie dazu zu bewegen, meine schutzlose Lage zu respektieren. Aber nein, sie ließ die Glasperlen in der Sonne vor meinem Gesicht hin und her baumeln und rief dabei: »Ach, Monsieur *kann* ihnen nicht widerstehen!« Sie hängte sie an meinen Rockknopf, faltete ergeben die Hände und sagte: »Weg sind sie – und nur für dreißig Franken, die reizenden Dinger, es ist unglaublich! Aber der liebe Gott wird mir dieses Opfer anrechnen.«

Ich nahm sie vorsichtig ab, gab sie zurück und ging kopfschüttelnd mit einem törichten, verlegenen Lächeln davon, während die Vorübergehenden stehenblieben, um zu gaffen. Die Frau lehnte sich aus ihrer Tür heraus, schüttelte die Glasperlen und kreischte hinter mir her: »Monsieur kann sie für achtundzwanzig haben!«

Ich schüttelte den Kopf.

»Siebenundzwanzig! Es ist ein grausamer Verlust, es ist mein Ruin – aber nehmen Sie sie, nehmen Sie sie doch nur!«

Ich zog mich noch weiter zurück, weiter den Kopf schuttelnd.

»*Mon Dieu,* sie sollen sogar für sechsundzwanzig weggehen! Da, ich habe es gesagt. Kommen Sie!«

Ich schüttelte noch einmal verneinend den Kopf. In meiner Nähe hatten ein Kindermädchen und ein kleines englisches Mädchen gestanden, und sie folgten mir jetzt. Die Verkäuferin lief zu dem Kindermädchen, drückte ihr die Glasperlen in die Hand und sagte:

»Monsieur soll sie für fünfundzwanzig bekommen! Nehmen Sie sie mit in das Hotel – er soll mir das Geld morgen schicken – übermorgen – wann er will.« Dann zu dem Kinde: »Wenn dein Papa mir das Geld schickt, kommst du mit, mein Engel, und dann schenke ich dir etwas sooo Schönes.«

So wurde ich durch die Hand der Vorsehung gerettet. Das Kindermädchen wies die Glasperlen rundheraus und energisch zurück, und damit war die Angelegenheit ein für allemal erledigt.

Genf besitzt nur wenige »Sehenswürdigkeiten«. Ich machte einen Versuch, die Häuser aufzustöbern, in denen einst jene beiden unangenehmen Männer, Rousseau und Calvin, gewohnt hatten, hatte aber kein Glück. Dann beschloß ich, nach Hause zu gehen. Ich stellte fest: das war leichter gesagt als getan; denn diese Stadt verwirrt einen. Ich verlief mich in einem Wirrwarr schmaler und krummer Gassen und fand mich eine oder zwei Stunden hindurch nicht zurecht. Schließlich kam ich auf eine Straße, die mir irgendwie vertraut aussah, und ich sagte mir: ›Jetzt bin ich zu Hause, denke ich.‹ Aber ich irrte mich; es war die *Höllenstraße*. Bald darauf fand ich eine andere Stelle, die ein vertrautes Aussehen hatte, und ich sagte mir: ›Aber jetzt bin ich bestimmt zu Hause.‹ Wieder ein Irrtum. Es war die *Fegefeuerstraße*. Nach einer Weile sagte ich: ›*Jetzt* bin ich jedenfalls an die richtige Stelle gekommen … nein, das ist die *Paradiesstraße*; ich bin weiter von Hause weg als zu Anfang.‹ Das waren wunderliche Namen – wahrscheinlich von Calvin ausgedacht. »Hölle« und »Fegefeuer« paßten haargenau auf diese zwei Straßen, aber »Paradies« schien sarkastisch gemeint zu sein.

Endlich kam ich am Seeufer heraus, und dann wußte ich, wo ich war. Ich ging gerade an den glitzernden Juweliergeschäften entlang, als ich ein merkwürdiges Schauspiel beobachtete. Eine Dame kam vorüber, und ein geschniegelter Dandy bummelte in so offenbar sorgsam vorausberechneter Weise über den Bürgersteig, daß er genau vor ihr stand, als sie bei ihm ankam; er erbot sich nicht, aus dem Weg zu gehen; er entschuldigte sich nicht; er bemerkte sie nicht einmal. Sie mußte stehenbleiben und ihn vorbeischlendern lassen. Ich fragte mich, ob er diese Grobheit mit Absicht begangen habe. Er bummelte zu einem Stuhl und setzte sich an einen kleinen Tisch; an ebensolchen Tischen saßen noch zwei oder drei Männer und nippten an gesüßtem Wasser. Ich wartete; bald darauf kam ein junger Mann vorbei, und dieser Kerl stand auf und spielte ihm denselben Streich. Indessen schien es unwahrscheinlich, daß jemand so etwas mit Absicht täte. Um aber meine Neugier zu befriedigen, ging ich um den Block herum, und tatsächlich, als ich in ziemlich flottem Tempo näher kam, stand er auf, schlenderte mir träge über den Weg und geriet genau im richtigen Moment in meinen Kurs, um mein ganzes Gewicht abzukriegen. Das bewies, daß er es vorher nicht zufällig, sondern absichtlich getan hatte.

Das merkwürdige Spiel dieses Dandys habe ich später in Paris wiedergesehen, wo es aber nicht zur Unterhaltung diente; tatsächlich machten sie das ohne jedes Motiv, lediglich aus einer egoistischen Gleichgültigkeit gegenüber dem Wohlbefinden und den Rechten anderer Leute. In Paris sieht man es nicht so häufig, wie man meinen sollte, sagt doch dort das Gesetz etwa: »Es ist Sache des Schwachen, dem Starken auszuweichen.« Wir bestrafen einen Kutscher, wenn er einen Bürger überfährt; Paris bestraft den Bürger dafür, daß er überfahren worden ist. Wenigstens sagen das alle – aber ich habe etwas erlebt, das meinen Zweifel daran weckte: Eines Tages sah ich, wie ein Reiter eine alte Frau überrannte – die Polizei verhaftete ihn und nahm ihn mit. Das sah doch so aus, als hätten sie die Absicht, ihn zu bestrafen.

Es steht mir nicht an, die amerikanischen Sitten als besonders vorbildlich hinzustellen – denn sind sie nicht ständig Zielscheibe für die Witze des kritischen und wohlerzogenen Europa? Dennoch muß ich mir erlauben, eine kleine Überlegenheit in unseren Sitten geltend zu machen: auf unseren Straßen kann eine Dame den ganzen Tag lang umherlaufen, gehen und kommen, wie sie will, und nie wird sie ein Mann belästigen; aber wenn eine Dame auf den Straßen Londons ohne Begleitung ausgeht, selbst um die Mittagsstunde, wird sie ziemlich sicher angesprochen und behelligt; und nicht von betrunkenen Matrosen, sondern von Leuten, die wie Gentlemen aussehen und gekleidet sind. Es wird behauptet, diese Leute seien keine Gentlemen, sondern gehörten einer gemeineren Art an, die sich als Gentlemen verkleidet. Der Fall des Obersten Valentine Baker widerlegt dieses Argument, denn in der britischen Armee kann nur Offizier werden, wer ein Gentleman ist. Als dieses Subjekt gewahrte, daß es mit einem schutzlosen Mädchen allein in einem Eisenbahnabteil saß – aber es ist eine scheußliche Geschichte, und zweifellos erinnert sich der Leser noch ganz gut daran. London muß die Bakers und deren Sitten doch wohl gewöhnt gewesen sein, sonst hätte es sich empört und entrüstet. Baker wurde »gefangengesetzt« – in einem Salon; und er hätte nicht häufiger besucht oder mit mehr Aufmerksamkeiten überschüttet werden können, wenn er sechs Morde begangen hätte und dann – während der Herrichtung des Galgens – »fromm geworden« wäre, so wie der fromme Charles Peace geheiligten Angedenkens. Arkansas – es wirkt ein bißchen unzart, unsere eigenen Überlegenheiten auszuposaunen, und Vergleiche sind immer abscheulich, aber dennoch – Arkansas hätte Baker ganz bestimmt gehenkt. Ich sage nicht, daß es ihn erst vor Gericht gestellt hätte, aber gehenkt hätte es ihn jedenfalls.

Selbst die unwürdigste Frau kann unbelästigt unsere Straßen betreten, ihr Geschlecht und ihre Schwäche sind ihr ausreichender Schutz. Sie wird weniger Schliff als in der Alten Welt vorfinden, aber um so mehr Menschlichkeit, die das ausgleicht.

Anmerkungen

S. 11 *die größte Klemme:* diese Situation ist eine deutliche Vorstudie für das 32. Kapitel von ›Huckleberry Finns Abenteuer‹, wo Huck auf der Phelps-Farm von Tante Sally für Tom Sawyer gehalten wird – mit dem einzigen Unterschied, daß Mark Twain hier *nicht* erfährt, für wen man ihn hält.

S. 16 *ich hatte den Namen des Kindes vergessen:* auch dieses Detail erinnert bereits an eine Szene in ›Huckleberry Finns Abenteuer‹: bei den Grangerfords vergißt Huck seinen angenommenen Namen (17. Kapitel). – *Thomas Carlyle:* schottischer Philosoph (1795–1881).

S. 32 *der »Alte Seefahrer«:* Anspielung auf Samuel Taylor Coleridges (1772–1834) Gedicht ›The Rime of the Ancient Mariner‹ (1798). – *zu Jacksons Zeit:* Andrew Jackson (1767 – 1854) war von 1829 bis 1837 der siebte Präsident der USA.

S. 95 *ein großer Mann:* dies ist eine für Mark Twain sehr charakteristische Stelle, weil sie einmal mehr den seiner Jugend Nachtrauernden zeigt, dessen Erinnerungsvermögen bereits durch den geringsten Impuls ausgelöst wird. Der Kutscher in den Alpen ruft die Vergangenheit zurück: »Ich hatte so etwas nicht mehr erlebt, seit ich ein Junge war und die Postkutsche mit wehendem Staub und tutendem Horn durch das Dorf geschwenkt kam.« Der Postillion auf der Überlandkutsche nach Nevada (s. Kapitel 4 und 6 von ›Durch Dick und Dünn‹) und der Lotse auf dem Mississippi

(s. Kapitel 14 und 15 von ›Leben auf dem Mississippi‹) waren die Berufsidole Mark Twains (sein eigentlicher Beruf, der des Journalisten, rechnete offenbar nicht dazu).

S. 105 *»Schlacht von Prag«:* Klavierstück (1788) des böhmischen Komponisten František Koczwara (1750–91).

S. 115 *wird allabendlich mit den prächtigsten Bühnenfeuern illuminiert, deren Bezeichnung mir jetzt gerade nicht einfällt:* Ernest Hemingway schreibt in ›In einem andern Land‹ (A Farewell to Arms): »Es führte ein Pfad den Berg hinab … und weiter zwischen den Häusern der Dörfer an der Straße. Es waren drei Dörfer: Chernex, Fontanivent und das dritte habe ich vergessen.« (Hamburg 1957, S. 196.) Diese Parallele kunstvoller Nonchalance verdeutlicht Hemingways berühmt gewordenes Bekenntnis zu Mark Twain in ›Green Hills of Africa‹.

S. 132 *Doré:* ein weiterer Lieblingsvergleich Mark Twains; s. z. B. ›Tom Sawyers Abenteuer‹ (1876, detebe 21369), S. 35.

S. 133 *Mr. Hinchcliff:* der englische Reiseschriftsteller Thomas Woodbine Hinchcliff (1825–82).

S. 156 *Mr. Darwin:* Charles Darwin (1809–82), Begründer der wissenschaftlichen Abstammungslehre.

S. 159 *Mr. Poes Gedicht:* ›The Bells‹ (1849) von Edgar Allan Poe (1809–49). – *Joseph Addison:* englischer Essayist (1672 – 1719).

S. 171 *Mr. Whymper:* der englische Alpinist Edward Whymper (1840–1911) bestieg im Juli 1865 als erster Mensch das Matterhorn. Mark Twain zitiert aus seinem Bericht weiter unten, S. 233 ff.

S. 205 *Brobdingnagier:* die Riesen in Jonathan Swifts (1667 bis 1745) ›Gullivers Reisen‹ (1726).

S. 213 *Bradshaw:* englischer Eisenbahnfahrplan.

S. 247 *Leiden des »Gefangenen von Chillon«:* Byrons Verserzählung handelt von François Bonivard (1493–1570), der für die Unabhängigkeit Genfs kämpfte.

S. 250 *einen ganzen Hut voll Kohinoors:* berühmter Diamant.

S. 258 *Balmat und de Saussure:* Jacques Balmat (1762–1834) bestieg 1786 als erster Mensch den Montblanc; Horace Benedict de Saussure (1740–99) bestimmte als erster seine Höhe.

S. 260 *»Blackwood's«:* ›Blackwood's Edinburgh Magazine‹ war eine der angesehensten englischen Monatsschriften, in der u. a. auch Albert Richard Smith (1816–60) schrieb.

S. 295 / 296 *Rousseau und Calvin:* Jean-Jacques Rousseau (1712 bis 1778) und Johann Calvin (1509–64) waren beide eng mit Genf verbunden.

Inhalt

Bitte beachten Sie
auch die folgenden Seiten

Mark Twain
im Diogenes Verlag

»Mark Twain ist der bei weitem bedeutendste amerikanische Schriftsteller. Amerika hat zwei literarische
Aktiva – Edgar Allan Poe und Mark Twain. Poe vergessen die Amerikaner manchmal, aber Mark Twain
gibt ihnen kaum Gelegenheit, ihn zu übersehen.
Sicherlich ist er in fast derselben Lage wie ich: er muß
die Dinge so darstellen, daß die Leute, die ihn andern-
falls hängen würden, glauben, er mache Spaß.«
George Bernard Shaw

»Mark Twain war der erste echt amerikanische
Schriftsteller, und wir alle sind seine Erben, von ihm
stammen wir ab.«   *William Faulkner*

Ferien-Anthologien
im Diogenes Verlag

»Auf den Diogenes Verlag ist Verlass, der eigens für die Gelegenheiten am Strand oder in den Sommerferien Lektüre publiziert, die die Urlaubszeit vergoldet.« *suite101.de*

»Das ist die Zeit der dicken Sommerhitze. Das Thermometer kocht. Die Sonne strahlt... Man hat nur faul den faulen Tag gerochen...« *Kurt Tucholsky*

Balkonlesebuch
Erzählungen und zwei Gedichte

Strandlesebuch
Sonnige und coole Geschichten

Gartenglück
Ein Lesebuch. Mit Zeichnungen von Jean-Jacques Sempé

Kreuzfahrt-Lesebuch
Mit Zeichnungen von Loriot, Bosc, Jean-Jacques Sempé und anderen

Strandkorb-Lesebuch

Fahrradfreunde
Ein Lesebuch. Mit Zeichnungen von Jean-Jacques Sempé

Endlich Sommer!
Ein Lesebuch

Gefährliche Ferien – Italien
mit Donna Leon, Andrea De Carlo, Carlo Lucarelli und anderen

Gefährliche Ferien – Südfrankreich
mit Martin Walker, Bernhard Schlink, Paulo Coelho, Jean-Claude Izzo und anderen

Gefährliche Ferien – Die Alpen
mit Donna Leon, Wolfgang Herrndorf, Alex Capus und anderen

Gefährliche Ferien – Nordsee, Ostsee
mit Bernhard Schlink, Henning Mankell, Nis-Momme Stockmann und anderen

Gefährliche Ferien – Griechenland
mit Petros Markaris, Vea Kaiser, Jeffrey Eugenides und anderen

Gefährliche Ferien – Irland
mit Donal Ryan, Sebastian Barry, Tomi Ungerer und anderen

Gefährliche Ferien – Bretagne und Atlantikküste
mit Martin Walker, Fred Vargas, Alex Capus und anderen

Gefährliche Ferien – Skandinavien
mit Katrine Engberg, Henning Mankell, Jussi Adler-Olsen und anderen

Friedrich Dürrenmatt
Meine Schweiz
Ein Lesebuch

Herausgegeben von Heinz Ludwig Arnold,
Anna von Planta und Ulrich Weber

»Ich bin gerne Schweizer«, sagte Dürrenmatt wiederholt. Damit meinte er nicht die Nation, die sich in Mythen feiert, sondern das Nebeneinander und problematische Miteinander der vier verschiedenen Kulturen. Als Kleinstaat, der aus der Niederlage gegen Napoleon hervorging, war die Schweiz für den pragmatischen Schweizer eine politische Chance: ein Staatenbund *en miniature* und als solcher durchaus eine Art Modell für Europa. Als Vaterland war sie ihm oft ein Ärgernis. Belustigt hat ihn die Diskrepanz zwischen der kleinstaatlichen Realität und ihrer ins Heldische entrückten Geschichte. Bedrückt aber hat schon den ganz jungen Dürrenmatt, was heute alle Welt und viele Schweizer an der Schweiz irritiert: die Art, wie sie ihre Vergangenheit – ihre Verschonung und Isolation im Zweiten Weltkrieg – unter Legenden verbarg.

Die Enge der Schweiz war ihm nie ein Problem. »Da liegst du nun, ein Land, lächerlich, mit / zwei drei Schritten zu durchmessen, / mitten in diesem unglückseligen Kontinent.« Doch gilt für Dürrenmatts Verhältnis zur Schweiz, was er einmal in bezug auf einen erfundenen liechtensteinischen Schriftsteller formulierte, »der mit ungeheurem Vergnügen Liechtensteiner ist und nur Liechtensteiner, für den Liechtenstein viel mehr ist, unermeßlich viel größer als die 69 Quadratkilometer, die es tatsächlich mißt. Für diesen Liechtensteiner wird Liechtenstein zum Modell der Welt werden, er wird es verdichten, indem er es erweitert, aus Vaduz ein Babylon und aus seinem Fürsten mindestens einen Nebukadnezar schafft.«

Friedrich Dürrenmatt
Die Kriminalromane
Der Richter und sein Henker
Der Verdacht · Das Versprechen
Justiz · Der Pensionierte

Mit einem Anhang zur Entstehungsgeschichte
der Romane und zu den Verfilmungen

In *Der Richter und sein Henker* (1950) betritt Dürrenmatts Ermittler zum ersten Mal die Bühne: Kommissär Bärlach, ein Urgestein des Rechtssystems. Um einen Mord aufzuklären, bleibt ihm aus gesundheitlichen Gründen nur wenig Zeit. Wie Bärlach dabei mit den Begriffen Gerechtigkeit, Moral, Schuld und Strafe umgeht, ist ein Thema, das sich durch alle Kriminalromane Dürrenmatts zieht. So auch in *Der Verdacht* (1951), wo der Kommissär ein zweites Mal gegen Tod und Ungerechtigkeit kämpft: aus unbändigem Trotz, »in dieser Welt zu bestehen und für eine andere, bessere zu kämpfen«.

In *Das Versprechen* (1958) versucht ein anderer Kommissär, Matthäi, verbissen, einen Kindermörder zur Strecke zu bringen. Dafür scheut er weder die Gefahr noch deren Folgen.

Justiz (1985) thematisiert die Verwicklungen eines jungen Rechtsanwalts im feinen Netz aus Gerechtigkeit, Rechtssystem und Moral.

Seinen fünften (und unvollendeten) Kriminalroman *Der Pensionierte* (1995) begann Dürrenmatt bereits 1969, schrieb ihn jedoch immer wieder um. Der Held des Romans, der kranke, fresssüchtige Kommissär Höchstettler, ist Bärlach wie aus dem Gesicht geschnitten.

»So bin ich denn ein abgedankter Dramatiker. Ich schreibe an einem Kriminalroman, und es macht mir Spaß. Ich ziehe mich in Gebiete zurück, wo niemand Literatur vermutet, und mache sie dort.«
Friedrich Dürrenmatt in einem Brief an Max Frisch

»Die Kriminalromane sind im Hinblick auf Dürrenmatts Ästhetik geradezu Schlüsselwerke.«
Peter Rüedi / Die Weltwoche, Zürich

Das Diogenes Hörbuch zum Buch:

Drei Kriminalromane
Der Richter und sein Henker
Der Verdacht · Das Versprechen
Ungekürzt gelesen von **Hans Korte**

Friedrich Glauser
im Diogenes Verlag

Friedrich Glauser, geboren 1896 in Wien, wurde von seinem Vater wegen »liederlichen und ausschweifenden Lebenswandels« entmündigt. Glauser hatte in Zürich nicht Chemie studiert, sondern war dem Dadaismus und dem Morphium verfallen. Er geriet in ein wahnwitziges Karussell von Irrenanstalten, Zuchthäusern und Kliniken, ein erster Versuch, sich daraus zu befreien, war die Fremdenlegion. Am 6. Dezember 1938, einen Tag vor der geplanten Hochzeit mit der Krankenpflegerin Berthe Bendel, fiel er – wahrscheinlich durch eine Überdosis Schlafmittel – in eine tiefe Bewusstlosigkeit, aus der er nicht mehr erwachte.

»Friedrich Glauser mit seinem abenteuerlich umgetriebenen Leben und seiner Fähigkeit, es spontan in Sprache umzusetzen, mit seiner Unmittelbarkeit, seiner leidend und leidenschaftlich durchlebten Erfahrung ist tatsächlich eine Entdeckung.«
Bayerischer Rundfunk, München

»Glauser ist ein großartiger Autor, seine Texte sind ergreifend. Was phänomenal ist an seinen Büchern: sie werden nicht alt.« *Hansjörg Schneider*

Wachtmeister Studer
Roman

Mord? Selbstmord? Oder doch Mord? Der Vertreter Witschi ist tot, und Wachtmeister Studer betritt die Bühne der Kriminalliteratur. Im kleinen Schweizer Dorf Gerzenstein wissen alle mehr, als sie zu sagen bereit sind. Und an die Schuld des Hauptverdächtigen kann Studer einfach nicht glauben.

»Glauser erfand die Figur des Wachtmeisters Studer. Nach eigener Auskunft dachte er dabei an Maigret.

Aber Studer wurde nicht eine Kopie. Glauser verhalf ihr zu unverkennbar helvetischer Selbständigkeit, indem er das Hintergründige in der Biederkeit versteckte.« *Hugo Loetscher*

»*Wachtmeister Studer* gehört heute zu den paar Fixpunkten, von denen aus die literarische Landschaft der Schweiz vermessen wird.« *Peter von Matt*

Die Fieberkurve
Roman

Wachtmeister Studers zweiter Fall: Die Spur beginnt in Paris, über Basel und Bern gelangt Studer nach Marokko, das Glauser aus seiner Zeit als Fremdenlegionär kennt.

»Auf Mörderjagd in Marokko raucht Studer Kif, und die Haschischmusik klingt ihm, ›als werde der Berner Marsch von himmlischen Heerscharen gespielt‹. Darüber geht ihm nichts, und um sein höchstes Wohlgefühl auszudrücken, ist schon sein stärkster Superlativ nötig: ›Suber!‹, sagte er. ›Cheibe suber isch es gsy!‹«
Georg Hensel

»Glausers Romane sind sozialkritisch: Sein Mitgefühl für die Stiefkinder der Gesellschaft bricht immer wieder durch.« *Südwestfunk, Baden-Baden*

Matto regiert
Roman

Unfall oder Mord? Wachtmeister Studer recherchiert in einer Umgebung, die Glauser aus eigener Erfahrung nur zu gut gekannt hat:
»Eine Geschichte muss irgendwo spielen. Die meine spielt im Kanton Bern, in einer Irrenanstalt. Was weiter?... Man wird wohl noch Geschichten erzählen dürfen?«
Friedrich Glauser in seiner ›Notwendigen Vorrede‹

»Offenkundig autobiographisch geprägt ist dieser Roman, der eine deprimierende Fülle hoffnungsloser Lebensläufe ganz undramatisch, als handle es sich um lauter Normalfälle, erzählt.«
Buchkommentare, Freiburg im Breisgau

»Der Roman *Matto regiert* spielt in einem Irrenhaus, und das Irrenhaus wiederum ist hier – wie schon oft – ein Bild für die Welt.«   *Die Zeit, Hamburg*

Der Chinese
Roman

James Farny, von allen ›der Chinese‹ genannt, wird tot in Pfründisberg aufgefunden. Jedermann im Ort scheint sich gegen die Morduntersuchungen von Wachtmeister Studer zu sträuben ... Warum wohl?

»Glauser, den man zum Lügner gemacht hatte, stellte fest, dass alle lügen. Ihm leuchtete die Kollektivlüge ein; ansonsten wäre in einer Gesellschaft nicht möglich, was er ›Geselligkeit‹ nannte. Genau diese Geselligkeit aber zerstörte er. Er, der nicht ins Bild passte, zeigte, wie das Bild nicht stimmt. Er führte vor, was wir alle zu vermeiden suchen: ›Als jener arme Hund dazustehen, der jeder von uns nun einmal ist.‹«
Hugo Loetscher

»*Der Chinese* ist mehr als ein Rätselspiel für den Fahnder Studer – soziale und psychische Atmosphäre: Armut und Angst, wie sie Simenon nicht besser geschildert hat.«
Georg Hensel / Süddeutsche Zeitung, München

Krock & Co.
Roman

Eine Leiche, ermordet mit einer zugespitzten Fahrradspeiche – und das ausgerechnet an der Hochzeit von Wachtmeister Studers Tochter im Hotel Hirschen in Schwarzenstein ...

»Wie Maigret muss Studer eine Zeitlang im Milieu der Verdächtigen untertauchen, muss er ein Teil dieses Milieus werden. Studer freilich tut dies auf eine zurückhaltende und bedächtige Berner Art.«
Süddeutsche Zeitung, München

»Für Glauser war die Form des Kriminalromans ein Mittel, sich für die verschiedensten Themen einzusetzen. Es waren und es sind Themen, die ihm von eigenen Erfahrungen aufgedrängt wurden: Strafvollzug, Rauschgiftsüchtigkeit, Bedrängnis im Außenseitertum.« *Tages-Anzeiger, Zürich*

Der Tee der drei alten Damen
Roman

Das Genf der dreißiger Jahre als Schauplatz internationaler Intrigen, schwarzer Magie und rätselhafter Todesfälle. Glausers erster Kriminalroman, noch ohne die Figur des Wachtmeister Studer, wurde erst nach Glausers Tod 1938 veröffentlicht.

»Seine Kriminalromane gelten bis heute als Meisterwerke der Gattung.«
Kindlers Neues Literatur Lexikon

Gourrama
Ein Roman aus der
Fremdenlegion

Im Militärposten Gourrama in Marokko verwaltet Korporal Lös die Lebensmittel, den Schnaps, die Zigaretten. Wer sich mit ihm gutstellt, kann auf eine Extraration hoffen. In einem Klima von lähmender Langeweile, fiebriger Erregung, Misstrauen und Gewalt nimmt das Drama seinen Lauf.

Friedrich Glauser hat hier seine Erfahrungen als Fremdenlegionär literarisch umgesetzt.

»Glausers psychologisches Meisterwerk sollte in keinem Bücherregal fehlen.«
Renate Miehe / Frankfurter Allgemeine Zeitung

»Schon längst ein Kultbuch.«
Roman Bucheli / Neue Zürcher Zeitung

Außerdem erschienen:

*Die Kriminalromane
mit Wachtmeister Studer*
in einem Band im Schuber

Wachtmeister Studer / Matto regiert /
Die Fieberkurve / Der Chinese / Krock & Co.
Mit einem Nachwort von Hugo Loetscher